HIMALAYA · MAGIC LINES

HIMALAYA · MAGIC LINES

Die anspruchsvollsten Routen auf die höchsten Gipfel

Andy Fanshawe und Stephen Venables

Bergverlag Rother · München

1. Auflage 1996

© der deutschen Übersetzung:
Bergverlag Rudolf Rother GmbH, München

ISBN 3-7633-7042-0

Alle Rechte vorbehalten.

Titel der englischen Originalausgabe: HIMALAYA ALPINE-STYLE
© 1995 by Caroline Fanshawe / Stephen Venables und
Hodder and Stoughton Ltd., London

Übersetzung: Walter Günther, Heidelberg, und
Fred Galuski, Heidelberg

Lektorat: Robert Demmel

Printed in Italy by
Hodder and Stoughton Ltd.,
A division of Hodder Headline PLC
338 Euston Road, London NWI 3BH

Bergverlag Rudolf Rother GmbH · München
Haidgraben 3
85521 Ottobrunn

Vorsatz, vorne: Kletterer im unteren Teil des Südwestgrates des Ama Dablam. Im Hintergrund die noch unbestiegenen Gipfel des Mingho. *(Alex McNab)*

Vorsatz, hinten: Die Trango-Gruppe, aufgenommen von hoch oben auf dem Biale. *(Mike Searle)*

Seite 2: Ein einsamer Kletterer auf dem wilden, messerscharfen Südwestgrat des Gaurishankar, aufgenommen bei der Erstbesteigung des Südgipfels 1979. *(Peter Boardman/Chris Bonington Library)*

Diese Doppelseite: Die zu China gehörende Seite des Broad Peak, aufgenommen 1980 bei einem kühnen Durchsteigungsversuch der Westwand des Skyang Kangri im Alpinstil. *(Michael Kennedy)*

INHALT

EINFÜHRUNG

Höhenbergsteigen im Alpinstil

Im April 1982 reisten Alex MacIntyre, Roger Baxter-Jones und Doug Scott durch Tibet zum Fuß der riesigen, damals noch nicht durchstiegenen Südwestwand des Shishapangma; mit 8046 m an dreizehnter Stelle unter den höchsten Gipfeln der Welt. Am 25. Mai stiegen sie über steile Schnee- und Eisfelder in die 2500 m hohe Wand ein. Ihre Rucksäcke waren vollgepackt mit Verpflegung für vier Tage, einem Schlafsack für jeden sowie einem Kocher und einem Zelt für alle gemeinsam. Darüber hinaus schleppten sie Seile und ein kleines Sortiment an notwendigem Material. Nach drei Biwaks in der Wand erreichten sie am 28. Mai den Gipfel und kehrten am 29. sicher ins Basislager zurück.

Dies war nun eine Besteigung im Alpinstil, und zwar in dessen reinster Form. Die Kletterer waren ihre Himalaya-Wand im traditionellen Stil einer alpinen Klettertour in Europa angegangen. Nach ihrem Aufbruch vom Basislager sind sie ohne Unterbrechung nur noch aufwärts geklettert, bis sie den Gipfel erreichten – ohne dabei zwischendurch ins Basislager abzusteigen. Sie hatten keine Hilfe in Form einer unterstützenden Expeditionsmannschaft oder einer Lagerkette sowie von Fixseilen oder Sauerstoffgeräten und wollten absolut auf sich selbst gestellt sein.

Die Chronisten des Alpinismus stellen den »Alpinstil« gerne kurzerhand als eine neue Erscheinung unserer jetzigen Zeit dar. Angeblich verdrängt er die her-

Links: Einer der engagiertesten Vertreter des Kletterns im Alpinstil, angewandt auf extreme Höhen, Pierre Béghin, machte diese Aufnahme von Christophe Profit, als sie im Oktober 1990 zu zweit die riesige Südwand des Lhotse durchstiegen. (Pierre Béghin/Foc Photo)

kömmliche, fast militärisch anmutende Art des Bergsteigens im Himalaya mit Expeditionen, welche einen Berg solange belagern, bis sich dieser angesichts eines riesigen Versorgungstrosses bezwingen läßt. Diese allzu vereinfachende Sichtweise läßt allerdings zwei wichtige Punkte außer acht. Zum einen waren diese umfangreichen »Belagerungen« eine natürliche Reaktion auf die im Himalaya herrschenden, kolossalen Größenordnungen. Außerdem resultierten sie aus den Problemen, welche die ungewöhnliche Höhenlage mit sich bringt – ganz zu schweigen von der Abgeschie-

▲

> »Die Wand war das Ziel;
> der Stil wurde zur fixen Idee«
> **Alex MacIntyre, 1982**

denheit des Himalaya. Das Zusammenwirken dieser Faktoren verleiht diesem Gebirge ganz andere Dimensionen, als die Alpen sie aufweisen können. Die Tatsache allein, daß man in großen, straff durchorganisierten Mannschaften vorging (was auch heute noch oft praktiziert wird), bedeutet nicht, daß deren großartigen Leistungen das Abenteuerliche fehlte. Zum anderen ist der Alpinstil gar nicht der neueste Schrei, wie viele glauben: Es hat ihn von Anfang an gegeben, schon seit Alfred Mummery vor einhundert Jahren seinen zukunftsweisenden Versuch in der Diamir-Flanke des Nanga Parbat unternahm.

Mummery und Raghobir Thapa waren in jener gigantischen Eiswand im Jahr 1895 fast schon bis auf 7000 m gekommen, als sie von ihrem mutigen und naiven Aufbruch ins Unbekannte abließen. Einige Jahre später gelangen Dr. Alexander Kellas in Sikkim mehrere Erstbesteigungen, darunter auch die des 7065 m hohen Pauhunri, und zwar in einem ähnlichen Stil ohne großmächtige Ausrüstung und mit nur wenigen Sherpas. Kellas war es auch, der bei den Vorbereitungen für die Erkundung des Mount Everest schon 1921 mit Nachdruck darauf bestand, daß der höchste Berg der Welt ohne Sauerstoffgeräte bestiegen werden könnte. Auf Grund seiner Laboruntersuchungen vertrat er die Ansicht, daß oberhalb von 8000 m ein Tempo von 100 Höhenmetern pro Stunde ohne die Zuhilfenahme von künstlichem Sauerstoff möglich sein müßte – also genau die Geschwindigkeit, die Peter Habeler und Reinhold Messner bei ihrer historischen Everest-Besteigung 1978 ohne zusätzlichen Sauerstoff halten konnten.

Das Bestreben, mit geringerem Aufwand mehr zu erreichen, ein Unternehmen einfach zu gestalten, mit leichtem Gepäck schnell voranzukommen, sich dem Berg gegenüber sportlich fair zu verhalten, ist keinesweg neu. 1933 bestiegen Colin Kirkus und Charles Warren den Bhagirathi III im Alpinstil, nur gab es diese Bezeichnung damals noch nicht. Verfeinerte Spielregeln nach den theoretischen Grundsätzen eines sauberen Kletterstils kamen erst Mitte der siebziger Jahre auf, als große Wände wie die Rupal-Flanke am Nanga Parbat oder der Westpfeiler des Makalu bereits im Stil von Feldzügen mit großem Geschütz erobert worden waren. Nun fing man an, Konzepte mit einer leichten Ausrüstung und mobiler Taktik zu erarbeiten, selbst im Hinblick auf die so geschätzten Achttausender. Den Anfang machten 1975 Peter Habeler und Reinhold Messner mit ihrem Piratenstück in der Nordwestwand des Hidden Peak, die sie in der sensationellen Zeit von nur drei Tagen durchstiegen. Ihnen folgte in kurzem Abstand der charismatische Pole Wojciech Kurtyka, von allen »Voytek« genannt, mit seinen jeweiligen Partnern aus verschiedenen europäischen Ländern, darunter auch der ehrgeizige junge Engländer Alex MacIntyre. Sie engagierten sich in fast schon dogmatischer Weise für den Alpinstil, doch MacIntyre konnte ihre teilweise krampfhaften Bemühungen und Tricks auch mit ironischer Distanz sehen. So schrieb er zum Beispiel in der Zeitschrift Mountain über ihre kühne Tour durch die Nordostwand des Dhaulagiri von 1980:

»Wir hatten wie immer einen ganz einfachen Plan. Wir wollten die zwei piekfeinen Seile, die wir extra im Zentrum von Kathmandu gekauft hatten, oben auf dem Nordostsattel deponieren und diese Stelle als unser vorgeschobenes Basislager bezeichnen. Das macht sich immer gut. Es wäre doch peinlich, wenn es bei einer Besteigung im Alpinstil ein Lager 1 gäbe. Falls man im Umgang mit der Terminologie etwas Phantasie entwickelt, ist schon eine ganze Menge gewonnen: Rastplatz und Erholungslager, Vorausstützpunkt, usw. ... Von unserem vorgeschobenen Basislager aus wollten wir solange immer wieder Ausflüge auf den darüberliegenden Grat unternehmen, bis wir genug von der dünnen Luft geschnappt hätten, um als fit zu gelten. Dann könnten wir die Wand hinaufstürmen und nach Hause gehen.«

Und genauso machten sie es schließlich, mit hervorragendem Erfolg. Zwei Jahre später kam MacIntyre an der Annapurna ums Leben. Kurtyka hingegen schaffte immer schwerere Routen mit seinem Landsmann Jerzy Kukuczka, dem Österreicher Robert Schauer und den beiden fabelhaften Schweizern Jean Troillet und Erhard Loretan. Weitere illustre Gefährten waren die Katalanen Nil Bohigas und Enric Lucas, welche MacIntyres kühnen Versuch durch die Annapurna-Südwand erfolgreich vollendeten, und die Slowenen

Marko Prezelj und Andrej Stermfelj, zu deren Gipfelsiegen auch die Route über den gewaltigen Südgrat des Kangchendzönga gehört, den sie ohne vorherige Erkundung begingen.

Einige dieser Routen sind als Beispiele für einen ins Extreme gesteigerten Alpinstil in diesem Buch aufgeführt. Einen der höchsten Gipfel der Erde ohne Fremdhilfe zu besteigen und dabei bis hart an die

Pragmatismus am Mount Everest – 1988 benützte Stephen Venables Fixseile bei der Durchsteigung der riesigen und komplexen Kangshung-Wand. *(Ed Webster)*

Grenze des physiologisch Möglichen zu gehen, wird immer ein spannendes Abenteuer sein, wenn auch nicht unbedingt ein vergnügliches. Viele Leute interessieren sich eigentlich mehr für weniger hohe Berge, die im Schatten der Bergriesen oder in Regionen wie Kushtwar oder Kulu stehen, wo auch die höchsten Gipfel nicht über 7000 m hinausgehen. Einige der attraktivsten Touren in diesem Buch führen auf etwa 6000 m hinauf, eine Höhe, in der eine gut akklimatisierte Seilschaft mehrere Tage hintereinander kontinuierlich in steilem, technisch anspruchsvollem Ge-

lände ohne die lähmenden Auswirkungen extremer Höhenlagen klettern kann. Auf manchen Fotos in diesem Buch sind auch Bergsteiger an Fixseilen zu sehen. Dies hängt damit zusammen, daß einige der faszinierendsten Routen im Himalaya reichlich mit Fixseilen versehen sind, was eine Begehung im reinen Alpinstil praktisch unmöglich macht – der gigantische Westpfeiler des Makalu ist dafür ein typisches Beispiel. Einmal angenommen, alle Seile würden entfernt, dann könnte nur noch eine sehr starke Gruppe, die obendrein das Glück einer längeren Schönwetterphase haben müßte, eine solche Route erfolgreich durchsteigen. Die Wirklichkeit sieht heute allerdings so aus, daß die Bergsteiger entweder von den vorhandenen alten Seilen nur sparsamen Gebrauch machen (sie sind wegen der Verrottung durch die UV-Strahlung ohnehin gefährlich) oder eigene, neue Fixseile anbringen und so zur weiteren Verschandelung der Routen beitragen.

Obwohl es Mode geworden ist, Fixseile abzulehnen, fanden die beiden Autoren sie 1988 recht nützlich. Beim Aufstieg zum Westgipfel des Menlungtse behalf sich Andy Fanshawe mit Fixseilen, die zuvor in einigen kurzen, heiklen Passagen angebracht worden waren. Ich selbst ging großzügiger damit um, als ich mit meinen amerikanischen und kanadischen Gefährten auf einer neuen Route durch die Kangshung-Wand des Mount Everest 1500 m Fixseil anbrachte. Unserer Ansicht nach war dies die einzige Lösung, um die vielfältigen Schwierigkeiten der vor allem im unteren Wandteil sehr steilen Route zu bewältigen. Es war auch die angenehmste Lösung, insofern wir tagsüber die spektakulärsten Situationen am Berg und abends die relative Bequemlichkeit des vorgeschobenen Basislagers genießen konnten. Trotz des Vorteils der Fixseile im ersten Abschnitt mußten wir vier auf dem abschließenden Anstieg zum Gipfel und zurück unser Letztes geben. Unsere noblen Absichten, die Seile wieder abzuziehen, gaben wir auf, als wir uns nur noch Hals über Kopf und unter größten Anstrengungen abmühten, sicher wieder hinunterzukommen. Wären wir nicht zu viert, sondern zu sechst gewesen, hätten wir die Seile vielleicht beseitigen können und

Der Changabang mit seiner ehrfurchtgebietenden Westwand auf der linken Seite; dem Betrachter zugewandt der Westgrat, rechts das Profil des Südpfeilers. *(Doug Scott)*

mit ihnen jegliches Unbehagen hinsichtlich des Stils unserer Besteigung, da künftige Kletterer nun doch unsere Hinterlassenschaften auf dem Berg vorfinden werden. Ich würde Fixseile nie generell ablehnen, man sollte nur, soweit möglich, auf sie verzichten und sich allgemein dafür engagieren, daß schon während der Planung genügend Zeit, Leute und restliche Energie berücksichtigt werden, um die Seile am Ende der Tour wieder zu entfernen.

Andy Fanshawe begann die Arbeit an diesem Buch im Winter 1991/92, kurz vor seinem Tod am Lochnagar im schottischen Hochland. Als er in jenem hektischen Winter dieses Projekt mit Voytek, Jean Troillet und Pierre Béghin diskutierte, ließ er sich von ihrem Drang zum extremen Abenteuer begeistern. Aber ihm war bewußt, daß ein Buch wie dieses auch die nicht ganz so wilden Seiten des Bergsteigens im Himalaya wiedergeben und ein paar gemäßigtere Routen enthalten sollte. Als ich das Projekt übernahm, erinnerte ich mich wohl an diese Vorgabe, entschloß mich aber doch, weitgehend unkomplizierte Routen nicht mitaufzunehmen, so zum Beispiel den Normalweg auf den beliebten Mera Peak in Nepal. Als Maßstab für die Auswahl der aufgenommenen Ziele galt einerseits die

Faszination eines Berges und andererseits die unwiderstehliche Herausforderung einer Route oder deren historische Bedeutung. Außerdem sollte die Begehung der Route eine sportliche Leistung im Sinne eines Wettkampfs erfordern, dessen Ausgang nicht von vornherein feststeht.

Unter dem Etikett des Alpinstils wird auch viel geschummelt; nur selten werden die Spielregeln exakt eingehalten. Auf sehr langen, komplizierten und klettertechnisch schwierigen Routen, die kaum einen vernünftigen Biwakplatz bieten, kann es sehr unpraktisch sein, sie in einem Zug durchsteigen zu wollen. Oft empfiehlt sich, was Peter Boardman »capsule style« nannte, die Taktik des nachrückenden Fixseils, bei der man die Route mit einer Reihe von Mini-Belagerungen klettert. Die Fixseile werden nach der Bewältigung eines Abschnitts entfernt, um sie im nächsten wieder zu verwenden. Boardman benutzte diese Taktik mit glänzendem Erfolg bei seiner Durchsteigung der Westwand des Changabang mit Joe Tasker im Jahr 1976, ebenso drei Jahre später bei seinem Drahtseilakt am Südwestgrat des Gaurishankar, auf dessen messerscharfer Schneide man ohne Fixseile die Gesetze der Schwerkraft überwinden

Andy Fanshawe bei Tagesanbruch auf seiner Expedition in das Gebiet des Makalu im Jahr 1989. Das Foto wurde bei einem Biwak auf dem Peak 4 aufgenommen; im Hintergrund der Tutse. *(Ulric Jessop)*

müßte. Viel wichtiger als die wortgetreue, dogmatische Einhaltung der Spielregeln war die Tatsache, daß im jeweiligen Fall ein kleines, von Fremdhilfe unabhängiges Team bei einem großen Abenteuer bis an die Grenze seiner Leistungsfähigkeit gefordert wurde und die Einwirkungen auf den Berg und seine Umgebung minimal blieben.

In diesem Sinne ist der Alpinstil eher ein Ideal als eine Liste von Spielregeln. Er verkörpert das alte Prinzip der Bemühung, mit geringerem Aufwand mehr zu erreichen. Eine große Himalaya-Route mit vollem Einsatz von Anfang bis Ende in einem Zug zu durchsteigen ist möglicherweise die befriedigendste – und oft auch die effektivste – Taktik; es gibt jedoch Fälle, in denen das Risiko nicht mehr gerechtfertigt erscheint und ein Kompromiß durchaus wünschens-

wert ist. In diesem Buch soll die Freude am Klettern im Himalaya zum Ausdruck kommen, es soll nicht dazu dienen, Dogmen zu verbreiten.

Der Leser wird bemerken, daß die Autoren zu einigen Routen eine persönliche Beziehung haben. Natürlich haben wir uns um Objektivität bemüht, doch einige subjektive Vorlieben schleichen sich immer ein. Ich will mich nicht dafür entschuldigen, wenn stellenweise unsere Begeisterung für besonders denkwürdige Abenteuer zum Ausdruck kommt. Andy hatte einmal in Erwägung gezogen, auch andere Regionen in Mittelasien einzubeziehen wie Pamir und Yunnan. Ich entschied mich jedoch dafür, den Umfang dieses Buches auf die Hauptketten des Karakorum und des Himalaya zu begrenzen, ausgehend vom Rakaposhi im nördlichen Pakistan bis zum Kangchendzönga an der Grenze zwischen Nepal und Sikkim. Bei einer Beschränkung auf vierzig Routen mußte natürlich manches wegfallen, etwa der Hindukusch im Westen oder die herrlichen Gipfel von Sikkim und Bhutan im Osten, aber irgendwo muß man die Grenze ziehen. Absichtlich liegen auch viele der besprochenen Routen nah beieinander. Erstens ergab sich dadurch ein Bezug zwischen einzelnen Kapiteln, und zweitens wollten wir uns in erster Linie auf allgemein beliebte Gegenden konzentrieren. In den gewaltigen Gebirgszügen Mittelasiens gibt es noch immer weite Landstriche, die unter Bergsteigern kaum bekannt sind, ganze Gletschersysteme, die noch unerforscht, und zahllose Gipfel, die noch unbestiegen sind. Sie sollen den Reiz des Geheimnisvollen behalten dürfen, bis sie von allein ins Bewußtsein der Öffentlichkeit gelangen. Deshalb also habe ich mich bewußt auf bereits rege besuchte Gegenden beschränkt, denn auch hier gibt es etliche Gipfel, deren Besteigung noch aussteht, und praktisch unbegrenzte Möglichkeiten, neue Routen zu erschließen.

Da dieses Buch für Bergsteiger geschrieben wurde, gilt das Augenmerk natürlich vor allem den kahlen Gesteinsformationen der Berge und den Wegen, die uns auf ihre Gipfel führen. Ich hoffe aber, daß auch zum Ausdruck kommt, welch riesigen Schatz an unterschiedlichsten Erfahrungen der Himalaya ver-

mitteln kann, der eben nicht nur ein überdimensionaler Spielplatz für Kletterer ist. Allein auf das Ego des einzelnen Bergsteigers bezogen, bedeutet die Bewältigung einer großen Himalaya-Route eine anhaltende Befriedigung. Jedoch schon lange, bevor eine Expedition eine Route in Angriff nehmen kann, erlebt sie all die Dramen, Frustrationen, Freuden und Abenteuer des Reisens durch herrliche Länder und des Kennenlernens fremder Kulturen.

Es sind jetzt drei Jahre vergangen, seit ich gebeten wurde, dieses Buch fertigzustellen. Ich möchte Caroline Fanshawe für ihre Geduld und Unterstützung danken angesichts der vielen entnervenden Verzögerungen. Bedanken möchte ich mich auch bei meiner Redakteurin Maggie Body, die Tausende von fachlichen Einzelheiten recherchierte und uns mit ihrem erfrischenden Witz und Verstand in Schwung hielt. Die Graphiker Graham Webb, Pippa Martin und Caroline Wilson erfaßten als Experten ihres Fachs sehr schnell die Vielschichtigkeit des Bergsteigens im Himalaya, so daß die Zusammenarbeit mit ihnen wirklich ein Vergnügen war. Ken Wilson, von dem die Idee zu diesem Buch stammt, war mit seinen Ratschlägen eine unschätzbare Hilfe. Das gleiche gilt für die vielen Bergsteiger, Historiker und Fotografen, denen wir unseren Dank auf der gegenüberliegenden Seite ausdrücken wollen. Ohne ihre Ratschläge, Erörterungen, Begeisterung, Großzügigkeit – und natürlich ihre Fotografien – hätten wir dieses Projekt nicht durchführen können. Für mich gibt es keinen Zweifel, daß ihre Unterstützungsbereitschaft vor allem von Andy Fanshawes Enthusiasmus ausgelöst wurde, dem dieses Buch gewidmet ist.

Stephen Venables, Bath, im März 1995

▲

DANKSAGUNG

Caroline Fanshawe und Stephen Venables möchten den vielen Menschen danken, die ihnen so großzügig ihre Zeit widmeten, sie mit Begeisterung, Fachwissen und Rat unterstützten und ihnen wertvolle und einzigartige Fotografien zur Verfügung stellten. Sollten wir jemanden auf der nachstehenden Liste versehentlich nicht erwähnt haben, so entschuldigen wir uns.

Kurt Albert, Jan Babicz, Manu Badiola, Mike Banks, Kobus Barnard, Bob Barton, Robin Beadle, Annie Béghin, Pierre Béghin, Steve Bell, Steven Berry, David Breashears, Barry Bishop, Ernest Bladé, Barry Blanchard, Nil Bohigas, Chris Bonington, Tony Brindle, Joe Brown, Carlos Buhler, Kitty Calhoun-Grisson, Adams Carter, Giovanni Casiaghi, Greg Child, John Cleare, Ingeborga Cochlin, Rob Collister, Noel Craine, Giorgio Daidalo, Frances Daltrey, Madelaine David, Henry Day, Victor Dedi, Monesh Devjani, Kurt Diemberger, Mal Duff, Glenn Dunmire, Bill Durtler, Margaret Ecclestone, Xavier Eguskitza, Roger Everett, Michel Fauquet, Foc Photo, Mick Fowler, Jeanne Franco, Peter Ganner, Michael Germann-Bauer, René Ghilini, Maurizio Giordano, Dennis Gray, Colin Grisson, Nick Groves, Mark Gunlogson, Peter Habeler, Christoph Hainz, Brian Hall, Rob Hall, David Hamilton, Elizabeth Hawley, Stuart Hepburn, Tilmann Hepp, Alan Heppenstall, Alan Hinkes, Christian Hocke, David Hopkins, Philip Horniblow, Andy Hughes, Tsunemicki Ikeda, Ulric Jessop, Stephen Jones, Hans Kammerlander, Harish Kapadia, Nick Kekus, Michael Kennedy, Dag Kolsrud, Wojciech Kurtyka, Ferran Latorre, Randy Leavitt, Natalie Lecable, Michael Lendtrodt, Dorjee Lhatoo, Erhard Loretan, Jeff Lowe, Mark Lowe, Enric Lucas, Tim Macartney-Snape, Claire Marvin, Alex McNab, Roger Mear, Mark Miller, Terris Moore, Hideki Nagata, Jill Neate, Bill O'Connor, Sally O'Connor, Oshio Ogata, Attila Ozváth, Roger Payne, Iain Peter, Bob Pettigrew, Bernard Pierre, Sieghard Pircher, John Porter, Marko Prezelj, Paul Pritchard, Gillian Quinn, Steve Razzetti, Al Read, Simon Richardson, Ann Roberts, André Roch, Dario Rodriguez, Malte Roeper, John Roskelley, Enrico Rosso, Maria Rosso, Galen Rowell, Glenn Rowley, Balwant Sandhu, Rosie Sanchez, Charlie Sassara, Victor Saunders, Franci Savenc, Robert Schauer, Doug Scott, Mike Searle, Andy Selters, Donna DeShazo, Hukam Singh, Sean Smith, Alex Straber, Dhiren Toolsidas, Fiona Treble, Jean Troillet, Maggie Urmston, Carles Valles, Rosie Venables, Charles Warren, Ed Webster, Mike Westmacott, Jim Wickwire, Simon Yates.

SCHWIERIGKEITSGRADE: In diesem Buch wird die UIAA-Skala verwendet, mit Ausnahme einiger kombinierter Touren, für welche die schottische Schwierigkeitsbewertungsskala bei winterlichen Verhältnissen geeigneter erscheint.

Balti-Träger in der Nähe des Zusammenflusses des Dumordo und des Biaho mit den Gipfeln der Masherbrum-Gruppe im Hintergrund.
(John Cleare/Mountain Camera)

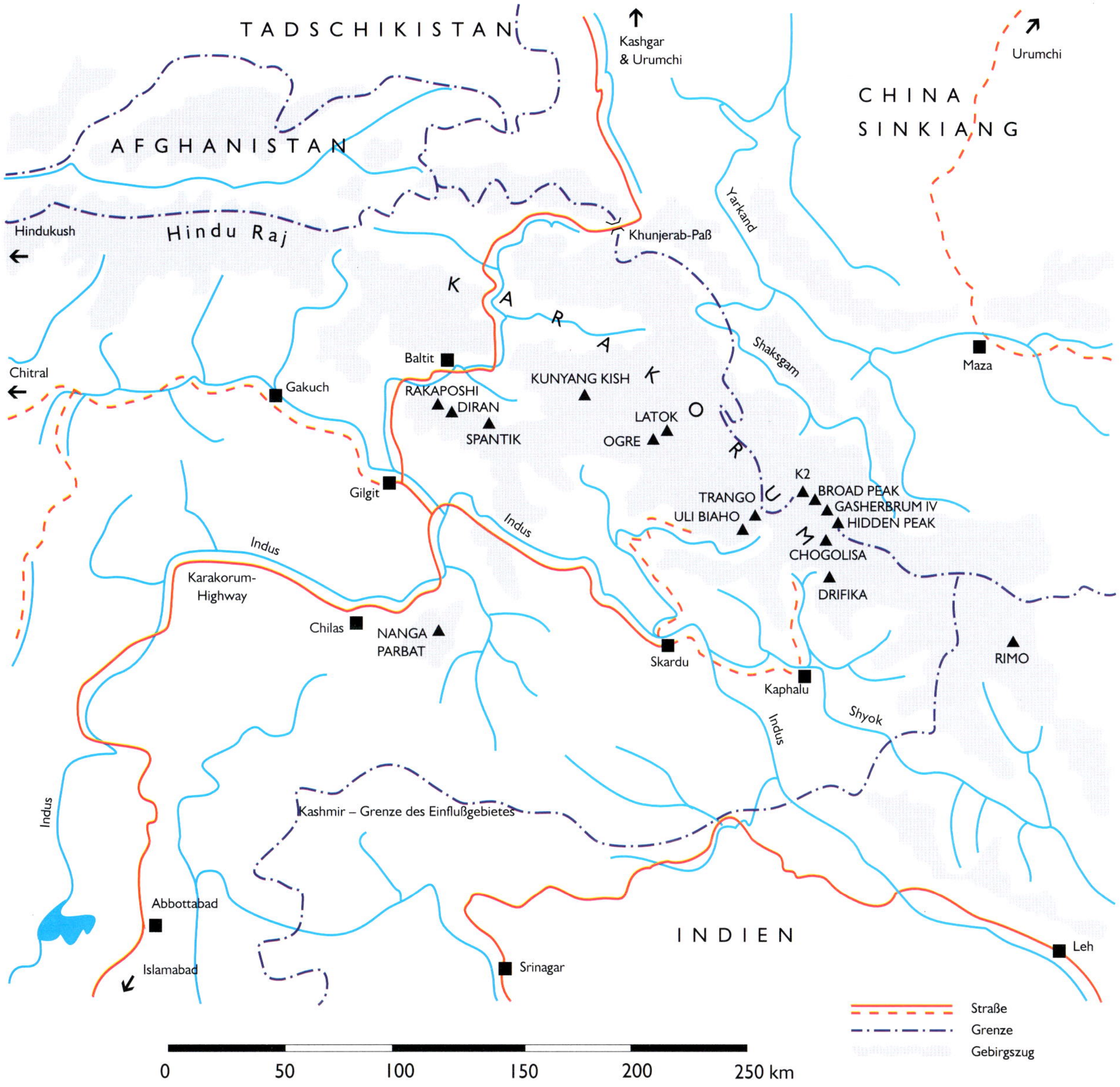

PAKISTAN

Map labels:
TADSCHIKISTAN
AFGHANISTAN
CHINA SINKIANG
Hindukush
Hindu Raj
Chitral
Khunjerab-Paß
Kashgar & Urumchi
Urumchi
Yarkand
Shaksgam
KARAKORUM
Baltit
KUNYANG KISH
RAKAPOSHI
DIRAN
SPANTIK
LATOK
OGRE
Gakuch
Gilgit
Indus
Maza
K2
BROAD PEAK
GASHERBRUM IV
HIDDEN PEAK
TRANGO
ULI BIAHO
CHOGOLISA
DRIFIKA
Skardu
Kaphalu
Shyok
RIMO
Karakorum-Highway
Chilas
NANGA PARBAT
Abbottabad
Islamabad
Kashmir – Grenze des Einflußgebietes
INDIEN
Srinagar
Leh
Indus

0 50 100 150 200 250 km

Straße
Grenze
Gebirgszug

RAKAPOSHI 7788 m

Nordsporn

Der Rakaposhi bildet die westliche Bastion des Karakorum, eine massige Pyramide, deren glänzende Eiswände über den Terrassenfeldern und Obstgärten im Tal des Hunza am Himmel zu schweben scheinen. Seine Nordwand ist riesig mit einer Breite von 20 km und einem Höhenunterschied von fast 6000 m aus der Talsohle des Hunza bis zum Gipfel. Wer von Karimabad, der Hauptstadt der Region Hunza aus die Wand betrachtet, wird gleich den verlockenden, messerscharfen Grat bemerken, der aus einem gefährlichen Eisbruch in atemberaubender Linienführung

fast direkt zum Gipfel führt. Diese Route über den Nordsporn des Rakaposhi ist für Bergsteiger eine der größten Herausforderungen der Welt.

Martin Conway erkundete bei der ersten wirklichen Bergsteiger-Expedition im Karakorum 1892 die Zustiegsmöglichkeiten auf der Südseite des Rakaposhi, fand aber keine gangbare Route zum Gipfel. Erst 1938, sechsundvierzig Jahre später, versuchte es Campbell Secord über den gigantischen Nordwestgrat und erreichte eine Höhe von etwa 5800 m. 1947 kehrte er mit Bill Tilman wieder, jenem unermüdli-

chen Forschungsreisenden, um eine weitere Erkundung im schmalen Tal Jaglot nullah in der Westflanke des Rakaposhi durchzuführen. Ihre Ergebnisse wurden 1954 bestätigt, als eine Expedition der Universität von Cambridge unter der Leitung des Schweizers Alfred Tissières feststellte, daß die beste Anstiegsroute von dieser Seite aus über den Kunti-Gletscher, den langen Südwestgrat und den dunklen Felsturm des Monk's Head führte. Dies war auch die Route, auf der Tom Patey und der Leiter der britisch-pakistanischen Expedition von 1958, Mike Banks, schließlich der

ruhmreiche Gipfelsieg gelang. Die Route der Erstbesteiger ist nach heutigen Maßstäben zwar nicht besonders schwierig, aber lang und gewunden. Ebenfalls lang, aber schwieriger präsentiert sich die Route der Zweitbesteiger über den Nordwestgrat, welche eine polnisch-japanische Expedition 1979 vom Biro-Gletscher aus durchführte. Zuvor noch, als Anfang der siebziger Jahre die Bergsteiger die großen, bis dahin undurchstiegenen Felswände der höchsten Berge der Welt ins Visier nahmen, lockte den umstrittenen deutschen Expeditionsleiter Karl Herrligkoffer die offensichtliche Herausforderung des Nordsporns. Die von ihm 1971 und 1973 organisierten Unternehmungen scheiterten jedoch beide an logistischen Problemen, die diese lange und schwierige Route mit sich brachte. Erst 1979 konnte eine japanische Gruppe von der Waseda-Universität den Nordsporn für sich verbuchen.

Diese japanische Expedition mit sieben Bergsteigern wurde von Eiho Ohtani geleitet. Ihr Basislager befand sich auf einer grünen Wiese östlich des Ghulmet-Gletschers in 3700 m Höhe, nur einen Tagesmarsch oberhalb des Karakorum-Highways. Von diesem Gletscher aus, also von Westen, wurde der Grat erklommen. Sechs Wochen lang belagerten ihn die Bergsteiger, versicherten seinen großartigen Kamm

Unten: Der Nordsporn von Westen mit den Lagern der kanadischen Expedition von 1984.

Links: Lager 2 der kanadischen Expedition von 1984. Der gewundene Abschnitt des unteren Grates wurde beim zweiten Vorstoß zum Gipfel auf einer direkteren, gefährlicheren Route umgangen. Hinter dem Lager, auf der Nordseite des Hunza-Tals, liegt das Ultar-Massiv. Der herausragende Gipfel mit der Federwolke in der Mitte ist der Ultar I, der trotz mehrerer Versuche 1994 noch nicht bezwungen war. Dahinter liegt ganz links der Gipfel des Shispare (7611 m), dessen Erstbesteigung 1974 der polnischen Expedition von Janusz Kurczab gelang. *(Barry Blanchard)*

Links: Die Morgensonne scheint bereits auf die riesige Nordwand des Rakaposhi, während das Hunza-Tal noch in Dunkelheit liegt. Der Nordsporn steigt schräg von rechts nach links an; seine Spitze zeichnet sich knapp links neben dem Gipfel gegen den Himmel ab. Der etwas abgerundete Sporn weiter links, der zum schneebedeckten Ostgipfel führt, wurde erstmals 1985 von Edi Koblmüllers Österreichischer Mannschaft überklettert, nachdem sie sich zuvor am Diran akklimatisiert hatten. *(Stephen Venables)*

mit 5000 m Fixseil und bauten sechs Höhenlager auf. Bei ihrem abschließenden Vorstoß mußten Ohtani und Matsushi Yamashita noch einmal auf 7600 m Höhe biwakieren, bevor sie über die letzte felsige Strecke des Ostgrats den Gipfel erreichten.

In der westlichen Welt wurde diese Erstbesteigung von den Medien praktisch nicht zur Kenntnis genommen. Erst als eine kanadische Mannschaft 1984 den Gipfel ebenfalls über den Nordsporn erreichte, registrierten Bergsteiger in Europa und Amerika, daß diese Route eine der großen Herausforderungen für

moderne Kletterer im Himalaya war. Die acht Männer* waren jung, fit und ehrgeizig. Sie wollten eine Aufstiegsvariante in der Wand rechts vom Grat erschließen, von der sie sich ein zügiges Wandklettern im Alpinstil versprachen, mußten aber schon bald feststellen, daß der scharfe Grat des Nordsporns inmitten ungeschützter Flanken, die durch häufige Eislawinen einem Schlachtfeld glichen, der einzig sichere Weg war. Deshalb beschlossen sie, der Route der Japaner zu folgen.

Rasch zeigte sich, wie schwierig ihr Vorhaben tatsäch-

*Steve Langley u. Chris Dale (Großbritannien/Kanada), Dave Cheesmond (Südafrika/Kanada), Gregg Cronn (USA), Barry Blanchard, Kevin Doyle, Tim Friesen u. Dr. Vern Sawatsky (Kanada)

über dem Eis. Als dann ein langer, exponierter Quergang vor ihnen lag, beschlossen sie, diesen Abschnitt mit ihrem minimalen Vorrat von 600 m Fixseil zu versichern.

Später zogen sie die Seile wieder ab, um sie weiter oben an einem schwer zu bewältigenden Felsgürtel einzusetzen, der etwa bei 6700 m beginnt. Oberhalb

Rechts: Der Nordsporn in perspektivisch stark verkürzter Ansicht. *(Barry Blanchard)*
Unten: Die große Hürde am Ende! Barry Blanchard klettert in schwierigem, kombinierten Gelände mit brüchigem Gestein am Gipfelaufbau in 7650 m Höhe. *(Dave Cheesmond)*

lich war. Von Lager 1 in 4800 m Höhe ging es 3000 m senkrecht nach oben zum Gipfel. Die ersten Türme und Gratzacken, die zu Lager 3 auf 5500 m führten, machten die Route lang und schwierig, mit Passagen bis V. Danach folgte ein langer Eisgrat, das augenfälligste Merkmal auf den typischen Abbildungen des Rakaposhi. Der Ästhet mag aus sicherer Entfernung die elegante Riefenbildung im Schnee der Ostflanke bewundern, aber für den engagierten Kletterer stellt sich die Realität aus der Nähe gesehen ganz anders dar, und die beste Route führt über die weniger zerfurchten Hänge der Westflanke. Aber selbst hier stießen die Kanadier häufig auf Faulschnee

des Felsgürtels trafen sie auf weitläufigeres Terrain am Hängegletscher. Doch hier oben, im letzten Hochlager auf 7400 m, als ihre Kräfte und Vorräte zur Neige gingen, das Wetter sich zudem verschlechterte, entschlossen sie sich – ohne die beruhigende Gewißheit eines mit Fixseilen versicherten Abstiegs – zur Umkehr. Nach mühevollem Abklettern und Abseilen über den langen Grat kehrten sie ins Basislager zurück und begannen, für den Abmarsch zu packen. Eine Woche später, am letzten Tag im Hunza-Tal vor ihrer Rückkehr nach Kanada, besserte sich das Wetter plötzlich. In einem herrlichen, verrückten Anfall von Optimismus sagte Dave Cheesmond ganz spontan:

»Warum versuchen wir es nicht noch einmal?« Jetzt stiegen nur noch drei Kletterer wieder über den langen Grat auf: Dave Cheesmond, Barry Blanchard und Kevin Doyle. Um Zeit zu sparen, kletterten sie auf einer gefährlichen Abkürzung am Ghulmet-Gletscher weiter nach oben bis kurz unterhalb der riesigen Séracs in der Nordwand, stiegen dann nach links, ein Couloir hinauf und erreichten den Grat an der Stelle ihres vorherigen Lagers 3. Blanchard rät allen künftigen Aspiranten »zu rennen wie ein ausgehungerter Schakal«, wenn sie diese Abkürzung nehmen.

Sie brauchten vier Tage vom Basislager bis zum letzten Hochlager auf 7400 m. Am fünften Tag biwakierten sie wie die Japaner auf dem Ostgrat in 7600 m Höhe, und am letzten Tag, dem 17. Juli, stießen sie am Ende dieses immensen Aufstiegs noch auf eine große Hürde – drei sehr schwierige Stellen, teilweise mit technischer Kletterei. Die Schwierigkeiten im mittleren Abschnitt reichten bis VI/A2, darunter ein Pendelquergang zu einer entscheidenden Verschneidung, extrem anstrengend in einer Höhe von 7700 m. Oberhalb der Felsen erreichten sie über einen leichteren Schneegrat den Gipfel. Die Nacht verbrachten sie wieder im Biwak, bevor sie in zwei Tagen, die noch einmal höchste Konzentration erforderten, zum Basislager abstiegen.

Seit 1984 hat sich das Klettern im Himalaya weiterentwickelt, und die führenden Bergsteiger von heute denken vielleicht schon an eine Besteigung des Rakaposhi über den Nordsporn nur zu zweit, im reinen Alpinstil. Man sollte aber bedenken, daß die Kanadier mit all ihrer Erfahrung, Leistungsfähigkeit und Motivation es doch für unbedingt erforderlich hielten, die Route langsam in Angriff zu nehmen und sich Etappe für Etappe mit einem geringen Einsatz von Fixseilen zur Sicherung einzelner Passagen den Berg hinaufzuarbeiten. Auf Grund der enormen Länge, Höhe und unterschiedlichsten Schwierigkeiten, einschließlich der langen Quergänge, wird diese Route immer viel Zeit in Anspruch nehmen. Auch die verwegensten Kletterer dürften wohl ihre Träume von einer Besteigung im dogmatischen Alpinstil aufgeben und eine pragmatischere Haltung zeigen, sobald sie mit der Realität dieses Geländes konfrontiert werden. Bei ihrem letzten, zunächst gar nicht mehr geplanten Versuch erreichten die Kanadier in nur sieben Tagen vom Karakorum-Highway aus den Gipfel, doch vorausgegangen waren etliche Wochen, in denen sie sich die Route erarbeiteten. Eine Onsight-Begehung in sieben Tagen wäre ein ganz anderes Unternehmen. Da eine detaillierte Routenbeschreibung in diesem Fall nicht sachdienlich ist, weil jedes Team eigene kleine Varianten gehen wird, soll hier nur der grobe Verlauf wiedergegeben werden: Über den Ghulmet-Gletscher erreicht man den Nordsporn direkt südlich einiger markanter Felsnadeln auf 4700 m. Bei ausreichender Schneelage ist der Anstieg oberhalb des Gletschers nicht gefährlich, bei wenig Schnee kann leicht Steinschlag auftreten. Einmal am Sporn angelangt, verläuft die Route über zwei schneebedeckte Plateaus und schmale Schneegrate zu der Stelle, an der die Japaner ihr Lager 2 hatten. Vier große Felsstufen leiten nun zu einem Sattel am Anfang des langen

Schneegrats – hier mündete der gefährliche direkte Aufstieg, den die Kanadier 1984 nahmen. Der Saum des Grates ist mit eindrucksvollen Wächten bestückt, deshalb sind Quergänge in der Westflanke meist am besten. Auf etwa 6700 m stößt der Grat an einen 150 m hohen Felsgürtel, der vom Tal aus gut einzusehen ist. Nach dessen Überwindung in kombinierter Kletterei wird der Grat breiter, doch auf den konvexen Hängen können sich gefährliche Schneebretter bilden, auch Spalten treten auf. Hier ändert sich die Route von Jahr zu Jahr, aber die grobe Richtung führt nach rechts schräg über steile Schneefelder aufwärts, um die Kante des Ostgrats direkt unterhalb des Gipfelaufbaus zu erreichen. Dieser bietet drei schwierige Aufschwünge (einer davon VI/A2) entlang der in den Himmel ragenden Kante, bevor man über einen leichteren Firngrat den Gipfel erreicht. Barry Blanchard brachte das Reizvolle dieses Nordsporns auf den Punkt, als er ihn die »Cassin-Führe des Himalaya« nannte.

KURZINFORMATIONEN

Name	Rakaposhi
Höhe	7788 m
Lage	Rakaposhi-Kette, westlicher Karakorum, Pakistan
Route	Nordsporn
Erstbesteigung des Gipfels	Mike Banks und Tom Patey (GB) erreichen den Gipfel am 25. Juni 1958.
Erstbegehung der Route	Am 2. August 1979 ersteigen Eiho Ohtani und Matsushi Yamashita den Gipfel. Eine Begehung beinahe im Alpinstil gelingt Barry Blanchard (CAN), David Cheesmond (CAN) und Kevin Doyle (CAN) vom 12. – 17. Juli 1984.
Höhe des Basislagers	3700 m, neben dem Ghulmet-Gletscher
Anfahrtsmöglichkeit bis	Ghulmet, einem Dorf am Karakorum-Highway
Anmarsch	Von Ghulmet etwa 5 km, ein Tag
Jahreszeit	Die beiden Gipfelerfolge wurden im Juni und Juli erzielt. Im späten Sommer kann die Route wegen Blankeis und Steinschlag schwieriger und gefährlicher werden.
Genehmigung	Ministerium für Tourismus, Islamabad
Erfolgsbilanz	Bis 1994 gab es fünf Versuche auf der Route, von denen zwei, 1979 und 1984, erfolgreich waren; umkehren mußten Herrligkoffer 1971 und 1973, sowie ein slowenisches Team 1987.
Literatur	Die Erstbegehung der Route ist in *Iwa To Yukj* 72 beschrieben. Im *AAJ*, Bd. 27, 1985, S. 52-60 ist ein illustrierter Artikel von David Cheesmond erschienen, in dem er die Begehung von 1984 beschreibt. Zu Hintergrundinformationen über den Anmarsch zum Rakaposhi von Westen s. H.W. Tilman, *Two Mountains and a River* (enthalten in H.W. Tilman, *The Seven Mountain-Travel Books*, Diadem, 1983) und Mike Banks, *Rakaposhi*, Secker & Warburg, 1959.

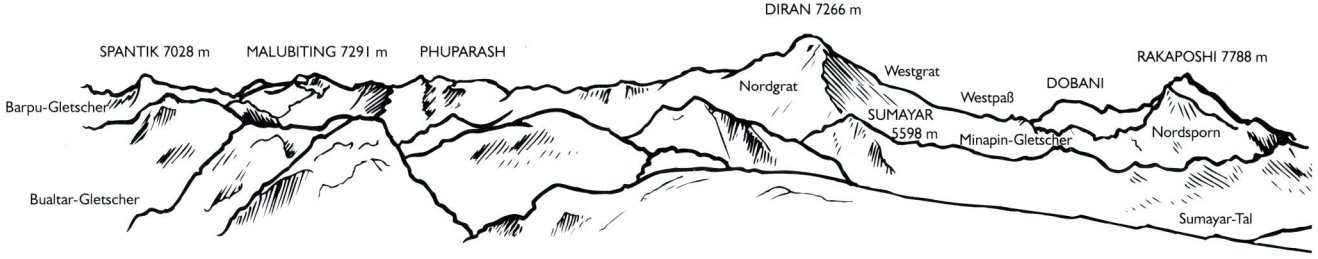

Genau im Süden des Hunza liegt das Sumayar-Tal, durch das der Weg erst auf einer bequemen Wanderstrecke, dann über eine steile Kletterroute zum schönen Kar des Silkiang-Gletschers hinaufführt, das von Bergspitzen in alpiner Höhe umgeben ist. Auf dem Panoramabild, aufgenommen vom Peak Dawson (etwa 5200 m), einem leicht zu besteigenden schneebedeckten Gipfel, sind einige der Bergriesen zu sehen, die sich entlang der südlichen Hauptachse des Karakorum aneinanderreihen, die auch Westlicher Karakorum genannt wird. *(Stephen Venables)*

DIRAN 7266 m

Nordflanke / Westgrat

Seit Jahrhunderten haben Reisende, die nach Hunza kamen, überschwenglich von den golden und grün leuchtenden Terrassenfeldern berichtet, die in die braune Steinwüste eingebettet liegen. Bei einer jährlichen Niederschlagsmenge von nur 14 cm sind die Bewässerungskanäle, durch die das Schmelzwasser aus reißenden Gletscherbächen zu den Feldern und Obstgärten abgeleitet wird, von existentieller Bedeutung. Diese Flüsse werden vom Schnee der riesigen Gipfel gespeist, die das Tal so dramatisch umgeben. Unmittelbar hinter dem Dorf Karimabad türmen sich in gewaltigem Halbrund Hunza Peak, Bojohaghur Duanasir und Ultar auf. Auf der Südseite des Tals fällt vor allem das scharfe Profil des Rakaposhi auf, und etwas weiter links, hinter dem Sumayar-Tal, sieht man eine viel sanfter geschwungene weiße Kuppe, den Gipfel des Diran.

Für den wilden Rakaposhi bildet der Diran den idealen Hintergrund, niedriger und leichter zu ersteigen, aber dennoch eine Herausforderung, bei der man sich eines Gipfelerfolgs keineswegs sicher sein kann. Als Matthias Rebitsch 1954 die Aufstiegsmöglichkeiten auf der Südseite erkundete, hielt er eine Route vom Bagrot-Gletscher zum Westgrat für möglich. Spätere Seilschaften wählten jedoch den einladenderen Anmarsch von Norden, das Minapin-Tal hinauf. 1958 fanden die britischen Bergsteiger Chris Hoyte und Ted Warr einen Weg über die Gletscherhänge der Nordflanke und kletterten von dort den Westgrat hinauf. Als sie zum letzten Mal gesehen wurden, waren sie nur 100 m vom Gipfel entfernt. Im Jahr darauf scheiterte der Versuch eines deutschen Teams schon im unteren Teil des Berges. Eine österreichische Expedition gelangte 1964 nur bis in eine Höhe von 5500 m, wo sie wegen grundlosem Schnee und Lawinengefahr aufgeben mußte. Ein Jahr später wurden Japaner an der Stelle, bis zu der auch Hoyte und Warr gekommen waren, vom stürmischen Wind zur Umkehr gezwungen. 1968 schafften schließlich die Österreicher Rainer Goschl, Hans Schell und Rudolph Pischinger den Aufstieg bis zum Gipfel.

Seit der Fertigstellung des Karakorum-Highway im Jahr 1978 wird dieser Berg ein immer beliebteres Ziel. Einige Seilschaften haben sich am schwierigeren Nordgrat versucht, ebenfalls vom Minapin-Gletscher aus, und 1985 wurde die Route im Abstieg begangen, ehe 1989 sechs Japanern unter der Leitung von Ken Takahashi der Aufstieg gelang. Mehrere Teams haben inzwischen die ursprüngliche Route über die Nordflanke und den Westgrat erfolgreich bewältigt. Da das Basislager nur zwei Tagesmärsche vom Karakorum-Highway entfernt liegt und die Route relativ unkom-

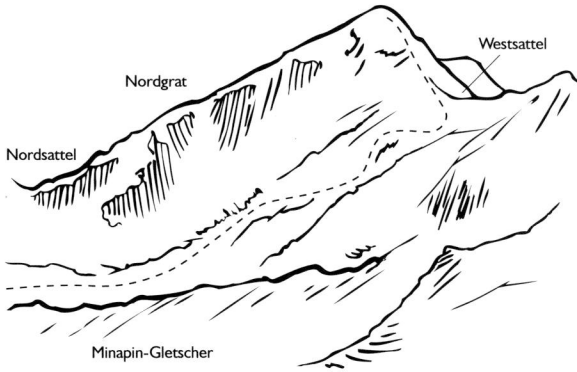

Gegenüberliegende Seite: Der Diran über dem Minapin-Gletscher bei Sonnenuntergang. *(Doug Scott)*

pliziert über Schnee und Eis auf einen Siebentausender führt, der umgeben ist von einer der dramatischsten Gebirgslandschaften der Welt, dürfte die Beliebtheit des Diran wohl anhalten.

Der Berg liegt im Süden des Hunza-Flusses, im schiitischen Distrikt Nagar, der sich in traditioneller Gegnerschaft zum ismailitischen Distrikt Hunza befindet. Die Bewohner von Nagar gelten als besonders halsstarrig, aber in letzter Zeit hört man, daß sich die Zusammenarbeit zwischen den Nagar-Trägern und ausländischen Expeditionen verbessert habe, so daß man sich auf einen Anmarsch ohne Streitigkeiten freuen darf. Der wunderschöne Weg führt durch Felder und Wälder mit Wacholder und Wildrosen, am westlichen Rand des Minapin-Gletschers hinauf. Die Strecke zum Tagafari-Lagerplatz könnte man zwar an einem Tag bewältigen, aber die Träger setzen zwei Etappen dafür an. Die dritte Etappe führt quer über den Gletscher nach Kacheli am nördlichen Gletscherrand, wo auf 3750 m das Basislager recht günstig und nah am Berg liegt. Der Kacheli Peak bietet eine perfekte Akklimatisationsmöglichkeit und einen noch besseren Blick auf die Route zum Diran. Ein ernsterer Akklimatisationsberg ist der Sumayar Peak (5598 m). Trevor Braham und Dennis Kemp, die Erstbesteiger, nannten ihn »Schneekuppe«, als sie 1958 über seine schneebedeckte Südflanke mit anfangs nur 45° Neigung, dann über ein steileres Stück und den Westgrat den Gipfel erklommen. Der Diran selbst bietet dem Bergsteiger eine klassische Gletscherbegehung. Vom Basislager führt die Route quer über den Gletscher, um dann auf der

rechten Seite der Nordflanke zum breiten Westsattel anzusteigen. Der Anstieg schlängelt sich durch ein Labyrinth von Spalten und variiert von Jahr zu Jahr. Er ist weder besonders steil noch schwierig, bei guten Schneeverhältnissen nicht viel anspruchsvoller als eine Gletscherwanderung. Aber schon nach einigen Tagen Schneefall ist er kaum noch zu bewältigen und wird sehr gefährlich. »Gerade steil genug für hübsche Lawinen«, meinte Barry Blanchard 1994. Außerdem sind ein oder zwei gefährliche Séracs zu umgehen.

(Oben) Mark Miller, Alastair Reid und Mike Scott bei bestem Wetter oberhalb des Westsattels im Jahr 1985. Hinter ihnen der Bagrot-Gletscher, der sich links vom Kamm zwischen Diran und Rakaposhi erstreckt. Links ist das Profil des Nordsporns des Rakaposhi-Ostgipfels zu sehen, den Edi Koblmüller mit seinem Team bestieg. (Doug Scott)
(Darunter) Eine kanadische Mannschaft im gewundenen Anstieg über die spaltenreichen unteren Hänge der Nordwand. (Barry Blanchard)

Wenn es dann bei Schneetreiben auch noch schwierig wird, die richtige Route zu finden, sitzt man in einer Falle, die leicht das Leben kosten kann. Blanchard, der Seilschaften im herkömmlichen Stil mit drei Lagern auf den Berg führt, hat die Route mit 150 Stangen markiert und empfiehlt, noch 200 bis 300 mehr zu setzen, um ganz sicher zu gehen. Wer dagegen nicht als Bergführer verantwortlich sein muß und noch das Glück hat, festen Schnee vorzufinden, wird sich damit nicht abschleppen und lieber auf ein rasches Vorankommen setzen, um nicht in diese Falle zu geraten. Doug Scott und seine hervorragende Seilschaft benötigten für die vierte Gipfelbesteigung 1985 nur zwei Tage für den Anstieg vom Gletscher und einen Tag für den Abstieg.

Unabhängig davon, für welche Taktik man sich entscheidet, ist zu berücksichtigen, daß es sich hier um eine lange Route handelt. Bei einem Schlechtwettereinbruch herrscht Sturmgefahr auf nahezu dem gesamten Anstieg zwischen 4000 m Höhe und dem etwa 6350 m hohen, exponierten Westsattel. Von dort sind noch 900 m über den Westgrat bis zum Gipfel aufzusteigen. Die Erstbesteiger richteten ihr drittes Lager auf dem Sattel ein und noch ein weiteres in etwa 6350 m Höhe auf einem relativ geschützten Balkon östlich des Grats.

Bei gutem Wetter ist das abschließende Gratstück, das auf den letzten 400 m eine Neigung von etwa 45° erreicht, ein wunderbares Erlebnis mit einem herrlichen Ausblick auf den Kamm, der zum Rakaposhi hinüberführt, nach Norden über das Hunza-Tal zum Batura, Shispare und Ultar, und nach Osten über den großen Einschnitt des Hispar hinauf zum Kunyang

KURZINFORMATIONEN

Name	Diran (auch Minapin genannt)
Höhe	7266 m
Lage	Rakaposhi-Kette, westlicher Karakorum, Pakistan
Route	Nordflanke und Westgrat; 3250 Höhenmeter vom Minapin-Gletscher, durchgehend auf Schnee, zuerst die Gletscherhänge der Nordflanke hinauf, dann weiter auf dem breiten, exponierten Westgrat.
Erstbesteigung des Gipfels	Die Österreicher Rainer Goschl, Hans Schell und Rudolph Pischinger erreichen über die Nordflanke und den Westgrat am 17. August 1968 den Gipfel.
Erstbegehung der Route	Wie oben
Erstbegehung der Route im Alpinstil	Mark Miller, Alastair Reid, Doug Scott und Mike Scott (GB) in 3 Tagen, 1985
Höhe des Basislagers	In Kacheli auf 3750 m, im Ablationstal am Nordrand des Minapin-Gletschers
Anfahrtsmöglichkeit bis	zum Dorf Minapin, mit dem Geländewagen nur ein kurzes Stück vom Karakorum-Highway
Anmarsch	zwei Tage und drei Träger-Etappen
Jahreszeit	Juni bis August
Genehmigung	Ministerium für Tourismus, Islamabad
Erfolgsbilanz	Bis 1993 gab es mindestens sieben Besteigungen auf dieser Route und ebensoviele gescheiterte Versuche. Für eine Gruppe, die gut in Form ist, hängt der Erfolg wohl größtenteils vom Wetter ab.
Literatur	*Himalayan Odyssey* von Trevor Braham (George Allen & Unwin, 1974) enthält anregende Informationen über viele Regionen des Himalaya. Kapitel VI behandelt etwas detaillierter die Expedition von 1958, auf der praktisch die gesamte Route auf den Diran erkundet und erstiegen wurde. Das *AAJ* und das *HJ* von 1968 berichten von der tatsächlichen Erstbesteigung. In späteren Ausgaben sind nachfolgende Begehungen auf dieser Route und dem Nordgrat festgehalten.

Kish, Kanjut Sar und den weiter entfernt liegenden Türmen des Ogre. Es sind majestätische Gipfel, auch wenn sie nicht so berühmt sind wie die gigantischen Achttausender der Baltoro-Gruppe. Der Ultar war 1994 noch unbestiegen, und die meisten anderen weisen bis heute gerade einmal jeweils eine Begehung auf. Sie sind alle schwer zu erklettern und bieten künftigen Pionieren eine Fülle von Möglichkeiten.

SPANTIK 7028 m

Nordwestpfeiler (Goldener Pfeiler)

Der Goldene Pfeiler des Spantik, eine massive Säule aus Fels und Eis, hat seinen Namen von dem herrlichen Licht, in dem der orange-rosa gefärbte Marmor bei Sonnenuntergang erglüht. Man möchte fast meinen, er müßte eigentlich zu einem größeren Gipfel gehören, so gewaltig wirkt dieser steile Wandabbruch in der Nordflanke des Berges.

Der Spantik liegt knapp 30 km von Karimabad am Karakorum-Highway entfernt. Man muß jedoch erst einige Kilometer nach Nagar, in Richtung des Hispar-Gletschers, weiterfahren, bevor man den Berg und seinen Pfeiler sehen kann. Dies war der Anmarschweg der Erstbegeher von 1987, der Briten Mick Fowler und Victor Saunders, während alle früheren Unternehmungen von der anderen Seite starteten.

1906 versuchte die unverwüstliche Amerikanerin Fanny Bullock Workman mit ihrem Ehemann William den Aufstieg vom oberen Rand des Chogo-Lungma-Gletschers über den extrem langen Südostgrat. Nach ihrer Schätzung kamen sie bis auf 6700 m, aber bis zum Gipfel fehlte noch ein ganzes Stück. Im Juli 1955 erreichten deutsche Bergsteiger unter der Leitung von Karl Kramer auf derselben Route mit vier Lagern den Gipfel. Danach folgten drei weitere Besteigungen vom Chogo-Lungma-Gletscher aus, alle über den ganzen oder einen Teil des Grats. Diese Klettertouren waren Abenteuer, die in der Abgeschiedenheit der oberen Regionen eines Gletschersystems stattfanden, das sonst kaum einen Reisenden anlockte. Was uns hier interessiert, ist jedoch weniger der Gipfel, sondern eine der größten Attraktionen in der Landschaft des Karakorum.

Ein typisches Landschaftsbild des Karakorum bei Nagar, mit Getreidefeldern zwischen Pappeln, Aprikosen- und Walnußbäumen. Dreißig Kilometer entfernt ist im Südosten der obere Teil des Goldenen Pfeilers am Spantik deutlich zu sehen. *(Steve Razzetti)*

Der Goldene Pfeiler wird gerne mit großen Routen in den Alpen verglichen, dem Walker-Pfeiler oder dem Nordostpfeiler der Droites, aber es gibt einen gravierenden Unterschied: Der Walker-Pfeiler führt von 3000 auf 4000 m, während diese Route bei 5000 m beginnt und in einer Höhe von 7000 m endet.

Auf der typischen Ansicht von Nagar aus sind nur die oberen 1100 m zu sehen, doch dies ist der schwierigste Teil. Vom Basislager am Fuß des Pfeilers, einer Stelle, die von den Einheimischen Suja Bassa genannt wird, kann man dann sehen, daß sich die Route in vier Abschnitte gliedert, wenn diese auch nicht sehr deutlich voneinander abzugrenzen sind: ein 400 m hoher Turm; ein 900 m aufragender, elegant geschwungener Schneegrat, weniger steil, aber scharf

Ein atemberaubender Blick den Pfeiler hinab, als Mick Fowler am dritten Tag der Besteigung zum Fuß des Schieferkamins quert. Tief unten sind die zwei Tage alten Spuren am Schneegrat gut zu erkennen. *(Victor Saunders)*

geschnitten; ein Hängegletscher und ein Schneefeld, zwischen denen ein Bergschrund gähnt; zuletzt dann, wie Saunders sagte, »das Wesentliche der ganzen Unternehmung: eine Wand von 1100 m, wie eine große Lanze, die sich in den Himmel bohrt«.

Das Gestein dieses Gipfelpfeilers ist Marmor, ein kristallines Metamorphit aus Kalkstein, wie man es auch weiter östlich im Karakorum findet, etwa auf dem Gasherbrum IV, dem Skyang Kangri und, daran anschließend, im Saser-Kangri-Massiv in Ladakh. Aus der Ferne wirkt seine orangerosa Färbung sehr reizvoll, doch aus der Nähe betrachtet beschäftigen einen ganz andere Dinge. Marmor besitzt zwar meist eine gute Festigkeit, kann aber auch wegen seiner Kompaktheit Probleme bereiten, da nur wenige Risse Halt bieten. Im Falle des Spantik ist die Marmorschicht eine von mehreren Gesteinsschichten, die seitlich gekippt und von dunklem Schiefer durchzogen sind. Mick Fowler, ein begeisterter Anhänger des Kletterns in den bröckeligen Klippen der Südwestküste Englands, empfand ein abartiges Vergnügen, als er hoch oben auf dem Spantik einen Kamin in einer Schieferschicht entdeckte.

Bevor Fowler und Saunders 1987 den Pfeiler in Angriff nahmen, untersuchten sie vernünftigerweise zunächst eine für den Abstieg geeignete Route auf derselben Seite des Berges. Sie fanden einen parallel verlaufenden, ausgeprägten Sporn mit Schnee und Eis, der etwa 1500 m westlich des Pfeilers vom Südwestgrat des Berges abfällt. Danach konzentrierten sie sich auf den Pfeiler. Am Turm gleich zu Anfang führte eine Rinne (teilweise schottisch II/III) in kombinierter Kletterei zum langen, gewundenen Schneegrat hinauf. An dessen oberem Ende gelangte man über eine heikle, kombinierte Stufe auf den Hängegletscher. Bei ihrer ersten Erkundung stiegen Fowler und Saunders noch über das Schneefeld hoch und versicherten die ersten beiden Abschnitte im oberen Teil des Pfeilers, bevor sie den größten Teil ihrer Ausrüstung in einem Depot zurückließen und sich nach dem Abstieg im Basislager ausruhten. Während ihres folgenden Aufstieges mußten sie sich wegen eines Schlechtwettereinbruchs ins Basislager zurückziehen. Am 5. August kehrten sie schließlich ins vorgeschobene Basislager unterhalb des Pfeilers zurück, und am 7. konnten sie den Pfeiler erneut angehen. Vier Tage brauchten sie, um in 40 kniffligen Seillängen, die ihr ganzes bergsteigerisches Können erforderten, den Pfeilerkopf zu erreichen. Am 11. August schließlich standen sie am Gipfel.

Vom oberen Rand des Schneefeldes stieg ihre Route direkt zum Amphitheater an, einem hängenden Eisfeld, das von senkrechten Wänden umsäumt ist wie die Spinne in der Eiger-Nordwand. Bis hier umfaßte der Anstieg, der im wesentlichen die Stirnwand des Pfeilers hinaufführte, etwa zehn Seillängen in schwierig zu kletternden und kaum absicherbaren Platten. Im August 1987 waren sie von Pulverschnee bedeckt und sehr schwierig (schottisch IV/V), falls jedoch mehr Eis in den Rissen oder adernförmig auf den Platten zu finden ist, dürfte die Schwierigkeit nicht mehr ganz so groß sein. Das Amphitheater bietet sich als Biwakplatz an. Saunders und Fowler saßen (angeblich bequem) auf einer Felsschuppe, die sie auf einem schmalen Band freigelegt hatten.

Vom Amphitheater führte die Route durch einen Kamin zur rechten Kante des Pfeilers. Zuerst war ein langes Stück (schottisch VI) auf kompaktem Marmor zu überklettern, der von dünnen Eisflecken überzogen war, dann folgte der Schieferkamin, eine flachere Rinne mit 75° Neigung, die nach 90 m (V) scharf zur rechten Kante der Stirnwand und einer kleinen Biwakkanzel abknickte.

Entlang der rechten Pfeilerkante gelangten sie über 60° steile Platten, die unter 20 cm Pulverschnee versteckt lagen, in eine senkrechte Verschneidung und durch diese auf den »Riesenklemmblock«, wo sie das einzige bequeme Band im ganzen oberen Pfeiler fanden. Oberhalb durchstiegen sie in künstlicher

Kletterei die kürzeste von mehreren überhängenden, stumpfen Verschneidungen, auf die eine Reihe von nach rechts gekippten Rampen folgte. Diese Rampen waren extrem knifflig – glatter, 55° geneigter Fels mit 20 cm Pulverschneeauflage – und reichten bis zum sogenannten Schild, wo sie zunächst ausliefen, um sich darüber fortzusetzen. Für eine Verbindung sorgte zum Glück ein Kamin, den man von unten nicht sehen konnte. Auch dieser Abschnitt (schottisch V) war nur äußerst dürftig abzusichern, und zu allem Überfluß konnte Saunders keinen einzigen brauchbaren Sicherungspunkt an seinem oberen Ende finden. Also verstemmte er sich im Kamin und verbot Fowler abzustürzen.

Die Abendsonne in der Nordwestwand des Spantik hebt die Konturen des Goldenen Pfeilers hervor – eine der faszinierendsten Routen des gesamten Karakorum. Weil das Gestein im Sonnenlicht rosa leuchtet, sieht es aus der Entfernung wie Granit aus. Erst 1987 stellten Mick Fowler und Victor Saunders bei der Erstbegehung dieser Route fest, daß der obere Pfeiler aus äußerst kompaktem Marmor besteht, mit dem sie einige Mühe hatten. Auf diesem Foto ist der Pfeiler, wie gewöhnlich, mit reichlich Pulverschnee bestäubt. Der eigentliche Gipfel des Spantik ist, etwas zurückgesetzt, gerade noch in der Wolke zu erkennen. (Victor Saunders)

Nach einem reichlich anstrengenden Tag mußten die beiden dann die Nacht ein kurzes Stück weiter oben auf einer Eisrampe im Schlingenbiwak verbringen, das an einem einzigen Klemmkeil in einem Riß befestigt war. Am vierten und letzten Tag stiegen sie im oberen Pfeiler weiter über schneebedeckte Rampen und andere schwierige Seillängen, weitgehend ohne Standplatz, bis zum Fuß der symmetrischen Verschneidung. Sie war letztendlich eine dramatische Schlüsselstelle (schottisch VI) – direkt unterhalb eines riesigen, überhängenden und gefährlich instabilen Séracs, des »Eisohrs«, an dessen linker Seite die beiden ausstiegen. Von dort mußten sie sich 30 m durch Tiefschnee zum Kopf des Eisohrs wühlen, wo sie endlich wieder ebenes Gelände vorfanden.

Der Gipfel des Spantik liegt 200 m oberhalb des Pfeilerkopfs. Nach starkem Schneefall lag 1987 mehr als knietiefer Schnee auf diesem letzten Abschnitt. Fowler und Saunders brauchten einen ganzen Tag, um den Gipfel zu ersteigen und dann wieder in ihr Biwak am Pfeilerkopf zurückzukehren. Ihr Abstieg führte 1500 m den Südwestgrat entlang bis zu einer Stelle auf ca. 6500 m, an der ein ausgeprägter, verschneiter Sporn nach rechts zum Gletscher abfällt. Wächten auf dem Spornscheitel und Schneebretter weiter unten sorgten noch für gehörige Spannung.

Kaum jemand wird bestreiten, daß die Erstbegehung des Goldenen Pfeilers zu den größten Leistungen gehört, die jemals im Karakorum bewältigt wurden. Zwar gibt es hier mächtigere und höhere Bergriesen,

aber diese Route zeichnet sich durch ihre anhaltenden technischen Anforderungen aus, darunter mindestens zwanzig Seillängen in kombiniertem Gelände (schottisch V und mehr). Ein Merkmal dieser Route ist die geringe Zahl an Standplätzen. In seiner eigenen Routenbeschreibung bemerkte Saunders zu der nicht absicherbaren Stelle über dem Kamin durch den Schild, daß »eine Umkehr auf diesem Abschnitt nicht möglich war. Ohne sichere Haken kein sicheres Abseilen.« Da es bei schlechtem Wetter unmöglich wäre, durch den Kamin abzuklettern, und oberhalb mindestens zwei Seillängen mit dem schottischen Schwierigkeitsgrad V+ oder gar darüber anzutreffen sind, kann man mit Fug und Recht behaupten, daß diese Route ganz erhebliche Anforderungen stellt.

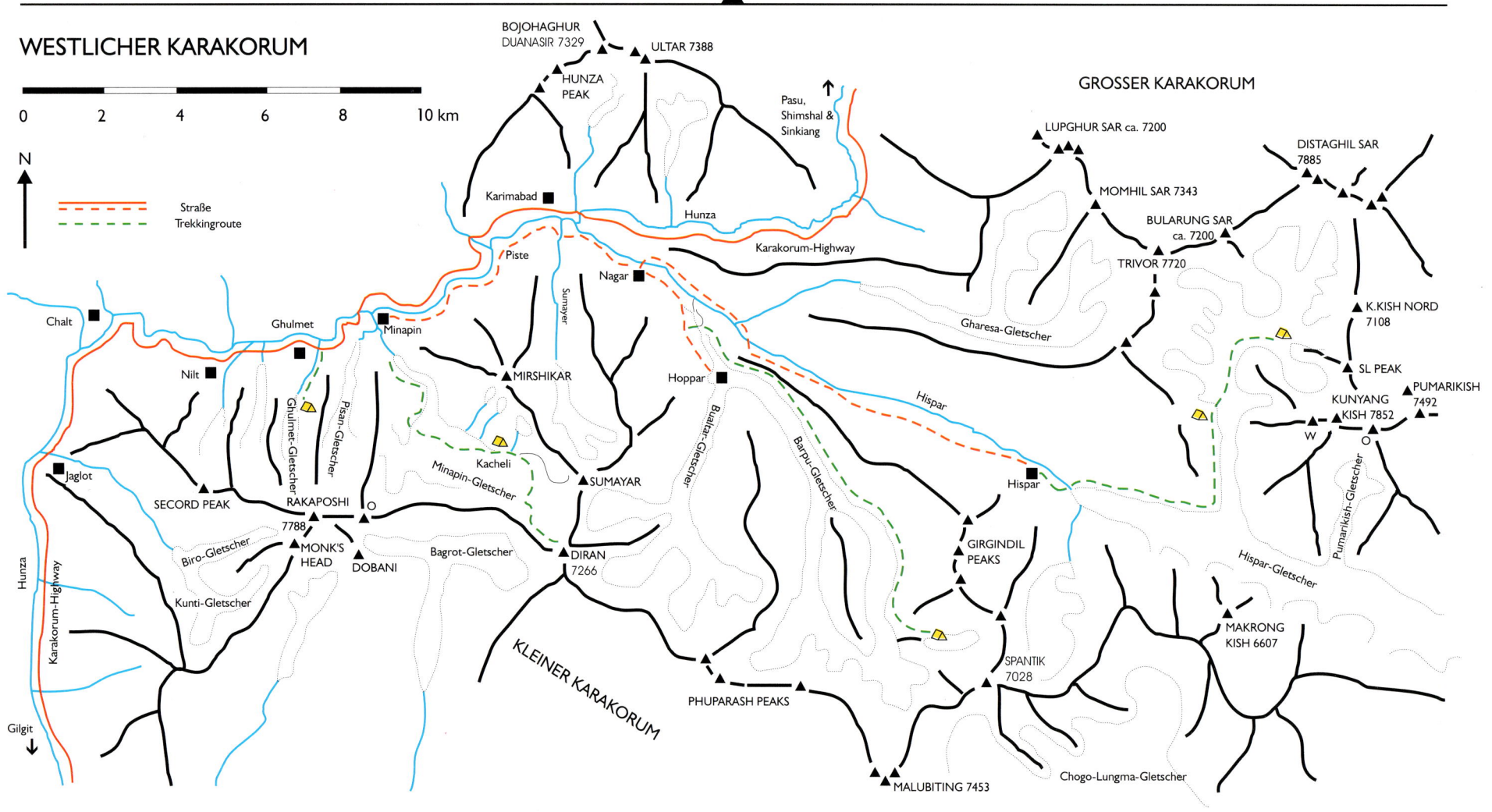

Im August 1987 waren die Bedingungen nach langen und heftigen Schneefällen besonders schwierig. Es könnte jedoch sein, daß auf Grund der geringen Sonneneinstrahlung auf den nordwestlich ausgerichteten Pfeiler der Pulverschnee niemals ganz absitzt oder gar schmilzt. Wahrscheinlich ist es typisch für den oberen Abschnitt des Pfeilers, daß man nur mit beträchtlichem Können und Mut über den heiklen, schneebedeckten Fels schleichen kann. 1991 wollte eine weitere Seilschaft die Route über den Goldenen Pfeiler wiederholen und ihn mit Bohrhaken entschärfen, sie kam nicht weit. Man kann nur hoffen, daß künftige Bergsteiger dem sauberen und kühnen Stil der Erstbegehung des Pfeilers insoweit ihren Respekt erweisen, als sie ihre Bohrhaken zu Hause lassen.

▲

KURZINFORMATIONEN

Name	Spantik
Höhe	7028 m
Lage	Rakaposhi-Kette, westlicher Karakorum, Pakistan
Route	Nordwestpfeiler; 2100 Höhenmeter, die oberen 1100 m in steilem, sehr schwierigem Fels und kombiniertem Gelände, in der Regel V/VI der schottischen Skala.
Erstbesteigung des Gipfels	Der Gipfel wurde am 5. Juli 1955 von K. Kramer und einer Gruppe von Deutschen über den Südostgrat bestiegen.
Erstbegehung der Route	5. – 11. August 1987 durch Mick Fowler und Victor Saunders (GB)
Höhe des Basislagers	4000 m, bei Suja Bassa, am oberen Ende der rechtwinkeligen Verzweigung des Barpu-Gletschers (Sumayar-Bar-Gletscher)
Anfahrtsmöglichkeit bis	Hoppar am Rande der Vereinigung des Barpu- und des Bualtar-Gletschers, eine halbe Auto-stunde oberhalb von Nagar
Anmarsch	Etwa 35 km in fünf Etappen von Hoppar; eigentlich bräuchte man nur drei Tage, aber bei den Trägern in dieser Gegend sind sehr kurze Etappen üblich.
Jahreszeit	Juni bis September
Genehmigung	Ministerium für Tourismus, Islamabad
Literatur	Das Buch von Victor Saunders, *Elusive Summits*, (Hodder & Stoughton, 1990) und die Ausgabe des *AJ* von 1987 enthalten humorvolle, aber nicht sehr ausführliche Beschreibungen ihrer Begehung; gleiches gilt für den Artikel von Mick Fowler in *Mountain*, Heft 118. Das *AAJ* und das *HJ* berichteten über die Besteigung.

Oben: Mick Fowler am fünften und letzten Tag der Besteigung des Pfeilers im Nachstieg auf den schneebedeckten Rampen. Das Klettern auf dem glatten, kompakten Marmor, der nur äußerst geringe Möglichkeiten für Sicherungen bot, war eine echte Herausforderung. *(Victor Saunders)*
Links: Fowler im letzten Stück des Pfeilers, direkt unterhalb des bedrohlichen »Eisohrs«, einem der Séracs in der Gipfelregion. Victor Saunders verglich Fowlers Vorankommen in diesem Abschnitt mit einem Staubsauger, der sich die Bahn über die schneegefüllten Ritzen hinauf freisaugt. *(Victor Saunders)*

KUNYANG KISH 7852 m

Nordwestsporn / Nordgrat

Der Kunyang Kish erhebt sich über dem Hispar-Gletscher wie ein Riese, der dort Wache steht. Dieser mächtige Koloß, dessen Gipfel 4000 m über dem Basislager liegt, bedeckt eine drei- bis viermal so große Fläche wie der K2. Zusammen mit dem Trivor (7720 m) und dem Distaghil Sar (7885 m) bildet er eine gewaltige Dreiergruppe um den Kunyang-Gletscher, dessen Schmelzwasser in den Hunza mündet.

Die ersten Kletterer, die sich im Kunyang-Kessel einfanden, wurden von Alfred Gregory geführt, der 1957 das große Foto zu diesem Kapitel von den Hängen des Distaghil Sar aus aufgenommen hat. Das Bild vermittelt einen ausgezeichneten Eindruck von der erhabenen Architektur der Nordflanke des Kunyang Kish, vor der sich die durchgehende Linie des Nordwestsporns elegant bis zum Nordgrat links oben emporschwingt. Sie bietet sich als Aufstiegsroute geradezu an, wurde aber merkwürdigerweise für frühere Begehungsversuche nicht gewählt.

Die britische Expedition von 1962 entschied sich für den 8 km langen Südgrat vom Hispar-Gletscher aus. Noch weit unten brachen sie ihren Versuch ab, als zwei Teilnehmer in einem Schneebrett ums Leben kamen. Eine Gruppe von Japanern erlebte 1965 mit dem Tod eines Kameraden ein ähnliches Unglück. 1971 nahm dann das polnische Team von Andrzej Zawada eine direktere Aufstiegslinie vom Pumarikish-Gletscher zum Südgrat, aber auch diese Alternative war immer noch sehr lang. Sie präparierten die Route bis Lager 4; von dort mußte die Gipfelmannschaft einen über 2 Kilometer langen, ansteigenden Quergang zurückzulegen und knapp unterhalb des Gipfels

biwakieren, den sie am nächsten Morgen erreichte. Die Erstbesteigung des Kunyang Kish auf dieser langen und äußerst schwierigen Route stellte einen Höhepunkt in der Geschichte polnischer Bergsteiger im Himalaya dar, aber mit dem Unfall von Jan Franczuk, der schon zu Beginn der Expedition in einer Spalte ums Leben kam, hatte der Berg wieder einmal seinen todbringenden Ruf bestätigt.

Neun Jahre später wollte eine britische Mannschaft eine neue Route ausprobieren. Dave Wilkinson hatte auf dem Foto von Gregory einen idealen Wegverlauf entdeckt und für den ersten Begehungsversuch von Norden Phil Bartlett und Stephen Venables gewonnen. Der Gipfelerfolg blieb ihnen im Jahr 1980 zwar versagt, aber es gelang ihnen zumindest, ihre Route über den Sporn hinauf bis zum Beginn des Nordgrats in 7000 m Höhe voranzutreiben. Unter dem Eindruck der großartigen Leistungen, die Ende der siebziger Jahre im Alpinstil erbracht wurden, waren die Briten nur mit kleinem Gepäck unterwegs. Sie verzichteten auf Fixseile und übernachteten in Schneehöhlen. Mit einem etwas schnelleren Anstieg, besserer Zeitplanung und freundlicherem Wetter hätten sie die Route über den Nordgrat wahrscheinlich geschafft, aber leider wurden sie zweimal von heftigen Schneefällen zurückgeworfen.

Ein weiterer britischer Versuch von 1981 und der Versuch einer französischen Mannschaft von 1982 blieben ohne Erfolg. 1987 versicherten japanische Bergsteiger im Widerspruch zum herrschenden Trend den Sporn mit Fixseilen, doch auch sie erlitten eine Niederlage, und ein Teilnehmer kam ums Leben,

der fünfte Tote auf dem Kunyang Kish. Erst 1988 wurde der Gipfel auf dieser Route erstiegen.

Das erfolgreiche Team von 1988 bestand aus fünf Teilnehmern, von denen aber nur zwei, Mark Lowe und Keith Milne, die nicht von Krankheiten außer Gefecht gesetzt wurden, den Gipfel erreichten. Nach einer ausführlichen Erkundung des unteren Spornteils verließen sie am 9. Juli Lager 4, eine Schneehöhle in etwa 6900 m Höhe, stießen auf den Nordgrat vor und schlugen auf 7150 m Lager 5 auf. Am nächsten Abend biwakierten sie in Lager 6 in einer Höhe von 7530 m, wo sie am 11. Juli ihre Rucksäcke zurückließen und befreit kletternd den Gipfel erreichten. Erst siebzehn Jahre nach dem Erfolg von Zawada war

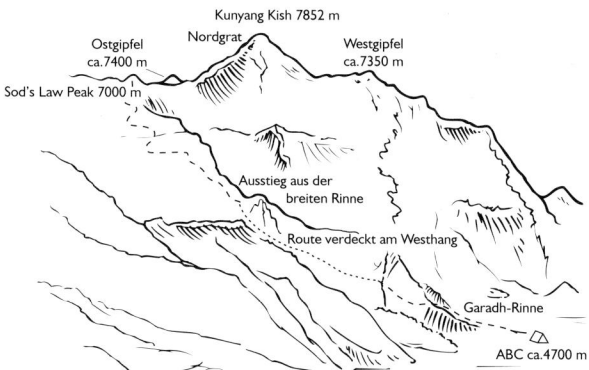

Gegenüberliegende Seite: Der Kunyang Kish, ein majestätischer Gipfel, der mit einem Höhenunterschied von 4000 m zwischen dem Basislager und dem Gipfel einigen Achttausendern in nichts nachsteht. Alfred Gregory machte 1957 diese Aufnahme aus den Hängen des Distaghil Sar. Dreiundzwanzig Jahre später war sie der Anlaß für David Wilkinson, die klassische Route über den Nordwestsporn und den Nordgrat zu versuchen. Der Ostgipfel des Kunyang Kish, der hinter dem Nordgrat zu sehen ist, und der Westgipfel sind noch unbestiegen. *(Alfred Gregory)*

der Gipfel wieder bestiegen worden, diesmal auf einer logischeren, direkteren und vielleicht einfacheren Route. Ihr besonderer Reiz liegt darin, daß sie ästhetisch sehr ansprechend ist und dem Prinzip des geringsten Widerstands folgt, wenngleich selbst der leichteste Weg auf einen derartigen Giganten mit 3000 m Höhenunterschied vom Gletscher bis zum Gipfel eine ernste Herausforderung darstellt.

Das vorgeschobene Basislager befindet sich auf 4700 m am Fuß des Nordwestsporns im oberen Teil des Kunyang-Gletschers. Die Route auf den Sporn führt durch das riesige Becken zu seiner Rechten unterhalb der Nordwand. Aus dieser kaum gegliederten Wand gehen regelmäßig gewaltige Lawinen ab, doch die Route verläuft hier geradezu raffiniert geschützt. Zuerst klettert man in einer schmalen Rinne durch den Felsriegel links vom Eisbruch. Am Ausstieg aus der Rinne verläuft die Route quer nach rechts, entlang des Beckenrandes, zu einer breiteren Schneerinne, die nach links auf einen kleinen Sattel

(ca. 5700 m) am Nordwestsporn hinaufführt. Knapp darüber findet man gute Lagerplätze.

Von hier geht es über die linke Flanke des Sporns auf dem Hängegletscher weiter, dessen Verhältnisse sich zwar von Jahr zu Jahr verändern, jedoch selten schwierig sind. Auf Spalten muß man aber aufpassen, und nach ausgiebigen Schneefällen kann der ganze Hang mit gefährlichen Schneebrettern befrachtet sein. Kaum eine Mannschaft wird diesen Abschnitt ohne zumindest ein Biwak überwinden. Danach führt die

Oben: Carlos Buhler genießt den herrlichen Morgen am Fuß des Nordwestsporns, kurz über dem Ausstieg aus der breiten Rinne. Der ganze untere Teil des Sporns wird links umgangen. Unten links sieht man den Hang zwischen der Garadh-Rinne und der breiten Rinne, über den man queren muß. Im Hintergrund sticht rechts die riesige, undurchstiegene Südwand des Trivor (7720 m) ins Auge. Auf der linken Seite ist gerade noch die weiße Gipfelpyramide des Rakaposhi zwischen den Zwillingsgipfeln zu erkennen, die beide etwa 6500 m hoch und noch unbestiegen sind. *(Stephen Venables)*

Route schließlich in bis zu 50° steilem Eis direkt zum Gipfel des Sod's Law Peak. Die Expedition von 1980 hatte gehofft, diesen Minigipfel mit 7000 m auf seiner rückwärtigen Flanke umgehen zu können, sah sich aber doch gezwungen, ihn zu überklettern, womit er seinem Namen (auf Deutsch etwa »Ein-Unglück-kommt-selten-allein-Gipfel«) alle Ehre machte. Es war eine beschwerliche Überschreitung, für die sie jedoch sofort mit einem herrlichen Panorama und einem ersten klaren Ausblick auf den Nordgrat entschädigt wurden. Dieser präsentierte sich ihnen als wunderschönes weißes Band, das unausweichlich, wie eine Himalaya-Ausgabe des berühmten Biancograts, gipfelwärts zu ziehen schien.

Der Schein allerdings trügt, entpuppt sich doch der vermeintliche Traumgrat als ein recht heikles und anstrengendes Unterfangen. Vom Gipfel des Sod's Law Peak fällt der mit gefährlichen Wächten bestandene Grat sanft ab bis zu einem breiteren, ebenen Abschnitt, der häufig tief verschneit ist. An seinem Ende schlugen die Erstbegeher ihr Lager auf. Danach steigt der Grat über 800 Höhenmeter zum Gipfel an. Im Detail ist der Verlauf der Route von den Schneeverhältnissen und Wächten abhängig. Die Neigung übersteigt selten 45°, aber Lowe und Milne stießen 1988 in etwa 7600 m Höhe auf eine verzwickte Felsstufe (III) und einen schwierigen Bergschrund bei 7750 m.

Auf Grund der nun geringeren klettertechnischen Anforderungen kann man den phänomenalen Ausblick von der abschließenden Himmelsleiter rundum genießen: 4000 m weiter unten die winzige grüne Oase des Basislagers, dahinter all die großartigen Gipfel von Hunza und Nagar. Im weiteren Aufstieg zum Gipfel des Kunyang Kish eröffnet sich dann ein völlig neues Panorama im Südwesten, in Richtung des Snow Lake und des zentralen Karakorum.

Links: Winzige Menschen in gigantischer Landschaft. Phil Bartlett und Dave Wilkinson steigen bei ihrem Versuch 1980 vom Sod's Law Peak zum Ausgangspunkt des Nordgrats ab, wo sie sich eine Schneehöhle (Lager 3) gruben. In jener Nacht brauten sich die Wolken zu einem Sturm zusammen, der die Kletterer sechs Tage lang in ihrer Schneehöhle gefangenhielt. *(Stephen Venables)*

KURZINFORMATIONEN

Name	Kunyang Kish
Höhe	7852 m
Lage	Hispar Muztagh, westlicher Karakorum, Pakistan
Route	Nordwestsporn und Nordgrat; 3150 Höhenmeter, fast durchwegs auf Schnee und Eis; gravierende Erschwernis und Lawinengefahr nach starken Schneefällen.
Erstbesteigung des Gipfels	Zygmundt Heinrich, Jan Stryczynski, Ryszard Szafirski und Andrzej Zawada (POL) erreichten am 26. August 1971 den Gipfel.
Erstbegehung der Route	Gipfelbesteigung von Mark Lowe und Keith Milne (GB) am 11. Juli 1988
Höhe des Basislagers	Auf 4000 m in Bularung, einem Lagerplatz am Westrand des Kunyang-Gletschers; es gibt zwar höher und näher am Berg gelegene Lagerplätze unterhalb des Bularung Sar, aber die Träger lassen sich kaum überreden, so weit zu laufen.
Anfahrtsmöglichkeit bis	zu einem Punkt zwischen Nagar und Hispar, abhängig vom Zustand der Jeep-Piste
Anmarsch	Nur 20 km, aber nach Tarif drei Träger-Etappen ab Hispar, sechs ab Nagar
Jahreszeit	Auch im Spätherbst kann man gutes Wetter haben, aber wegen der günstigen Schneeverhältnisse, von denen alles abhängt, bleiben die besten Monate wohl Juli und August.
Genehmigung	Ministerium für Tourismus, Islamabad
Erfolgsbilanz	Bis 1994 ist die Route nur einmal begangen worden, obwohl fünf Versuche unternommen wurden. Ausschlaggebend dürfte prinzipiell ein schnelles Vorankommen sein. Ein sehr starkes Team könnte Auf- und Abstieg in vier Tagen schaffen; viel mehr Zeit hat man wegen der kurzen Schönwetterphasen ohnehin nicht.
Literatur	In *Gipfelsturm im Karakorum* (VEB F.A. Verlag Leipzig, 1977) berichtet Andrzej Zawada mit vielen Illustrationen über die Erstbesteigung. Siehe auch *Mountain* 22 und 44. Artikel und Berichte über den Nordgrat sind erschienen in *AJ* Bd. 88 (*West of Baltoro* von S. Venables) und Bd. 94, *Mountain* 77 und 126, und im *HJ* 46.

Links: Die Ruhe nach dem Sturm: der bislang unbestiegene Ostgrat im Licht der aufgehenden Sonne, davor der Nordgrat, der sich bis zum Gipfel emporschwingt; aufgenommen im Abstieg über den Sod's Law Peak. Unten links zeichnet sich schwach die Schneehöhle in 7000 m Höhe ab, mit einer tiefen und breiten Spur, die kurz oberhalb endet. Sie zeugt von einem halbstündigen vergeblichen Versuch, den Nordgrat weiterzusteigen. 1988 schafften Mark Lowe und Keith Milne schließlich die Route. *(Stephen Venables)*

Die dichtgeschlossenen Fels-
bastionen der Ogre-Südwand,
die sich über dem Uzun-Brakk-
Gletscher auftürmen, auf-
genommen aus der Umgebung
des Lagerplatzes in Baintha.
Links verdeckt der Lukpilla
Brakk (5380 m), auch »Ogre's
Daumen« genannt, einen Teil
des Ogre. Er ist einer der
unzähligen kleineren Granittürme in dieser Gegend und
wurde 1984 von Rob Milne,
Galen Rowell, Jack Tackle und
Gray Tompson erstmals
bestiegen. *(Steve Razzetti)*

OGRE 7285 m

Südpfeiler

Der Ogre oder Baintha Brakk, ein prächtiger Berg mit drei Gipfeln, der sich über den riesigen Gletscherströmen im Herzen des Zentral-Karakorum erhebt, ist erst einmal bestiegen worden. Angesichts der reizvollen Herausforderung, die schwieriges Felsklettern in Höhen um 7000 m darstellt, ist es erstaunlich, daß dieser herrliche und relativ leicht zu erreichende Berg bisher so wenige Besucher angelockt hat. Landläufig ist er unter dem Namen Ogre bekannt, als Schauplatz jenes berühmten Dramas, als Doug Scott sich beim ersten Abseilen vom Gipfel beide Beine brach und Chris Bonington sich im weiteren Verlauf des Abstiegs einen zweifachen Rippenbruch und eine Lungenentzündung zuzog. Diese Geschichte, in welcher sich die starke Willenskraft von Scott, der sieben Tage lang in einem schrecklichen Sturm ins verlassene Basislager hinunterkroch, und der Zusammenhalt seiner Kameraden während dieser Tortur zeigte, ist eine der spannendsten des Himalaya in unserer Zeit.

Mit seinen drei Gipfeln, zahlreichen Granitpfeilern und steilen Eisfeldern ist der Ogre ein komplizierter Berg. Erste Versuche konzentrierten sich auf die Südwestseite oberhalb des Uzun-Brakk-Gletschers, von wo auch Scotts Mannschaft, insgesamt der vierten an diesem Berg, 1977 die Erstbesteigung gelang. Die sechs Kletterer hatten unterschiedliche Vorstellungen; Scott wollte sich an dem beeindruckenden Felsbug links der Südwand versuchen, dem Südpfeiler, mußte diese Route jedoch wegen Verletzung seines Partners Tut Braithwaite durch Steinschlag aufgeben und schloß sich dem Team auf der leichteren Route durch die Südwestwand an. Der Südpfeiler, den wir für

dieses Buch ausgewählt haben, wurde schließlich 1983 von einer französischen Mannschaft erstiegen, wobei jedoch die Kletterer, die den Pfeiler bewältigten, Michel Fauquet und Vincent Fine, den Gipfel nicht erreichten. Doch vor der Beschreibung des Pfeilers wollen wir uns zunächst der weniger direkten Route der Erstbesteigung zuwenden.

1977 wählten Mo Anthoine, Clive Rowland, Chris Bonington und Nick Estcourt dieselbe Route, die ein japanisches Team im Jahr zuvor versucht hatte, nämlich die 1200 m lange kombinierte Rippe, die zur breiten Gletscherterrasse hinaufführt, über der sich die Felspyramide des Westgipfels erhebt. Diese Rippe allein wäre schon mit einer der großen kombinierten Touren in den Alpen gleichzusetzen, ist aber wohl noch die einfachste und am wenigsten eisschlaggefährdete Bresche im Bollwerk des Ogre. Von der darüberliegenden Gletscherterrasse aus versuchten sie zwei Alternativen. Zuerst querten Bonington und Estcourt nach rechts hinüber zu den oberen Hängen der Südwand. Da sie erschöpft und nicht hinreichend ausgerüstet waren, begnügten sie sich auf dieser ersten Tour mit dem niedrigeren Westgipfel.

Eine Woche später brach Bonington erneut mit Anthoine, Rowland und diesmal Scott auf. Sie benutzten nicht den unsicheren Quergang hinüber zur Südwand, sondern kletterten den Westgrat oberhalb des Sim-Gang-Gletschers hinauf. Dieser Grat, der in zwei riesigen Granitstufen ansteigt, bot ausgezeichnete Klettermöglichkeiten, streckenweise bis V, und erwies sich als sichere Route zum Westgipfel. Das eigentliche Ziel war diesmal aber der Felsturm des

Zentralgipfels. Die vier Kletterer überschritten den Westgipfel und gruben sich weiter unten, im obersten Teil der Südwand, eine Schneehöhle als Biwak.

Der letzte Tag des Anstiegs auf den Zentralgipfel gestaltete sich länger und schwieriger als erwartet. Bonington und Scott stiegen voraus, querten im oberen Teil des schneebedeckten Eisfelds und gelangten auf den Scheitel des darüberliegenden Grats, um von dort den Gipfelturm anzugehen. Scotts Vorstieg über fünf Seillängen in schwerer freier und künstlicher Kletterei – eine der technisch schwierigsten Strecken, die jemals in dieser Höhe gewagt wurden – war eine Glanzleistung an entschlossenem Wagemut. Gegen Abend erreichten er und Bonington schließlich den Gipfel, und es war schon fast dunkel, als Scott mit dem ersten Abseilen den Abstieg antrat. Bei einem schwierigen Pendelquergang geschah es: Er rutschte auf einer gerade erst überfrorenen Stelle aus, sauste quer über die Wand und brach sich beide Knöchel. Das wäre auf jedem Berg eine schlimme Sache gewesen, aber hier auf dem Ogre in 7200 m Höhe glich es einem Alptraum. Zu allem Überfluß zog am nächsten Tag auch noch ein heftiger Sturm auf. Scott verfügte glücklicherweise über enorme psychische und physische Reserven und konnte trotz seiner gebrochenen Knöchel zumindest noch seine Knie einsetzen. Außerdem war er mit drei äußerst fähigen Partnern unterwegs. Zugute kamen ihm auch die gelegentlich angebrachten Fixseile sowie Lager als Zwischenziele auf dem aufreibenden Rückzug über den Westgipfel. Hätten sie den Aufstieg im Alpinstil bewältigt, wären sie wohl nicht so glücklich davongekommen. Ohnehin mußte jeder im Team schon mit letztem Einsatz darum kämpfen, lebend vom Ogre herunterzukommen und zu Hause von einer der herausragendsten Erstbesteigungen aller Zeiten berichten zu können. Bonington schrieb sehr treffend: »Es kam mir so vor, als hätte der Ogre uns zunächst erlaubt, ihn zu besteigen, um dann wie eine riesige Katze auf dem gesamten Abstieg mit uns zu spielen

überwiegend aus Fels und führt auf 1000 Höhenmetern über rauhen, roten Granit direkt zu den Eisfeldern oben in der Südwand. Wenn man vom Uzun-Brakk-Gletscher hinaufblickt, sieht man einen ausgeprägten Felsgrat, der sich vom Pfeiler nach unten zieht und den oberen Gletscher teilt. Die gefährliche rechte Gletscherseite führt zum Sattel zwischen Baintha Brakk I und Baintha Brakk II –

Auf dem Pfeiler ist der Weg recht offensichtlich. Der erste Teil ist fast eben und bietet leichtes Gelände, dann kommen drei Seillängen mit künstlicher Kletterei, gefolgt von einem luftigen Quergang nach links in eine Randkluft. Danach befindet man sich am Fuß des Zentralpfeilers: Nach anfangs leichten Passagen steilt der Pfeiler auf und bietet ausgezeichnete Kletterstellen bis V. Ein kniffliger Schulterriß (V+) führt zu

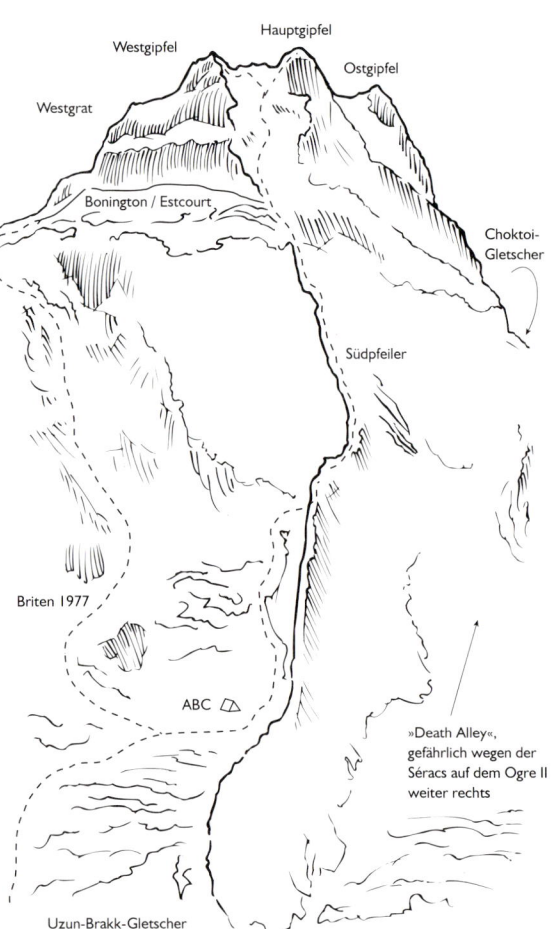

Die ganze Südwand mit dem Südpfeiler, der sich im Licht der aufgehenden Sonne scharf abzeichnet. *(Chris Bonigton)*

und uns am Ende doch entkommen zu lassen, übel zugerichtet, aber noch nicht zerfetzt, damit wir künftig mit anderen Bergen weiterspielen könnten.« Die ursprüngliche Route über den Westgipfel ist zwar lang und gewunden, vermutlich aber der einfachste Weg auf den Hauptgipfel des Ogre. Die elegantere Linie führt über den Südpfeiler, der 1983 erstmals von Fauquet und Fine bestiegen wurde. Sie besteht

selbst schon ein reizvoller Gipfel, aber auf dieser Seite mit einsturzbereiten Séracs bestückt. Unsere Route verläuft auf der linken Gletscherseite unterhalb der ursprünglichen Route von 1977 und führt durch eine Rinne zum Südpfeiler. Sie ist etwas steinschlaggefährdet, aber das Gelände ist leicht und ermöglicht ein schnelles Vorankommen zum sichereren Rücken des Pfeilers.

einem sehr exponierten Absatz. Links davon gelangt man über leichtere Seillängen (IV) mit etwas Schnee und mittels eines Seilzugquerganges auf eine viel größere schneebedeckte Kanzel – bisher der beste Biwakplatz.
Oberhalb der breiten Kanzel bietet sich nach einigen weiteren Seillängen (IV/V) und leichterem Terrain ein weiteres Band oberhalb eines ausgeprägten steilen Felspfeilers an. Über diesem Band warten die schwersten Kletterstellen (VI+), kompakte Platten bei der

▲

Unten: Eines der Bilder, welche die Frage beantworten: »Warum machen wir das eigentlich?« Dieser Blick über den Uzun-Brakk-Gletscher bot sich Clive Rowland 1977 von einem Hochlager am Westgrat. Der Gipfel rechts mit dem in der Sonne leuchtenden Schneegrat ist der Uzun Brakk oder Conway's Ogre (6422 m). 1980 bestiegen Victor Saunders und Will Tapsfield die dem Fotografen gegenüberliegende Wand durch die schmale, schräg ansteigende Rinne. Weiter hinten erhebt sich rechts der gezackte Gipfel des Sosbun Brakk (6413 m) über dem Biafo-Gletscher. Links der Bildmitte erheben sich am Horizont Ganchen und Hikmul. *(Doug Scott)*

Umgehung eines deutlich erkennbaren Dachs auf der linken Seite. Noch einige Seillängen (V), und man erreicht den Pfeilerkopf (ca. 6500 m) mit bequemer Biwakkanzel. Vom Fuß des Pfeilers bis hierher braucht man etwa vierundzwanzig Seillängen.

Der Pfeiler ist zwar mindestens dreimal erklettert worden, aber noch ist es keiner Seilschaft gelungen, auf dieser Route auch den Gipfel des Baintha Brakk zu erreichen. Fauquet und Fine haben ihr Bestes gegeben, saßen einen Tag lang im schlechten Wetter fest

Oben: Nick Estcourt 1977 auf dem Weg hinauf zu den oberen Hängen der Südwand. Er und Bonington waren damals von links herübergequert, aber auch der Anstieg über den Südpfeiler führt zu diesem Punkt, von dem noch 350 Höhenmeter bis auf den Zentralgipfel rechts zu klettern sind. *(Chris Bonington)*

Links: Malte Roeper führt eine Seillänge in künstlicher Kletterei am Fuß des Südpfeilers. *(Hans-Christian Hocke)*

▲

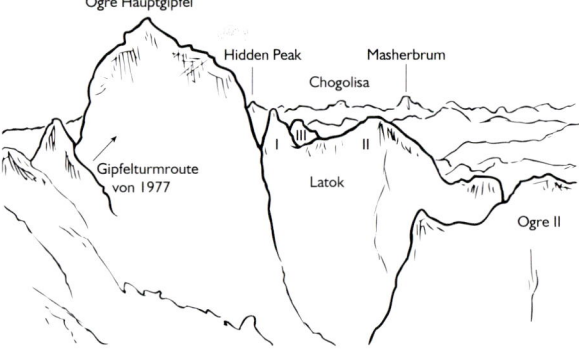

Ogre Hauptgipfel
Hidden Peak
Masherbrum
Chogolisa
Gipfelturmroute
von 1977
Latok
Ogre II

und stapften durch meterhohen Schnee, um bis zum Fuß des Gipfelturms zu gelangen. Die Route steigt dorthin schräg nach rechts über Eis- und Schneefelder mit 40° bis 50° Neigung an und führt dann auf etwa 7000 m über eine nicht sehr hohe Felsstufe. Das Gelände hier oben birgt nach den Erfahrungen der Briten von 1977 zwar keine unmöglichen Anforderungen, ist aber doch schwierig und erfordert große Sorgfalt beim Anbringen der Sicherungen.

Bisher ist der Gipfelturm nicht direkt durch die Südwand bezwungen worden, man folgt am besten der britischen Route. Vom obersten Eisfeld kletterten sie durch eine Rinne und über Felsen (IV) zum Grat zwischen West- und Hauptgipfel. Sie folgten der Gratkante, überschritten den westlich neben dem Gipfel stehenden Gendarm, seilten sich an der Ostseite ab und erreichten den kleinen Sattel direkt links vom Turm. Hier ging der Spaß erst richtig los.

▲

Linke Seite: Der Turm des Hauptgipfels in der Abendsonne, aufgenommen vom Westgipfel. *(Chris Bonington)*

Links: Chris Bonington im versicherten Riß am Gipfelturm bei der Erstbesteigung von 1977. Es ist später Nachmittag, und die riesige Südwand unter ihm liegt schon im Schatten, mit Ausnahme eines Streifens am Fuß des Südpfeilers. Erst in der Abenddämmerung erreichten Bonington und Scott den Gipfel. Kurz danach brach sich Scott beim ersten Abseilen beide Beine. *(Doug Scott)*

Unten: Drei Tage später robbt Scott mit der Unterstützung von Anthoine, Bonington und Rowland in tobendem Sturm zurück über den Westgipfel. Ein Abstieg von 2000 m liegt noch vor ihnen. *(Chris Bonington)*

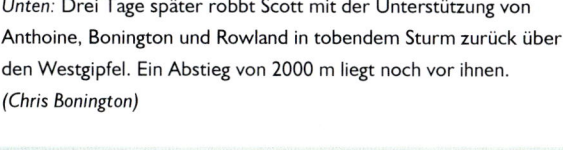

Links oben: Noch zu haben: Ein Blick aus der Ferne auf die verschneite Ogre-Latok-Gruppe, aufgenommen vom Khurdopin-Paß. Links liegt die Nordwand des Latok I, die schon oft vergeblich versucht wurde, rechts davon der breitere Gipfel des Latok II und in der Mitte die noch unbezwungene Nordwand des Ogre. *(Stephen Venables)*

Der Turm gliedert sich in fünf Abschnitte: Eine lange Rinne (V), die schräg nach rechts führt (1977 zu einem Schneefleck); darüber ein Wandstück, von einem einzigen Riß durchzogen, den man etwa 25 m hinaufklettert (gute Sicherungsmöglichkeiten an Klemmkeilen und Friends); es folgt ein Pendelquergang nach rechts über 5 – 10 m zu einem weiterführenden Riß, dem man die restliche Seillänge bis zu einer kleinen, schneebedeckten Schulter folgt (V/A1). Diese Seillän-ge ließe sich wahrscheinlich durch schräges Abseilen vom Schneeflecken nach rechts in ein angrenzendes Kaminsystem umgehen. Die nächste Seillänge führt quer nach rechts auf einem Band um den Gipfelblock herum zu einer kurzen Verschneidung mit Überhang. 1977 war technische Kletterei erforderlich, um diese Verschneidung zu bewältigen und in das letzte, verschneite Couloir zu gelangen, das zum Gipfel führt. Nur wenige Gipfel bieten ein beeindruckenderes

Panorama. Man befindet sich hier auf dem höchsten Punkt im Umkreis von mehreren hundert Kilometern, der Blick reicht vom K2 bis zum Nanga Parbat. Der dramatische Abstieg im Jahr 1977 hat deutlich gezeigt, welchen Gefahren eine kleine Gruppe auf einem Berg mit solch komplexen Schwierigkeiten ausgesetzt ist. Aus diesem Grund werden sich wohl auch die meisten Gruppen genau überlegen, welche Taktik sie anwenden.

Ein Luftbild der Ogre-Latok-Gruppe mit Blick über den ausgedehnten Biafo-Gletscher, der zusammen mit dem Hispar-Gletscher über 70 km lang ist. Noch ist der Gletscher schneebedeckt, doch ab Juli liegt die grobkörnige Eisoberfläche meist frei, angenehmerweise ohne Moränenschotter. *(Galen Rowell)*

1990 ging eine deutsche Gruppe den Südpfeiler mit Bigwall-Technik an, vollständig ausgerüstet mit Transportsäcken und Portaledges. Wie sie später selbst meinten, war das ein Fehler. Zu viele Seillängen haben für ein zügiges Nachholen von Transportsäcken nicht genug Neigung, und die vier Kletterer mußten sich unterwegs viel zu lange aufhalten. Im oberen Teil der Wand fehlten ihnen dann Zeit und Kraft. Der Alpinstil, wie ihn Fauquet und Vine 1983 anwandten, ist hier viel effizienter. Nachdem sie zunächst die unteren Seillängen vorbereitet hatten, brachen sie zur Durchsteigung auf. Für den Pfeiler benötigten sie fünf Tage, legten einen Ruhetag auf dem Kopf ein und erreichten dann in einem Tag den Fuß des Gipfelturms. Den Abstieg mit 24 Abseilfahrten am Pfeiler bewältigten sie in drei Tagen. Der Gipfelerfolg blieb

ihnen zwar versagt, aber sie haben demonstriert, daß eine 10-Tages-Tour im Alpinstil machbar ist; käme man am Felspfeiler noch etwas schneller voran – nachdem jetzt viele Abseilfixpunkte eingerichtet sind, muß der Materialgurt nicht mehr vollgehängt werden –, könnte man in zehn Tagen auch noch den Gipfelturm schaffen. Andererseits ist es vielleicht am besten, erst einmal den Pfeiler zu versichern und Vorräte in Gipfelnähe zu deponieren, um dann mit

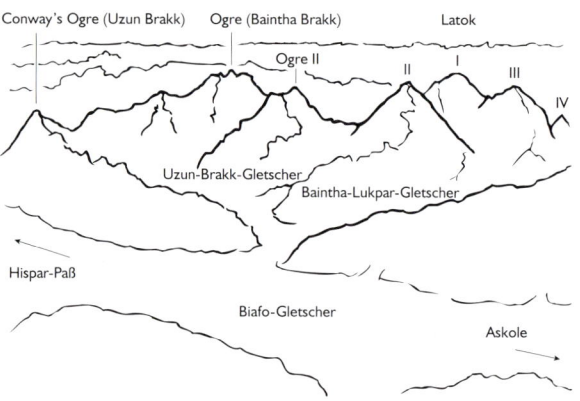

Steigklemmen zügig höherzusteigen und die Chancen für die Gipfelhänge zu verbessern. Sofern die Seile beim Abstieg wieder abgezogen werden, wäre dagegen nichts einzuwenden.

Für den Ogre wird es nie eine ideale Taktik geben. Auf Grund der beträchtlichen technischen Schwierigkeiten wird man immer zwischen Schnelligkeit und zu schleppendem Gewicht abwägen müssen. Doch gerade darin liegt der Reiz solcher Berge. Er erfordert auf allen Routen Können, Entschlossenheit und Glück. Noch sind viele weitere Möglichkeiten zu erkunden, vor allem die respekteinflößende Nordwand, deren Felsmassen sich über dem arktisch anmutenden Sim-Gang-Gletscher erheben, sowie die sonnigere Südostwand, die vom Choktoi-Gletscher zum unbestiegenen Ostgipfel ansteigt. Der Südpfeiler ist jedoch mit fünf Versuchen seit 1983 das beliebteste Ziel, auch wegen des relativ kurzen Anmarsches von Askole und des wunderschönen Basislagers, in dessen Umgebung man mit unzähligen Felstürmen und -nadeln ideale Akklimatisationsziele findet.

▲

KURZINFORMATIONEN

Name	Ogre (Baintha Brakk)
Höhe	7285 m
Lage	Panmah Muztagh, Zentral-Karakorum, Pakistan
Route	Südpfeiler: Anmarsch über den Gletscher bis auf 5500 m, dort Einstieg in den 1000 m hohen Pfeiler. Schwierige Granitkletterei bis VI und A2, danach 600 m über Schnee, Eis und kombiniertes Gelände, schließlich der Gipfelturm mit anspruchsvoller Kletterei in Fels und kombiniertem Gelände (V/A2).
Erstbesteigung des Gipfels	Am 1. Juli 1977 bestiegen Chris Bonington und Nick Estcourt (GB) den Westgipfel. Am 13. Juli erreichten Bonington und Doug Scott (GB) über den Südwestsporn und den Westgrat des Westgipfels den Hauptgipfel.
Erstbegehung der Route	Michel Fauquet und Vincent Fine erreichten am 15. Juni 1983 den Kopf des Südpfeilers auf etwa 6500 m, kamen aber nicht bis auf den Gipfel.
Höhe des Basislagers	Auf etwa 4500 m, am geographisch linken Rand des Uzun-Brakk-Gletschers – südwestlich von »Ogre's Daumen« und des Lukpilla Brakk. 1990 mußte eine holländische Expedition, die sich den Pfeiler vorgenommen hatte, aufgeben, weil ihre gesamten Lebensmittelvorräte im Basislager von Bären gestohlen wurden. Bärensichere Lagerfässer sind in dieser Gegend sehr zu empfehlen.
Anfahrtsmöglichkeit bis	Askole, eine Tagesfahrt mit dem Jeep von Skardu
Anmarsch	Etwa 45 km oder 4 Tage über Narnla, Mango und Baintha; Lagerplätze am Biafo-Gletscher
Jahreszeit	Die besten Bedingungen findet man im Juli und August.
Genehmigung	Ministerium für Tourismus, Islamabad
Erfolgsbilanz	Bei fünf Versuchen zwischen 1977 und 1993 wurde der Pfeiler zweimal erfolgreich bestiegen, nicht aber der Gipfel. Trotz seiner offensichtlichen Gefahren gab es am Ogre bis 1993 nur einen Toten, einen deutschen Bergsteiger, der am Südpfeiler ums Leben kam, weil sich seine Karabiner ausklinkten.
Literatur	Bonington veröffentlichte einen präzisen Bericht über die Erstbesteigung des Baintha Brakk im *AAJ*, Bd. 21, 1978. Die Bücher *Mountaineer* von Bonington (Diadem) und *Himalayan Climber* von Scott (Rosenheimer Verlagshaus 1992), enthalten Schilderungen dieser Expedition mit Fotografien. Im *AAJ*, Bd. 26, 1984, wird ausführlich über die französische Erstbegehung des Südpfeilers von 1983 berichtet.

LATOK III 6949 m

Südwestgrat

Auf dem Anmarsch über den Biafo-Gletscher schweift der Blick des Bergsteigers unweigerlich durch das Seitental des Uzun-Brakk-Gletschers zu den imposanten Gipfeln des Ogre. Schaut man beim Passieren dieser Taleinmündung zurück, sieht man einen weiteren Gletscher, den Baintha-Lukpar-Gletscher, der in seinem Nährgebiet von weiteren, großartig gezackten Türmen umgeben ist – den Gipfeln des Latok. Von diesem Standort scheint der Latok III mit der Silhouette des steil aufragenden Südwestgrats auf der rechten Seite der beeindruckendste.

Wie auch der Ogre sind die Latok-Gipfel schwierige, komplexe Granitberge, mit ausgedehnten, steilen Eiswänden, die alle möglichen Routenverläufe bedrohen. Der Latok II (7108) wurde 1977 von einer italienischen Expedition mit 18 Mitgliedern unter der Leitung von Prof. Arturo Bergameschi bestiegen. Ihre Route führte von Südosten über mehrere Pfeiler und Eishänge üppig mit Fixseilen versehen zum Gipfel. Viel Spaß hatte diese Gruppe auch bei der Besteigung fast aller Fünftausender am geographisch linken Rand des Baintha-Lukpar-Gletschers.

1979 wurde der Latok I (7145 m) von einer japanischen Expedition unter Naoki Takada über den Ostgrat bestiegen, den sie – ebenfalls vom Baintha-Lukpar-Gletscher – über den Pfeiler links des gefähr-

Latok III vom Baintha-Lukpar-Gletscher aus. Die Westwand links ist noch undurchstiegen; die einzige bisher gekletterte Route, der Südwestgrat, liegt an der Licht-Schatten-Grenze. Die Route führt meist rechts der Gratkante entlang. *(Victor Saunders)*

lichen Couloirs zwischen Latok I und II erreichte. Zuvor hatte schon 1978 ein starkes amerikanisches Team einen ersten Versuch unternommen, dem viele weitere von Gruppen aus verschiedensten Ländern

folgen sollten, jeweils auf der anderen Seite des Berges über den gewaltigen, 2500 m langen Nordgrat. Grat ist vielleicht nicht ganz die treffende Bezeichnung für diesen äußerst steilen Bergsporn, der mit Schwierigkeiten in Fels, Schnee und Eis nur so gespickt ist. Jim Donini und Michael Kennedy hätten diese Route zusammen mit George und Jeff Lowe beinahe geschafft; sie berichteten, bis auf 100 m an den Gipfelkamm herangekommen zu sein, ehe sie umkehrten. Ausschlaggebend für diese Entscheidung war die Erkrankung eines Teilnehmers; jedoch war das gesamte Team dem Zusammenbruch nahe, nachdem es fünf Tage lang im Sturm am Umkehrpunkt festgesessen hatte. Als die vier Kletterer wieder am Choktoi-Gletscher eintrafen, hatten sie 26 Tage hintereinander auf dem Sporn verbracht, fast vier Wochen.

An die Leistung der Amerikaner von 1978 ist seither niemand mehr herangekommen. Wie leider nicht anders zu erwarten war, haben inzwischen einige Gruppen Fixseile angebracht, wo die Amerikaner noch ohne ausgekommen waren. Trotz der Seile ist dies immer noch eine der beliebtesten unbewältigten Routen im Himalaya.

Kehren wir jedoch wieder auf die andere Seite des Latok zurück. Vom Baintha-Lukpar-Gletscher aus wurde der Latok IV (6456 m) 1980 von einer japanischen Expedition bestiegen. Sie kletterten die

Südwestwand im Alpinstil; die Gipfelstürmer waren Motomo Ohmiya und Koji Okano. Als sie auf dem Abstieg eine Schneehöhle zum Biwakieren schaufelten, stürzten beide in eine versteckte Spalte und wurden schwer verletzt. Vier Tage warteten sie voller Hoffnung, aber als keine Hilfe kam, grub sich Ohmiya durch den Schneegrat, der die Außenwand der Spalte bildete. Nach zwölf Stunden hatte er es geschafft und begann, den Berg mit gebrochenem Bein hinunterzurobben. Mitglieder der britischen Uzun-Brakk-Expedition, die von der Katastrophe verständigt wurden, brachen sofort auf, um sich an der Rettungsaktion zu beteiligen, und konnten Okano schließlich nach acht Tagen aus der Gletscherspalte befreien, in der er gefangen saß.

Die Erstbesteigung des Latok III (6949 m) gestaltete sich weniger dramatisch, wenn auch die Route sehr schwer zu klettern war. Makoto Hara leitete den ersten Versuch 1978 über den Südwestgrat. Am 15. Juli des folgenden Jahres erreichte ein anderes japanisches Team unter Yoji Teranishi auf derselben Route den Gipfel. Drei Wochen lang hatten sie den Westgrat bearbeitet, vier Lager eingerichtet und 1600 m Fixseil angebracht. Mit einem Höhenunterschied von 2300 m aus dem Gletscher zum Gipfel und Felsschwierigkeiten bis VI+/A2 war dies eine außerordentlich schwierige Route für eine Erstbesteigung.

Eine weitere Begehung des Latok III erfolgte neun Jahre später durch drei Italiener. Als Enrico Rosso, ein bekannter Alpinist aus Biella, 1988 von Marco Forcatura und Marco Marciano aus Rom gefragt wurde, ob er sich ihnen anschließen wollte, fand er, daß »das Projekt genau meinen Vorstellungen vom Bergsteigen entsprach – unter ästhetischen Gesichtspunkten ein wunderschöner Gipfel, und eine kleine Expedition, die ihn im Alpinstil besteigen will. Es gab keinen Grund, nicht mitzumachen!« Die Italiener wollten eigentlich die undurchstiegene Westwand versuchen, doch als sie Anfang Juni eintrafen, herrschte nach ausgiebigen Niederschlägen Lawinengefahr. Nach etlichem Herumwaten in tiefem Schnee beschlossen sie deshalb, die sicherere Japaner-Route

über den Südwestgrat zu wiederholen. Doch auch hier lauerten Gefahren. Im unteren kombinierten Abschnitt mit einer Neigung bis zu 70° hatten sie mit lockerem Schnee zu kämpfen, und weiter oben waren viele Felsrisse mit Schnee und Eis gefüllt. Sie fanden winterliche Verhältnisse vor und brauchten sieben Tage, um die letzte Schlüsselstelle, eine Felswand, zu erreichen, für deren Durchsteigung sie einen weiteren Tag benötigten. Da sie erst um halb acht Uhr abends auf dem Gipfel standen, mußten sie sich auf riskante Abseilmanöver im Dunkeln einlassen. In zwei Tagen seilten sie sich anschließend über den Grat ab.

Die Italiener räumten ein, daß ihnen stellenweise die alten Seile der Japaner geholfen hatten. Dennoch war ihr Durchstieg bei sehr schwierigen Bedingungen und ganz auf sich gestellt eine großartige Leistung. Nach zahlreichen offiziellen und inoffiziellen Versuchen in diesem Massiv war endlich ein Latok-Gipfel zum zweiten Mal bestiegen worden. Der Erfolg auf der Latok-III-Route dürfte weitere Aspiranten anspornen. Die Route führt häufig rechts der Gratschneide entlang. Durch einige Couloirs gelangt man zum Einstieg des Grats auf 5100 m. Hier errichteten die Japaner ihr Lager 2, auf 6500 m Lager 3. Von dort aus stiegen sie durch die rechte von drei ausgeprägten Eisrinnen zu einer markanten Schneeterrasse unterhalb der Gipfelwand, wo sie, auf 6700 m, Lager 4 aufschlugen. Die 300 m hohe Wand zum abschließenden Firngrat und Gipfel erwies sich als Schlüsselstelle. Steil und mit einem Rißsystem in der Mitte erforderte sie großes Können im Felsklettern.

KURZINFORMATIONEN

Name	Latok III
Höhe	6949 m
Lage	Panmah Muztagh, Zentral-Karakorum, Pakistan
Route	Südwestgrat: 2300 Höhenmeter Aufstieg vom Gletscher, 1850 Höhenmeter auf dem Grat selbst. Schwierige kombinierte Tour mit Felsschwierigkeiten bis VI+/A2.
Erstbesteigung des Gipfels	Am 15. Juli 1979 durch Sakae Mori, Kazushige Takami und Yoji Teranishi (JAP)
Erstbegehung der Route	Wie oben
Erstbegehung der Route im Alpinstil	12. – 20. Juni 1988 durch Marco Forcatura, Marco Marciano und Enrico Rosso (ITA), teilweise mit Benützung der alten Seile der Japaner
Höhe des Basislagers	Auf 4300 m am Südrand des Baintha-Lukpar-Gletschers
Anfahrtsmöglichkeit bis	Thongl, 2 km vor Askole
Anmarsch	Etwa vier Tage, wie zum Ogre
Jahreszeit	Reichlich Schnee, wie ihn die Italiener vorfanden, ist im Juni nicht ungewöhnlich. Juli und August sind wahrscheinlich günstiger, obwohl bei zunehmender Hitze die Gefahr von Steinschlag größer wird und der Einstieg in die unteren Couloirs sehr früh am Morgen erfolgen muß.
Genehmigung	Ministerium für Tourismus, Islamabad
Erfolgsbilanz	Drei Versuche sind bekannt mit bisher zwei erfolgreichen Gipfelbesteigungen auf dieser Route. Die Erfolgsrate in der Latok-Gruppe insgesamt ist recht niedrig – es sind dies keine einfachen Berge.
Literatur	Über die Latok-Gipfel ist sehr wenig veröffentlicht worden. Wer sich jedoch für den berühmten Nordgrat des Latok I interessiert, sollte den Bericht von Michael Kennedy im *AAJ* von 1979 lesen. *Iwa to Yuki* publizierte einen Bericht über die Erstbesteigung des Latok III, die Wiederholung der Italiener wurde in der *Rivista della Montagna*, 107, dokumentiert.

Marco Forcatura im Anstieg zu den Rissen, die den Schlüssel zur steilen Gipfelwand bilden. Bei der Begehung von 1988 waren die Risse oft mit Schnee und Eis bedeckt. Die drei Italiener brauchten acht Tage für den Durchstieg zum Gipfel im Alpinstil. Wie das Foto zeigt, erleichterten die alten Seile der Japaner das Erkennen der Route. *(Enrico Rosso)*

ULI BIAHO TOWER 6109 m

Ostwand

Eric Shipton leitete 1937 eine Expedition, welche im Herzen des Karakorum einige der größten Gletschersysteme der Welt erforschen wollte. Von Skardu, wo die Vorräte aufgefüllt wurden, zog die Mannschaft mit einhundert Balti-Trägern das Flußtal des Braldu hinauf, durch Askole, über den Fluß Panmah und weiter den Fluß Biaho hinauf zur Zunge des Baltoro-Gletschers. Kurz darauf wandten sie sich scharf nach links zum Trango-Gletscher, entsprechend dem Rat des italienischen Forschers Professor Desio, der ihnen diese Route als die beste Möglichkeit zur Überquerung der Wasserscheide des Karakorum zum Shaksgam empfohlen hatte. Desios Vermutung erwies sich als richtig, denn es gelang den Briten, ihre Träger mit viel gutem Zureden über den bis dahin unerforschten Sarpo-Laggo-Paß und auf der anderen Seite in das abgelegene Tal des Shaksgam zu führen.

Obwohl Shipton früher schon einige der beeindruckendsten Gegenden in Asien gesehen hatte, war er 1937 von seiner Reise auf den Trango-Gletscher begeistert. In »Blank on the Map« berichtet er von

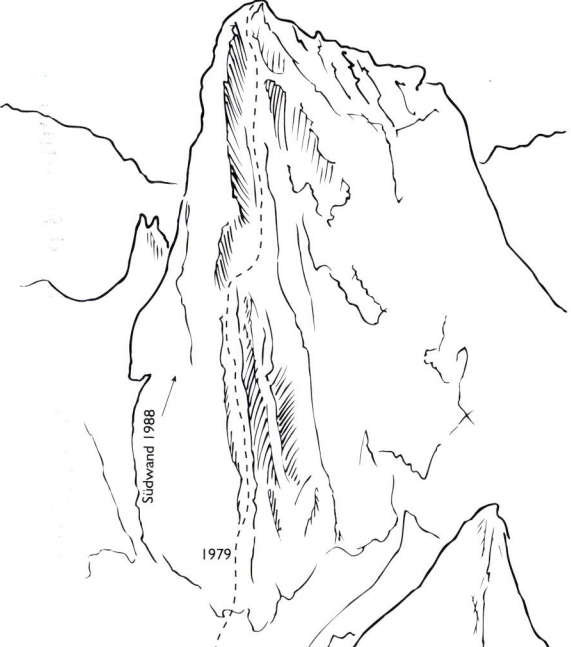

Der Uli Biaho vom Great Trango. Die schmale Ostwand des Uli Biaho Tower erhebt sich in der Mitte über dem langen Anmarschweg durch die schmutzige Gletscherrinne. Die Route der Amerikaner beginnt an der Schneezunge direkt links vom tiefsten Punkt der Wand. Links dahinter liegt der Paiju Peak (6610 m), erstmals von einer Expedition des pakistanischen Heeres unter Manzoot Hussain bestiegen. Rechts ist die Spitze des Choricho (6756 m) zu sehen. Seine Erstbesteigung durch die Südwestwand gelang Ian Wade mit einem britisch-amerikanischen Team 1979. *(Andy Selters)*

»riesigen Granitsäulen, auf denen würdevolle Gipfel thronten, in so entfernter, unzugänglicher Höhe, daß sie kaum mehr Teil derselben Bergmasse zu sein schienen. Die Flanken dieser Gipfel waren mit Eis und Pulverschnee überzogen, so daß sie wie Millionen von Diamanten in der Morgensonne funkelten.« Es vergingen fast vierzig Jahre, bis sich eine neue Generation von Bergsteigern wieder zu diesen märchenhaften Granittürmen aufmachte, zur Trango-Gruppe am Nordrand des Gletschers und auf seiner

Südseite zu den Türmen und Felsminaretten, die vom Monolithen des Uli Biaho überragt werden.

Der Uli Biaho Tower wurde beinahe schon 1974 von sechs Franzosen unter der Leitung von Jean Fréhel über den Nordwestpfeiler erstbestiegen. Unter den drei Bergsteigern, die 100 m vor dem Pfeilerkopf durch einen Sturm zur Umkehr gezwungen wurden, war Pierre Béghin, der später internationale Berühmtheit erlangte. Eine andere bekannte Größe, der Amerikaner John Roskelley, traf 1979 am Trango-Gletscher ein, um die Erstbesteigung zu versuchen. Für Roskelley war die Route das Wichtigste. Der Uli Biaho war ein herrlicher, unbestiegener Gipfel, aber für ihn mußte auch die Route außergewöhnlich sein. Während die Franzosen die kürzeste und leichteste Route durch die Hintertür versucht hatten, wählte Roskelley die sofort ins Auge fallende vordere Flanke des Turms, die dem Trango-Gletscher zugekehrte elegante und schmal zulaufende Ostwand, die sich 1100 m hoch direkt zum Gipfel emporschwingt. Seine Gefährten waren Kim Schmitz, Bill Forrest und Ron Kauk, der damals zur Weltspitze der Felskletterer gehörte. Wie Roskelley sagte, »war die Auswahl der Teilnehmer das A und O des Erfolgs auf dem Uli Biaho. Es lag an ihrer Einstellung, die sich bei allen Hindernissen und Risiken als überlegen erwies.«

Ein ganz offensichtliches Ri-

siko war der Anmarsch. Wie bei einigen anderen Routen in der Trango-Gruppe führt der einzig gangbare Weg zur Ostwand des Uli Biaho durch eine lange, schmale Gletscherrinne, Schuttabladeplatz aller angrenzenden Bergflanken. Da es sich um eine Ostwand handelt, ist der Weg morgens am gefährlichsten. 1979 mußten die Amerikaner zweimal mit schwersten Lasten beladen durch diese Rinne hinauf, um ihre Bigwall-Ausrüstung in die Wand zu bringen. Der Einstieg ihrer Route lag gleich links neben der tiefsten Stelle der Wand, am Scheitelpunkt einer Schneezunge. Es ging zunächst senkrecht nach oben über ein deutliches Rißsystem, dann etwas nach rechts geneigt, auf den Gipfel zu. Nach Roskelleys Beschreibung »gibt es nur einen Weg, wenn man das klar zu erkennende Rißsystem nutzen will«.

Auf der gesamten Route gab es nur zwei oder drei Bänder, die Platz für ein bis zwei Personen zum Schlafen boten. Zu viert waren sie deshalb auf Portaledges angewiesen. Selbst auf dem schneebedeckten Band neun Seillängen weiter oben, dem »Fledermaus-Gesims«, war nur ein Biwak möglich. Das Team durchstieg die gesamte Wand ganz allein auf sich gestellt, zehn Tage lang mit vollem Einsatz, wobei sie sich innerhalb ihrer Zweierseilschaften im spannenden Vergnügen des Vorstiegs und dem mühsamen Emporziehen von 150 kg Material abwechselten. Die Führenden stießen fortwährend auf interessante und schwierige Herausforderungen. In der ersten Seillänge über dem »Fledermaus-Gesims« war künstliche Kletterei erforderlich, um dünne Risse in der linken Wand einer riesigen, nach links offenen Verschneidung zu überwinden. Die dritte Seillänge bestand aus »einer üblen Verschneidung mit Schulterriß«, in der selbst Ron Kauk nur noch im Schnekkentempo vorankam. Beim nächsten Biwak wurden die Hängematten in vier Etagen übereinander mit Bohrhaken über einem Steilabfall befestigt. Hier mußte die Mannschaft zwei Nächte lang wegen eines Sturms ausharren, bevor sie in technischer Kletterei mit Hilfe von Felshaken und abgebundenen Eisschrauben ihren Aufstieg durch eine überhängende Verschneidung fortsetzen konnte.

Ein herrlicher Karakorum-Morgen im Biwak auf halber Höhe der Ostwand. *(John Roskelley)*

▲

Und so ging es weiter, fast ständig in technischer Kletterei bis A4. In jenen Tagen trug niemand im Himalaya Reibungskletterschuhe, doch selbst damit wären sie bei soviel Wasser und Eis in den Rissen keine längeren Passagen frei geklettert. Mit ihren schweren Bergschuhen kletterten sie nur Seillängen bis 5.8 nach der amerikanischen Skala frei. Im oberen Teil, wo die Route unter schneebedeckten Bändern nach rechts quert, um dann durch eine nach rechts offene Verschneidung zum Gipfel zu führen, stießen

sie mehr und mehr auf kombiniertes Gelände, das Einfallsreichtum und gute Nerven erforderte.

Das letzte dramatische Hindernis stellte ein haushoher Eispilz auf dem Gipfelgrat dar, der dort »wie ein australischer Kiwi auf zwei dünnen Beinchen hockte«. Roskelley mußte erst zwischen seinen Beinen durchkriechen, bevor seine Partner nachsteigen konnten.

Zwei Tage später erreichten die Amerikaner nach vierunddreißig Abseilfahrten wieder den Fuß der Wand. Ihre Route wurde noch nicht wiederholt, aber 1988 kletterte ein sehr starkes italienisches Team die geringfügig kürzere Südwand des Uli Biaho vom gleichen Gletscherkessel aus. Maurizio Giordani, Rosanna Manfrini, Maurizio Venzo und Kurt Walde brauchten vier Tage für die 800 m hohe Wand. Mit Reibungskletterschuhen konnten sie über die Hälfte der zwanzig Seillängen im Schwierigkeitsgrad VI bis VII frei klettern; die Seillängen mit technischer Kletterei erreichten A2 und A3. Wie schon bei den Amerikanern in der Ostwand war auch auf ihrer Route der Fels häufig mit Eis überzogen; dies ebenfalls

KURZINFORMATIONEN	
Name	Uli Biaho Tower
Höhe	6109 m
Lage	Baltoro Muztagh, Zentral-Karakorum, Pakistan; der Uli Biaho Tower liegt 3 km östlich des Hauptgipfels des Uli Biaho Peak.
Route	Ostwand: 1100 m Höhenmeter; durchgehend steiler, häufig eisverkrusteter Fels (VI–/A4); in den oberen Seillängen schwieriges kombiniertes Gelände und Eis.
Erstbesteigung des Gipfels	Am 3. Juli 1979 durch Bill Forrest, Ron Kauk, John Roskelley und Kim Schmitz (USA), im Alpinstil in zehn Tagen durchgestiegen.
Erstbegehung der Route	Wie oben
Höhe des Basislagers	Trango-Basislager am Nordostrand des Trango-Gletschers auf etwa 4000 m
Anfahrtsmöglichkeit bis	Thongl, 2 km vor Askole
Anmarsch	3 bis 5 Tage, etwa sechs Träger-Etappen ab dem Ende der Fahrstrecke
Jahreszeit	Die Erstbesteigung fand Ende Juni statt; später im Sommer ist der Fels möglicherweise weniger vereist und verschneit, aber dann ist wahrscheinlich auch die Steinschlaggefahr in der Anmarschrinne größer.
Genehmigung	Ministerium für Tourismus, Islamabad
Erfolgsbilanz	Auf dem Uli Biaho Tower hat es nur drei offizielle Begehungsversuche auf jeweils unterschiedlichen Routen gegeben, von denen zwei – über die Ostwand und über den Südpfeiler – erfolgreich waren; beide Gruppen bestanden aus extrem guten Bergsteigern.
Literatur	Das AAJ von 1989 enthält einen kurzen Bericht über die Route der Italiener; die Begehung der Ostwand wird in John Roskelleys Artikel im AAJ von 1980 geschildert.

im Juni; später im Sommer dürfte die Route trockener sein. Die Route der Italiener ist insofern bemerkenswert, als sie mit größter Wahrscheinlichkeit die schwierigste Erstbegehung im Himalaya war, an der eine Frau teilnahm. Eine weitere Besonderheit dieser Expedition bestand darin, daß Maurizio Giordani, nur drei Tage nach dem Abstieg vom Uli Biaho eine neue Nordwandroute am Great Trango in nur neun Stunden beging und damit demonstrierte, was man mit Können und Ausdauer in diesem Wunderland aus Granit schaffen kann.

Oben rechts: Mitten in der kargen Wüstenlandschaft des Karakorum gibt es bezaubernd bunte Nischen. Wilder Rhabarber und Fingerhut schmiegen sich an die Granitblöcke beim Trango-Basislager. *(Andy Selters)*

Oben links: Roskelley, jung und schlank, auf einer früheren Baltoro-Expedition; hier trägt er lebenden Proviant auf dem Anmarsch zum Trango.

TRANGO TOWER 6251 m

Südpfeiler (Eternal Flame)

Dies ist wohl der größte Felspfeiler der Welt. Die ersten Forschungsreisenden bestaunten ihn auf ihrem Weg zu den Bergriesen des oberen Baltoro-Gletschers, doch erst 1956 begann jemand, an seine Besteigung zu denken. Es war Joe Brown, der legendäre britische Bergsteiger, den dieser Gedanke seit seiner Rückkehr von der Erstbesteigung des relativ zahmen Muztagh Tower nicht mehr losließ. Neunzehn Jahre später kehrte er zurück. Er scheiterte zwar, aber auf einer zweiten Expedition erreichte er 1976 mit Mo Anthoine, Martin Boysen und Malcolm Howells seinen Traumgipfel.

Die Erstbesteigung des Trango Tower war ein Durchbruch in der Geschichte des Bigwall-Kletterns im Himalaya; danach verlief die Entwicklung jedoch so schnell, daß es bereits 1992 nicht weniger als acht Routen gab. Uns interessiert Eternal Flame, die 1989 von zwei der weltweit talentiertesten Felskletterer, Kurt Albert und dem verstorbenen Wolfgang Güllich, gemeistert wurde. Sie ist ein Traum für jeden Felskletterer – durchgehend frei mit höchsten Anfor-

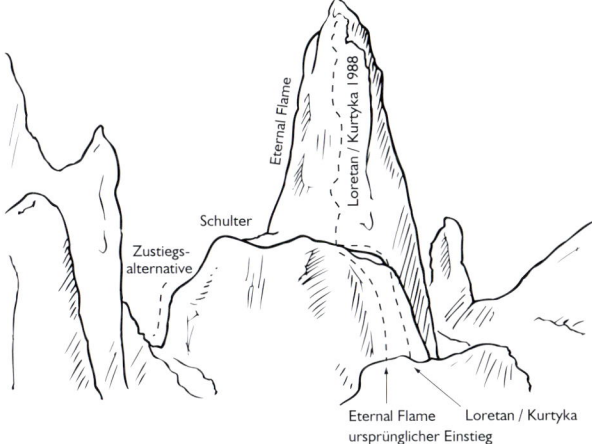

Linke Seite: Der Trango Tower, aufgenommen 1992 vom Basislager am Dunge-Gletscher. Die Kurtyka / Loretan führt im oberen Teil des Turms durch die nach rechts offenen Verschneidungen in der Mitte der Wand. Links davon liegen die Route von Child / Wilford (1992) und die der Slowenier (1987). Die Eternal Flame folgt dem Profil auf der linken Seite des oberen Turms. Deutlich kann man bei der Hälfte die lange, graue Abbruchnarbe des enormen Felssturzes von 1992 erkennen. Wahrscheinlich ist für alle drei Routen der Einstieg von der anderen Seite, also vom Trango-Gletscher her sicherer. Dieser alternative Zustieg führt zur deutlich sichtbaren Scharte links des Turmes und weiter über die unteren Seillängen der Slowenier-Route bis zur »Sonnenterrasse«. (Greg Child)

derungen auf makellosem Granit, der Albert an den berühmten Joshua Tree in Kalifornien erinnerte. Eternal Flame ist wohl die schwierigste und schönste Route auf den Turm, dessen Lage inmitten der

Unten: Karakorum-Granit vom Feinsten: Kurt Albert führt die Schlüssel-Seillänge von Eternal Flame Route »Say my name« (IX–). Er sicherte zwar jeden Standplatz mit zwei Bohrhaken, die einzelnen Seillängen aber fast ausschließlich mit Sicherungsmitteln, die nach dem Entfernen keine Spuren hinterließen.
(Sammlung Wolfgang Güllich/Kurt Albert)

größten Ansammlung von Bergriesen auf der Welt schon überwältigend ist.

Der Trango Tower, auch Nameless Tower genannt, ist nur ein kleiner Teil der Trango-Gruppe, in der allerdings mehr Granitmasse steckt als im ganzen Yosemite Nationalpark. Mit 6286 m bildet der benachbarte Great Trango sogar eine noch größere, wenn auch weniger deutlich abgegrenzte Felsenbasti-

on als der Tower. Die Erstbesteigung des Mittelgipfels des Great Trango gelang 1977 einer amerikanischen Gruppe unter der Leitung von Galen Rowell durch die Südwand über eine Reihe von vereisten Rampen mit dazwischenliegenden Felsstufen. Diese 1000 m lange Route wird mit A1 und VI bewertet; einfacher ist die Route über die Nordwestwand, die Andy Selters und Scott Woolums 1984 begingen. Wesentlich höhere Anforderungen stellen die beiden Routen zum Ostgipfel des Great Trango, ausgehend vom Dunge-Gletscher. Auf dem 1984 erstbegangenen Norwegerpfeiler sind 1500 Höhenmeter (40 Seillängen) zu überwinden, fast immer im Schatten und irrsinnig schwer – VII/A4 mit erheblichem Einsatz von Sky- und Bathooks sowie von Copperheads. Die beiden Gipfelbezwinger, Hans Christian Doseth und Finn Daelhi, kamen im Abstieg vermutlich beim Abseilen ums Leben. Noch schwieriger als der Norwegerpfeiler soll die parallel verlaufende Grand Voyage sein, die 1992 von den Schweizern Xaver Bongard, Ueli Bühler, François Studiman sowie dem Yosemite-Veteranen John Middendorf geklettert wurde.

Norwegerpfeiler und Grand Voyage sind vielleicht die schwersten Bigwalls der Welt. Der niedrigere Trango Tower dürfte aber populärer bleiben. Er ist eleganter, symmetrischer – das klassische, fast unwirkliche Beispiel einer freistehenden Felsnadel – die großformatigere Himalaya-Version der Dru von Chamonix.

Der erste Versuch 1975 wurde von Mo Anthoine geleitet. Das britische Team stieg vom Trango-Gletscher durch ein langes Couloir in die Südwestwand ein. Eine versteckte Rampe führte schräg nach rechts durch den unteren Gürtel des Turms zu einem schneebedeckten Band in einem Drittel der Höhe. Danach stieg die Route steil nach rechts an zu einem markanten Kaminsystem. Als Martin Boysen in einer typisch brenzligen Seillänge führte, wäre es fast zu einer Katastrophe gekommen. In seiner trockenen Art meinte er später: »Manche mögen das einen Schulterriß nennen, aber ich hatte einen anderen Namen dafür.« Das war noch bevor Friends auf den Markt kamen, und Boysen hatte als Führender lediglich 13 cm lange Bongs. Er hatte die Seillänge fast

Oben: Kurt Albert beim Schnüren seiner Kletterschuhe an einem herrlichen Tag am Turm. *(Sammlung Wolfgang Güllich/Kurt Albert)*

Rechts: Mark Wilford, eingemummt für ganz anderes Wetter, wie es im Karakorum eben auch vorkommt, bei der Begehung einer neuen Südostwand-Route 1992 mit Greg Child. *(Greg Child)*

geschafft, als sich sein Knie derart im Riß verklemmte, daß er sich drei Stunden lang verzweifelt abmühte, bis er schließlich mit einem Felshaken seine Hose aufschnitt und wieder freikam. Da ihnen die Vorräte ausgingen, brachen sie den Versuch ab.

Im Jahr darauf kamen sie wieder, und Boysen konnte die Schmach am berüchtigten Boysenriß wettmachen, auf den dann eine Reihe vereister Doppelverschneidungen folgte. Nach fünf schweren Seillängen (VI+/A2) erreichten sie die Gipfel-Schulter, von der noch drei kombinierte Seillängen bis zum Gipfel zurückzulegen waren. Boysen und Anthoine brachten Fixseile an; einen Tag später folgten Joe Brown und Malcolm Howells. Insgesamt enthielt die Route mehr als 20 Seillängen VI und darüber. Sie hatte bald den Ruf einer gewaltigen Schinderei. Vierzehn Jahre vergingen, bis sie wiedholt wurde, diesmal innerhalb von vier Tagen im reinsten Alpinstil von den japanischen Bergsteigern Masanori Hoshino und Satoshi Kimoto, die ihrem Landsmann Takeyasu Minamiura zu Hilfe eilten. Minamiura war allein eine neue Route durch die Ostwand gegangen und mit seinem Gleitschirm vom Gipfel abgesprungen, blieb jedoch schon nach 80 m an einem Felsvorsprung hängen.

Die Minamiura-Route von 1990 war die siebte auf den Trango Tower. Während ihre Begehung noch in technischer Kletterei bis A4 erfolgte, wurden andere Routen inzwischen frei geklettert. Im gleichen Sommer gab Catherine Destivelle, weiblicher Star der französischen Kletterszene, auf dem Tower ihr Himalaya-Debüt. Mit ihrem amerikanischen Gefährten Jeff Lowe kletterte sie die Slowenier-Route durch die Südostwand völlig frei, gefilmt von David Breashears und Jim Bridwell. Sie folgten damit dem Beispiel von Kurt Albert, Wolfgang Güllich und Hartmut Münchenbach, die 1988 als erste die Route freikletternd bezwangen. Die Erstbegeher von 1987, Slavko Cankar, Franc Knez und Bojan Srot, mußten teilweise technische Kletterei in Kauf nehmen; durchgehend frei geklettert wird die Route mit VI und mehr eingestuft, darunter sechs Seillängen VIII.

Die Deutschen waren Repräsentanten einer völlig neuen Einstellung. Sie waren keine Bergsteiger der alten Schule, sondern reine Felskletterer, die zu den

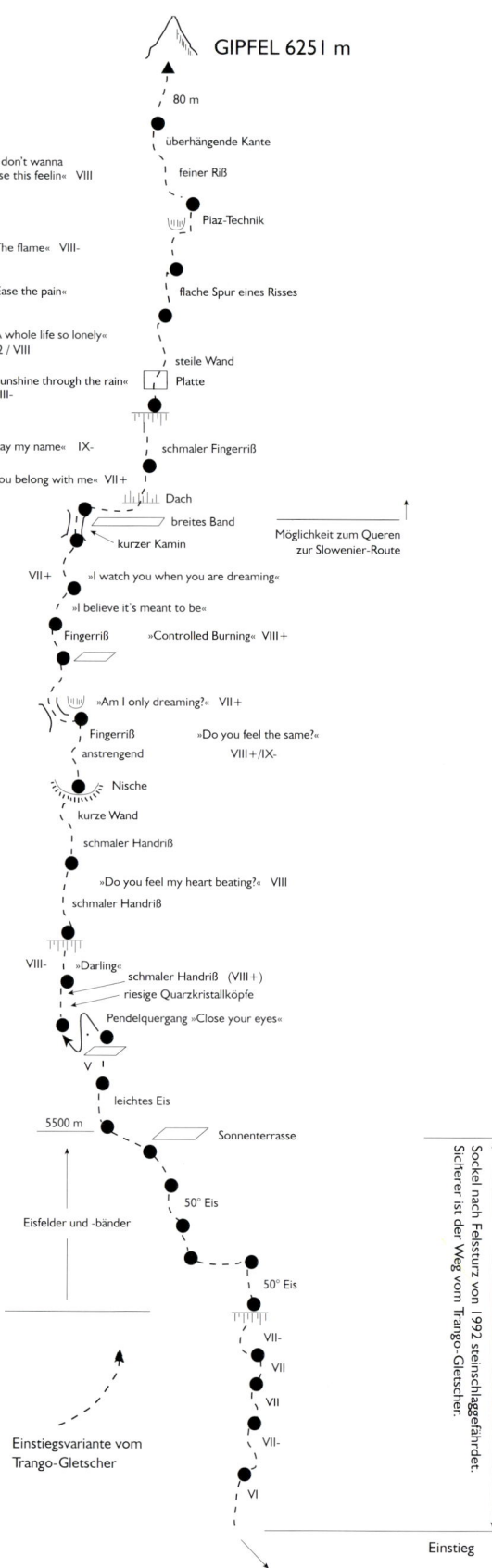

GIPFEL 6251 m

80 m
überhängende Kante
»I don't wanna lose this feelin« VIII
feiner Riß
Piaz-Technik
»The flame« VIII-
»Ease the pain« flache Spur eines Risses
»A whole life so lonely« A2 / VIII
steile Wand
»Sunshine through the rain« VIII- Platte
»Say my name« IX- schmaler Fingerriß
»You belong with me« VII+
Dach
breites Band
Möglichkeit zum Queren zur Slowenier-Route
kurzer Kamin
VII+ »I watch you when you are dreaming«
»I believe it's meant to be«
Fingerriß »Controlled Burning« VIII+
»Am I only dreaming?« VII+
Fingerriß »Do you feel the same?«
anstrengend VIII+/IX-
Nische
kurze Wand
schmaler Handriß
»Do you feel my heart beating?« VIII
schmaler Handriß
VIII- »Darling«
schmaler Handriß (VIII+)
riesige Quarzkristallköpfe
Pendelquergang »Close your eyes«
V
leichtes Eis
5500 m Sonnenterrasse
50° Eis
Eisfelder und -bänder
50° Eis
VII-
VII
VII
Einstiegsvariante vom Trango-Gletscher VII-
VI
Einstieg
Dunge-Gletscher

Sockel nach Felssturz von 1992 steinschlaggefährdet. Sicherer ist der Weg vom Trango-Gletscher.

Besten der Welt gehörten und ihren verfeinerten Stil auf 6000 m im Karakorum einführten. Während Boysen, einer der besten Kletterer seiner Zeit, sich noch mit schweren Bergschuhen in groben Rissen nach oben kämpfte und nötigenfalls Haken setzte, kletterte diese neue Generation völlig frei in leichten Kletterschuhen. Sie reizte vor allem das »Wie«. Als sie eine schmale Linie von Rissen entdeckten, die zwischen den Routen der Briten und der Slowenier den eleganten Pfeiler hinaufführte, beschlossen Albert und Güllich 1989 wiederzukommen.

Nach einer Platte der amerikanischen Pop-Gruppe The Bangles nannten sie ihre neue Route »Eternal Flame« und gaben den einzelnen Seillängen Namen aus Songtexten. Die Begehung der Route erfolgte im Lauf mehrerer Wochen mit 400 m Fixseil und mehrmaliger Rückkehr ins Basislager. Insgesamt schleppten Albert, Güllich, Christof Stiegler und Milan Sykora 180 kg Lebensmittel und Ausrüstung durch das lange Gletschercouloir zum Fuß des Tower. Der untere Absatz umfaßte fünf Seillängen im Fels und sechs im Eis, die zur »Sonnenterrasse« führten,

wo sie das »Schulter-Camp« unter der Hauptwand einrichteten. Als Greg Child und Mark Wilford 1992 gerade eine weitere neue Route über die Südostwand bewältigt hatten, brach ein großer Teil dieser Wand unter ihnen aus. Die riesige Steinlawine fegte über den gesamten Anstieg vom Dunge-Gletscher, und nun lauern Massen von Felsbruch absturzbereit über dem Couloir. Sicherer ist jetzt wahrscheinlich der Aufstieg vom Basislager am Trango-Gletscher unter Umgehung des unteren Abschnitts der Route der Deutschen zur »Sonnenterrasse«.

Oben: Die Südostwand türmt sich über der »Sonnenterrasse« auf. Die Größenverhältnisse werden deutlich an der winzigen Figur von Mark Wilford im Abstieg auf der Slowenier-Route (Bildmitte unten). Die großen weißen Flecken auf dem Fels wurden durch die Steinlawine verursacht, die von der großen grauen Bruchstelle hoch oben rechts abging. Links kann man gerade noch die Kamine auf der Route der britischen Erstbesteigung erkennen. Der Einstieg in die Eternal Flame führt von den nach links offenen Verschneidungen links von Wilford die schmalen Risse in der glatten, roten Wand hinauf zu dem großartigen, gestuften Grat. *(Greg Child)*
Links: Der Trango Tower, gesehen vom Great Trango. Vom Schneefleck am Fuß des oberen Turms an verläuft die Eternal Flame fast genau auf der Licht-Schatten-Grenze. Die Slowenier-Route führt durch das Kaminsystem gleich rechts davon. Die Route der britischen Erstbesteiger liegt direkt links daneben im Schatten. Neben dem linken Rand des Turms verläuft die Route der Franzosen und Schweizer von 1987 über den Südwestpfeiler, die Kurtyka/Loretan-Route entlang der Silhouette auf der rechten Seite. *(Andy Selters)*

Das Filetstück der Route ist die 700 m hohe Gipfelwand über dem »Schulter-Camp«. Die Deutschen kletterten sie in vier Etappen und kehrten jeden Abend an Fixseilen zu den Annehmlichkeiten der »Sonnenterrasse« zurück. Albert hatte gehofft, die Route völlig frei klettern zu können, mußte aber in der glatten dritten Seillänge über dem Lager und in einer A2-Seillänge in Gipfelnähe je einen Pendelquergang durchführen. Ansonsten kletterten sie die Route absolut frei. Sowohl Albert wie auch Güllich gingen bis an die Grenzen ihrer Leistungsfähigkeit. Noch relativ weit unten stürzte Güllich in der »Am-I-only-Dreaming«-Seillänge. Wegen einer Bänderzerrung am Knöchel mußte er ins Basislager absteigen. Als er schließlich beim letzten Ansturm auf den Gipfel wieder mitkletterte, mußte er seine Schmerzen mit Aspirin unterdrücken und den Knöchel mit einem Plastikstiefel stützen. Zu diesem Zeitpunkt waren die beiden anderen aus der Mannschaft schon abgereist, und Albert konnte sich mit niemandem in der Führung abwechseln. Er überwand die schwierigsten Seillängen oberhalb eines breiten Bandes, das er schon beim vorausgegangen Versuch erreicht hatte, schaffte auch den bis dahin unberührten Fingerriß der

Schlüsselpassage »Say my name« (IX–), verausgabte sich aber in den sechs Tagen ständigen Kletterns immer mehr. An dem winzigen Riß »Ease the pain« stürzte er mehrmals und erlebte etliche Schreckesekunden in »I don't wanna lose this feeling«, als eine Zwischensicherung ausbrach und ein 10-m-Sturz zum Standplatz drohte. Trotz seiner verkrampften, abgeschürften Finger konnte er sich aber doch noch halten und den Rest der Seillänge sicher beenden.

Zuletzt führte eine großartige Seillänge 2000 m über dem Gletscher direkt an der Kante eines schroffen Pfeilers hinauf, dann folgten Albert und Güllich den alten Fixseilen der Boysen-Route, die von links herüberkam. Nach weiteren 80 m in leichtem kombinierten Gelände standen sie auf dem Gipfel.

Puristen mögen sich daran stoßen, daß Kurt Albert alle Standplätze der Eternal Flame mit zwei Bohrhaken versicherte. Dadurch finden aber nun alle nachfolgenden Kletterer eine herrliche Freikletterroute vor, auf die man nur noch Klemmkeile und Friends zur Zwischensicherung mitnehmen muß. Wer auf möglichst schweres Freiklettern in eindrucksvoller hochalpiner Landschaft aus ist, für den dürfte Eternal Flame genau das Richtige sein.

▲

KURZINFORMATIONEN

Name	Trango Tower
Höhe	6251 m
Lage	Gebiet des Baltoro-Gletschers, Zentral-Karakorum, Pakistan
Route	Südpfeiler – Eternal Flame: 1000 Höhenmeter in kombiniertem Gelände; vorwiegend Felskletterei (Granit). Ab der Schulter noch 700 m – 22 Seillängen, davon acht im Schwierigkeitsgrad VIII und eine IX–.
Erstbesteigung des Gipfels	Am 8. Juli 1976 über die Südwestwand durch Mo Anthoine und Martin Boysen (GB), einen Tag später gefolgt von Joe Brown und Malcolm Howells.
Erstbegehung der Route	Am 10. September 1989 durch Kurt Albert und Wolfgang Güllich (D); in den unteren Seillängen mit Christof Stiegler und Milan Sykora.
Höhe des Basislagers	Auf ca. 4100 m neben dem Dunge-Gletscher. Wegen des Steinschlags von 1992 aus der Südostwand wahrscheinlich sicherer ist der Anstieg vom Basislager der Briten am Trango-Gletscher.
Anfahrtsmöglichkeit bis	Dassu (Straße bis Askole im Bau)
Anmarsch	Etwa 90 km in neun Tagen von Dassu oder 40 km in sechs Tagen von Askole
Jahreszeit	Die besten Bedingungen herrschen in der Südwand im Spätsommer und Herbst (August – Oktober).
Genehmigung	Ministerium für Tourismus, Islamabad
Erfolgsbilanz	Die meisten Expeditionen zum Trango Tower waren erfolgreich; so alle drei Begehungen auf der Slowenier-Route zwischen 1987 und 1990. Bis 1994 war Eternal Flame noch nicht wieder versucht worden.
Literatur	Berichte der Erstbesteigung des Berges in *Trango – The Nameless Tower* von Jim Curran (Dark Peak, 1922) und in Martin Boysens Artikel »Last Trango« in *Mountain*, 52. Folgende Veröffentlichungen im *AAJ* enthalten ausführliche Beschreibungen aller Begehungen des Trango Tower bis 1992: 1977, S. 266 ff; 1988, S. 250 f; 1989, S. 45 ff, und 250 ff; 1990, S. 285 ff; 1991, S. 271 f; 1993, S. 258 ff. Die Erstbegehung der Eternal Flame ist in *Rotpunkt*, 1990, Nr. 1 beschrieben.

Links: 16:30 Uhr, 21. Juli 1977: Dennis Hennek, von John Roskelley gesichert, ist der erste Mensch auf dem Gipfel des Great Trango. Im Hintergrund schlängelt sich der massige Baltoro-Gletscher 40 km weit nach Osten bis zu den Bergriesen hinter dem Konkordia-Platz. Direkt rechts vom Gipfel des Great Trango liegt der Broad Peak, rechts davon die abgeflachte Pyramide des Gasherbrum IV, der spitze Gipfel des Hidden Peak, und dann die großen Schneeflächen des Sia Kangri und des Baltoro Kangri. *(Galen Rowell)*

BROAD PEAK 8047 m

Westsporn / Nordgrat

Im Sommer 1994 versuchten elf Mannschaften den Broad Peak. Dieser Berg wird immer beliebter, und ein Zyniker könnte ihn als leichtes Ziel für Gipfelsammler abtun; aber der Broad Peak war Schauplatz einiger der aufregendsten Abenteuer in der Geschichte des Himalaya-Bergsteigens, angefangen bei seiner dramatischen Erstbesteigung im Jahr 1957.

In der Sprache der Balti heißt der Berg Falchan Kangri, aber inzwischen verwenden selbst die Einheimischen den Namen, den der britische Forscher Martin Conway prägte. Alpiner Tradition verpflichtet gab er als erster Europäer, der hierher kam, dem großartigen Zusammenfluß der Gletscher am Oberen Baltoro den Namen »Konkordiaplatz« nach dem gleichnamigen, wenngleich kleineren Platz am Schweizer Aletschgletscher. Angesichts dieses dreigipfeligen Riesen gegenüber dem K2 fühlte er sich an das Zermatter Breithorn erinnert – daher der Name Broad Peak. Genauer erforscht wurde der Broad Peak 1934 vom Leiter der internationalen Karakorum-Expedition, Günter Oskar Dyhrenfurth, der zu dem Schluß kam, daß der Westsporn die beste Aufstiegsmöglichkeit zum Gipfel bot. Es wäre ihm nie in den Sinn gekommen, daß die

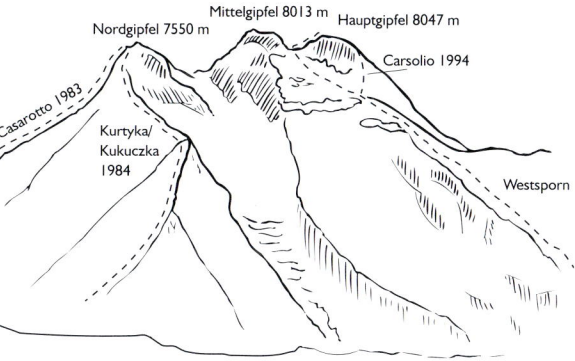

Der Broad Peak vom Basislager am K2. *(Jean Troillet)*

Gruppe, die diese Route 1957 wagte, nur aus vier Teilnehmern bestehen könnte.

Diese österreichische Expedition von 1957 wurde von Marcus Schmuck geleitet. Er und Fritz Wintersteller waren körperlich fit und extrem gute Kletterer. Hermann Buhls Durchhaltevermögen war vier Jahre zuvor bis an die Grenze gefordert gewesen, als er allein den Gipfel des Nanga Parbat erreichte und auf 8000 m Höhe ein Biwak im Stehen, nur mit Pullover und Hemd, überlebte. Der jüngste Teilnehmer, Kurt Diemberger, der Erfahrungen in einer ganzen Reihe von schweren Eiswänden in den Alpen vorweisen konnte, war für Neuerungen immer zu haben und begeistert, als ihm Hermann Buhl vorschlug, den Broad Peak ohne fremde Hilfe im »Westalpen-Stil« anzugehen. Die Kritiker von heute, welche am Stil dieser Erstbesteigung zweifeln – die Gruppe transportierte ihre Lasten in Staffeln in die drei Hochlager –, sollten einmal das Gewicht der Ausrüstung dieser Mannschaft mit den Tonnen von Ausrüstung vergleichen, die eine traditionelle Himalaya-Expedition mitführt. Die Leistung von Schmucks Team war ein geradezu dramatischer Durchbruch: Vier Männer, die – völlig allein im damals menschenleeren Baltoro-Becken – ihre Lasten selbst trugen, ohne jegliche Hilfe von Hochträgern. Und dies auf einer unbekannten Route zu einem der höchsten Gipfel der Welt, mit nur drei Hochlagern bei einem Höhenunterschied von 3000 m.

Die Willenskraft der Österreicher war unglaublich: Nach wochenlanger Arbeit auf dem Westsporn erreichten Schmuck und Wintersteller schließlich die Scharte zwischen Mittel- und Hauptgipfel und stiegen den Gipfelgrat weiter, mußten aber auf etwa 8000 m wegen einbrechender Dunkelheit umkehren. Unverzagt versuchten sie es nach einer einwöchigen Erho-

lungspause im Basislager wieder. Diesmal brachen sie um halb vier Uhr morgens vom obersten Hochlager auf. Trotzdem waren Schmuck und Wintersteller erst um halb zwei Uhr in der Scharte, wo sie eine längere Rast machten, und dann um fünf Uhr den Gipfel erreichten. Diemberger hatte inzwischen auf Buhl gewartet, dem seine Erfrierungen vom Nanga Parbat zu schaffen machten. Am späten Nachmittag überredete Buhl seinen jüngeren Partner schließlich, allein zum Gipfel weiterzugehen. Auf dem Rückweg vom Gipfel stieß Diemberger auf Buhl, der sich immer noch verbissen nach oben kämpfte. Dann geschah

etwas in diesen Höhen beinahe Einmaliges: Diemberger kehrte um und stieg mit seinem Mentor noch einmal hinauf. Als sie gemeinsam den Gipfel erreichten, sahen sie gerade noch die letzten Sonnenstrahlen über der Weite des Karakorum.

Die meisten Leute würden sich mit dieser Leistung zufrieden geben, doch dieses Team hatte noch ganz große Pläne. Zwei Wochen später bestiegen Schmuck und Wintersteller den Skilbrum (7360 m) im reinen Alpinstil. Buhl und Diemberger wäre dies am Chogolisa fast auch gelungen, aber ein Wettersturz zwang sie zur Umkehr. Als sie unangeseilt im Schneetreiben

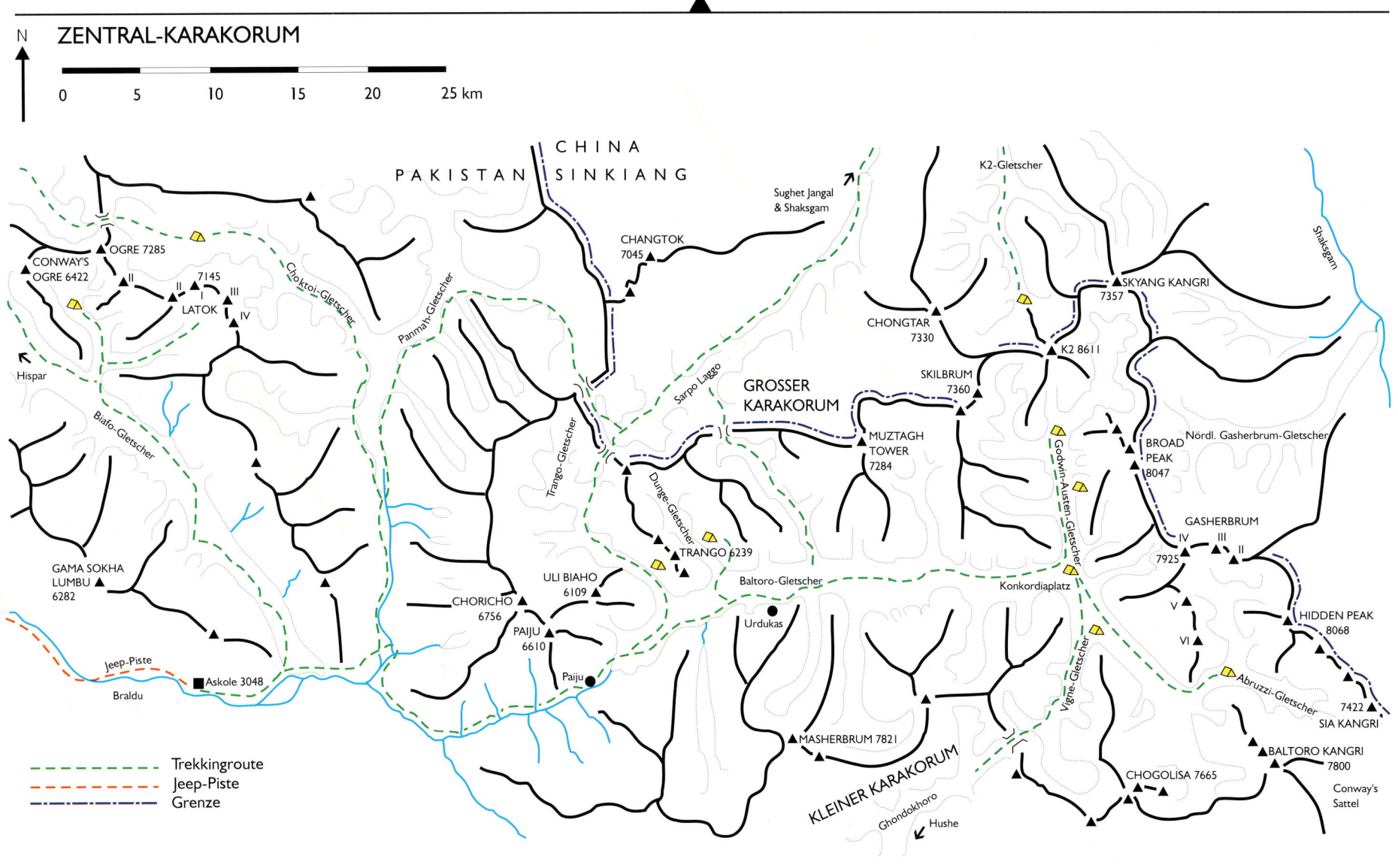

abstiegen, brach Buhl durch eine Wächte. Er wurde nie gefunden. Damit endete eine der erfolgreichsten Himalaya-Expeditionen mit einer Tragödie.

Auch die nächste Expedition zum Broad Peak im Jahr 1975 wurde von einem Unglück heimgesucht. Fünf Polen stiegen die Österreicher-Route bis zur Scharte nach, wo sie nach links abbogen, um über schwieriges Gelände den jungfräulichen Mittelgipfel (8013 m) zu erreichen. Bei Einbruch der Dunkelheit wurden sie von einem Schneesturm überrascht, und nur zwei von ihnen kehrten lebend zurück. Eines der Opfer stürzte in den riesigen Abgrund der Nordostwand.

Biwak ohne Schlafsäcke kurz unterhalb des Gipfels, den sie am nächsten Morgen erreichten.

Da der Nordgipfel (7550 m) nicht zu den Achttausendern gehört, wurde er außer acht gelassen, bis 1982 Renato Casarotto einen Versuch über seinen schnurgeraden Nordgrat unternahm. Casarotto scheiterte zwar, aber 1983 kehrte er zurück und bewältigte den Grat in einem phantastischen Alleingang: ein Aufstieg in sieben Tagen mit technischer Kletterei in Fels, Eis und kombiniertem Gelände, mit einem Biwak im Stehen in Buhl'scher Manier auf 7500 m und noch einmal drei Tagen für den Abstieg. Eine weitere

Unten: Drei winzige Gestalten nähern sich dem oberen Ende des letzten schwierigen Grats vom Sattel zum Vorgipfel. Beim ersten Versuch 1957 mußten Schmuck und Wintersteller am Vorgipfel umkehren – schon so nah am Erfolg. Wie sie jedoch eine Woche später feststellen konnten, braucht man von dort bis zum Hauptgipfel, der hier niedriger erscheint, noch mindestens eine Stunde. *(Steve Bell)*

Von dieser Seite, die dem Shaksgam-Tal zugekehrt ist, unternahm ein Team von Spaniern und Italienern 1992 eine aufsehenerregende Begehung. Die Route war sehr lang, den gewaltigen nördlichen Gasherbrum-Gletscher hinauf, durch mehrere Passagen mit komplizierten Eisbrüchen auf einen Firngrat, danach über weitere Eiskaskaden zu einem Hochplateau und schließlich in die steile, vereiste Gipfelwand des Broad-Peak-Mittelgipfels. Oscar Cadiach, Enric Dalmau, Lluis Rafols und Alberto Soncini nahmen diesen letzten Abschnitt wagemutig in Angriff, mit einem

Besteigung des Nordgipfels erfolgte 1984 über den Westgrat im Rahmen einer größeren polnischen Unternehmung, nämlich der ersten Überschreitung des Nord-, Vor- und Hauptgipfels. Nach Kurtykas Ansicht ist ein schneller Aufstieg im Alpinstil wahrscheinlich die einzig mögliche Taktik auf diesem überaus langen Grat in extremer Höhe. Keiner war dafür besser geeignet als er und ein weiterer exzellenter polnischer Bergsteiger, Jerzy Kukuczka. Sechs Tage lang verbrachten sie unter Einsatz aller Kräfte auf ihrem »Himmelsgrat«, bevor sie über die Route der

Links: Julie-Ann Clyma in etwa 6800 m Höhe auf einer Durststrecke am Westsporn. Direkt hinter ihr liegt der Zusammenfluß des Godwin-Austen- und des Savoia-Gletschers; letzterer schwingt erst nach links, dann nach rechts. Der Gipfel weit im Hintergrund, direkt über Clymas Kopf, ist der Skilbrum (7360 m), den Schmuck und Wintersteller 1957, unmittelbar nach ihrer Erstbesteigung des Broad Peak, im reinen Alpinstil bezwangen. Rechts das unverwechselbare Profil des K2. *(Roger Payne)*

Erstbesteiger abstiegen. Selbst für die besten und erfahrensten Alpinisten sollte eine Wiederholung dieser Überschreitung von Kurtyka und Kukuczka – vielleicht unter Einbeziehung des bisher vernachlässigten Broad-Peak-Südgipfels – eine reizvolle Herausforderung sein, doch andere Ziele scheinen attraktiver zu sein. Nach wie vor wurde der Hauptgipfel noch nicht von der Shaksgam-Seite bestiegen. Die Route der Erstbesteiger hingegen behauptet sich als beliebte und interessante Tour und ideale Möglichkeit, sich

Sommer der Schnee im unteren Abschnitt schmilzt, kommt Geröll zum Vorschein. Steinschlag ist möglich, und der erste wirklich sichere Lagerplatz befindet sich auf einer vorspringenden Plattform auf etwa 5600 m. Im oberen Teil des Sporns schweifte die Mannschaft von 1957 ein ganzes Stück über die Gletscherhänge nach rechts ab. Heute bleiben die meisten Gruppen auf dem Grat und steigen vorbei an einigen Felsnadeln über den breiten Eishöcker direkt zum Fuß des felsigen Gipfelaufbaus. An dieser Stelle

Oben: 9. Juni 1957: Nach einer verzweifelten Willensanstrengung steht Hermann Buhl auf dem Gipfel des Broad Peak und erfüllt sich damit seinen Traum von der Besteigung eines Achttausenders mit einem kleinen Team, ohne Träger oder Sauerstoffgerät. Hinter ihm leuchtet der Gipfel des Gasherbrum IV. *(Kurt Diemberger)*
Rechts: Siebenundzwanzig Jahre später stand Kurt Diemberger wieder auf dem Gipfel des Broad Peak, diesmal mit Julie Tullis, spät am Abend bei aufkommendem Sturm. Rechts markieren Wolkenfetzen genau den Nordwestgrat des Gasherbrum IV.

für den K2 zu akklimatisieren. Krzystof Wielicki demonstrierte 1984, was machbar ist, als er die Route im Auf- und Abstieg in vierundzwanzig Stunden schaffte – die erste Besteigung eines Achttausenders an einem einzigen Tag. Andere haben es ihm nachgemacht, aber die meisten ziehen doch einen Aufstieg in Etappen mit wenigstens drei Lagern vor. Die Route verläuft im wesentlichen entlang des Grats auf dem Westsporn, der auf beiden Seiten von gefährlichen Eiswänden flankiert wird. Wenn im

auf 7100 m hatten die Erstbesteiger ihr letztes Hochlager, nach dem ein langer Gipfeltag auf sie wartete. Von hier aus hat der Mexikaner Carlos Carsolio 1994 auf seiner Alleinbegehung des Südwestsporns (V und 70° steiles Eis) den Gipfelaufbau direkt bestiegen. Der Normalweg führt mit einem langen, ansteigenden Quergang nach links über lawinengefährdete Gletscherhänge in einen Eisbruch auf etwa 7500 m, wo man gewöhnlich einen relativ sicheren Lagerplatz finden kann. Die steile Wand

▲

direkt unterhalb des 7800 m hoch gelegenen Sattels ist meist vereist. Über die klettertechnischen Schwierigkeiten des Gipfelgrates gibt es die unterschiedlichsten Ansichten. Es sollte jedoch der Hinweis genügen, daß hier oben schon mehr als ein erfahrener Bergsteiger sein Leben verloren hat. Es gibt verzwickte Seillängen mit messerscharfen Kanten, wo seit 1957 durch die Klimaveränderungen immer mehr Fels zutage tritt. Ständig besteht auch die Gefahr, daß man zu weit nach links auf die riesigen Wächten gerät, die

tet er von diesem zauberhaften Erlebnis, wie auch vom verzweifelten Rückzug der beiden einige Stunden später über den Westsporn – zwischen abgehenden Lawinen nach einem Wettersturz. Für jeden, der glaubt, er müsse vor diesem großartigen und historisch bedeutenden Berg keinen Respekt haben, wo er doch so populär ist, sollte dieses Kapitel sowie der bewegende Bericht von Greg Child über den plötzlichen Tod von Pete Thexton, der auf dem Broad Peak einem Hirnödem erlag, zur Pflichtlektüre werden.

▲

KURZINFORMATIONEN

Name	Broad Peak (Falchan Kangri)
Höhe	8047 m
Lage	Baltoro Muztagh, Zentral-Karakorum, Pakistan
Route	Westsporn und Nordgrat: 3150 Höhenmeter vom vorgeschobenen Basislager am Fuß des Sporns. Gewundener Weg durch die unteren Hänge auf den Rücken des Sporns; weiter oben ausschließlich über Gletscherhänge, oberhalb 7500 m gelegentlich Eiswände; markanter Gipfelgrat. Bei günstigen Bedingungen ist die Route verhältnismäßig sicher, nach starkem Schneefall jedoch extrem lawinengefährdet.
Erstbesteigung des Gipfels	Am 9. Juni 1957 durch Marcus Schmuck, Fritz Wintersteller, Hermann Buhl und Kurt Diemberger (A) bereits im Alpinstil
Höhe des Basislagers	4900 m, auf der Mittelmoräne des Godwin-Austen-Gletschers, etwa 3 Stunden oberhalb des Konkordiaplatzes und kurz vor dem Fuß des Sporns.
Anfahrtsmöglichkeit bis	Thongl, 2 km vor Askole
Anmarsch	7 oder 8 Tage, abhängig vom Zustand der »jhola« über den Fluß Panmah. Tatsächlich sind 12 bis 15 Träger-Etappen zu bezahlen. Informationen über gesetzliche Bestimmungen einholen!
Jahreszeit	Zwischen Juni und September. In einem Jahr mit normalem Wetter ist der Juli wahrscheinlich der günstigste Monat. Der Hauptgipfel wurde im März 1988 von Maciej Berbeka (POL) bei winterlichen Bedingungen im Alleingang bestiegen.
Genehmigung	Ministerium für Tourismus, Islamabad
Erfolgsbilanz	Der Normalweg wurde erstmals 1977, dann noch einmal 1982 wiederholt. Danach wurde die Route jedes Jahr begangen, ausgenommen 1989, in manchen Jahren von mehreren Gruppen. Im Lauf der Jahre waren etwa 40% der Gruppen erfolgreich.
Literatur	Im *AAJ* und *HJ* findet man gute Berichterstattungen über neuere Versuche und Besteigungen. Besonders interessant ist Kurtykas Beschreibung seiner Überquerung der drei Gipfel im *AAJ* von 1985, sowie die Bilder der Nordostwand-Route vom Shaksgam aus im *AAJ* von 1993. Der Dyhrenfurth-Beitrag in *Mountain 55* enthält eine allgemeine Beschreibung des Berges und einen Bericht über die Besteigung des Mittelgipfels von 1975. Spannend berichtet Kurt Diemberger in *Gipfel und Geheimnisse* (Bruckmann, 1991) von der Erstbesteigung des Hauptgipfels, und in *K2 – Traum und Schicksal* (Bruckmann, 1989) von der zweiten Besteigung, die er unternahm. Greg Child hat in *Thin Air* (Mountaineers/Oxford Illustrated Press, 1988) die britische Expedition von 1983 dokumentiert.

auf der Shaksgam-Seite überhängen. Ansonsten bildet allein schon die Länge der Route in dieser Höhe eine Schwierigkeit für sich. Viele begnügen sich daher mit dem geringfügig niedrigeren Vorgipfel, aber damit man später nichts bereut, sollte man noch einmal alle Energie für den nicht allzu langen Weg zum Hauptgipfel aufwenden.

Diemberger bestieg 1984 den Broad Peak noch einmal mit Julie Tullis und erreichte den Gipfel wieder bei Sonnenuntergang. In seinem Buch berich-

Oben: Beinahe die gleiche Perspektive wie auf der linken Seite, aber unterhalb des Sattels aufgenommen. Hinter den Gasherbrum-Gipfeln reiht sich Berg an Berg bis zum östlichen Karakorum. (Greg Child)

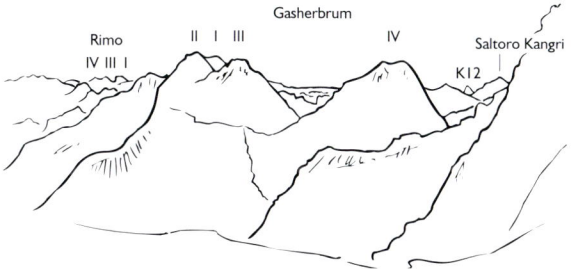

GASHERBRUM IV 7925 m

Nordwestgrat

Steht man im Amphitheater des Konkordiaplatzes, so ist von allen Bergen, die einen dort umgeben, der Gasherbrum IV der nächstgelegene und imposanteste. Er zählt zu den höchsten Gipfeln der Welt, wies aber bis Anfang 1995 erst zwei Gipfelbesteigungen auf. Daraus kann man einerseits schließen, wie schwierig seine Besteigung sein muß, und andererseits, welch hohen Stellenwert die Zahl 8000 hat. Dem Gasherbrum IV fehlen gerade 75 m, um zur willkürlich definierten Superklasse zu gehören, weshalb man ihm nie soviel Aufmerksamkeit schenken wird wie seinen Nachbarn Broad Peak, Gasherbrum II und Hidden Peak mit insgesamt über einhundert Besteigungen.

Der Gasherbrum IV wurde erstmals 1958 von den Italienern Walter Bonatti und Carlo Mauri über den Nordostgrat bestiegen. Mauri war äußerst erfahren, und Bonatti wohl der bemerkenswerteste Bergsteiger der ersten Nachkriegsgeneration. Die Expedition unter der Leitung von Riccardo Cassin, einem weiteren legendären italienischen Alpinisten, ging den Berg vom südlichen Gasherbrum-Gletscher aus an, gelangte durch zwei schwierige Eisbrüche in den oberen Kessel, aus dem sie den Nordostsattel erreichte. Vom Sattel rückte die Expedition auf dem Nordostgrat Stück für Stück vor, bis Hochlager 6 auf 7350 m eingerichtet werden konnte. Von dort aus gelangten Bonatti und Mauri im zweiten Versuch am 6. August zum Hauptgipfel. Nach ihrer Aussage war der lange Kamm vom Nord- zum Hauptgipfel mit seinen marmornen Grattürmen das schwierigste Stück des ganzen Aufstiegs.

Die Route der Italiener führt über einen der am schwersten zugänglichen Grate im gesamten Karakorum und wurde nie wiederholt. Dies ist sicherlich der einfachste Weg auf diesen Berg, jedoch immer noch mit einigen sehr schweren Seillängen in großer Höhe. Auf der Rückseite des Berges gelegen gestaltet er sich zudem lang und gewunden. Für die neue Generation von Bergsteigern, die Ende der siebziger Jahre in die Baltoro-Region kam, besaß die an schönen Abenden hell über dem Konkordiaplatz erstrahlende, riesige Westwand einen unwiderstehlichen Reiz. Ab 1978 hat eine ganze Reihe von Gruppen diese herrliche, 2500 m hohe »Shining Wall« über den scheinbar geeigneten Sporn etwas links der Wandmitte zu durchsteigen versucht. Andere, die sich von Berichten über verheerende Schrofen abschrecken ließen, versuchten ihr Glück auf dem sichereren Nordwestgrat, über den 1984 eine amerikanische Expedition bis auf etwa 7300 m anstieg.

Im Sommer des gleichen Jahres unternahmen zwei Europäer zur Erkundung der Westwand ebenfalls einen Vorstoß auf den Grat. Es waren Robert Schauer aus Österreich und Wojciech Kurtyka aus Polen, zwei der weltweit besten Himalaya-Bergsteiger. Im Jahr darauf, 1985, kamen sie wieder, um nun die Wand zu klettern. Im Gegensatz zu früheren Mannschaften stiegen sie nicht über den an sich logischen Sporn mit seinen brüchigen schwarzen Türmen auf, sondern nahmen vom Einstieg auf der rechten Seite der Wand eine schräg ansteigende Route durch ein Couloir, das den unteren Wandteil durchschneidet, stiegen dann nach links durch ödes Gelände mit brüchigem Marmor und erreichten schließlich nach einer Woche

die Verschneidung links oben am Nordgipfel. In der Wand fanden sie sehr schwierige Bedingungen vor. Da es keine günstigen Biwakplätze gab, mußten die beiden zweimal zwanzig Meter getrennt voneinander nächtigen, jeder auf einer winzigen Felskanzel sitzend. Kurtyka berichtete von drei Seillängen mindestens im Schwierigkeitsgrad V auf entweder völlig morschem oder absolut kompaktem Marmor mit sehr wenigen Sicherungsmöglichkeiten. Am Ende der Wand saßen sie zwei Tage lang im Sturm fest. Ihre feste Verpflegung und das Gas waren aufgebraucht, und sie waren schon erheblich geschwächt. Beide hatten wilde Halluzinationen: Schauer erzählte später, daß er sich einbildete, er sei ein Rabe, der über der Wand schwebte und von oben auf seinen eigenen, zusammengeschrumpften Körper schaute. Als der Sturm vorüber war, mußten sie darauf verzichten, noch zum Hauptgipfel hinüberzuklettern. Sie stiegen sofort über den Nordwestgrat zum Basislager ab, das sie nach drei Tagen erreichten. Unterwegs konnten sie sich an ihrem Verpflegungsdepot auf 7100 m, das sie während ihrer Akklimatisierungsphase angelegt hatten, wieder etwas stärken.

Bei vielen Leuten galt die Westwand des Gasherbrum IV als die Himalaya-Route schlechthin. Sie war der Inbegriff für einen mutigen, willensstarken Einsatz in heiklem, kombiniertem Gelände und für eine logisch vorgegebene, faszinierende Route durch die

Rechts: Die obere Westwand des Gasherbrum IV erglüht in der Abendsonne. Links im Profil die oberen Stufen des Nordwestgrates, die zum Nordgipfel führen. Der Hauptgipfel liegt rechts. *(Greg Child)*

meistfotografierte Wand des Karakorum. Nachdem er sie selbst geklettert war, schätzte Schauer seine Leistung nüchterner ein; er warnte vielmehr vor den vorhandenen Gefahren und dem Gefühl, nicht mehr

Oben: Trockene Verhältnisse in der Westwand – in den Siebzigern und Achtzigern eine der begehrtesten Karakorum-Routen. Die ersten Versuche erfolgten über die markante Rippe, die vom Nordgipfel abfällt. 1985 gelang Wojciech Kurtyka und Robert Schauer schließlich die 2500 m hohe »Shining Wall«, in die sie rechts durch das Couloir einstiegen. Kurz vor dessen oberem Ende schwenkten sie nach links, und kletterten diagonal nach links ansteigend über die ausgedehnten Marmorplatten zum Schneefeld und dem Nordgipfel. Der Übergang vom Marmor zum schwarzen Diorit ist auf dem Nordwestgrat deutlich zu sehen, ebenso der markante schwarze Turm, ab dem der Grat nicht mehr zu sehen ist. *(Wojciech Kurtyka)*

Herr seiner Sinne zu sein. Seit 1985 widmet er seiner Familie mehr Zeit und beschränkt sich auf weniger extreme Touren. In den zehn Jahren, die seitdem vergangen sind, hat niemand mehr einen Fuß in die Westwand des Gasherbrum IV gesetzt.

Die »Shining Wall« war eine außerordentliche Leistung, aber die weniger extreme Route, die 1986 über den Nordwestgrat geklettert wurde, wird künftig wohl mehr Liebhaber finden. Greg Child, der die amerikanisch-australische Expedition von 1986 leitete, stellte fest, daß der Nordwestgrat im Anstieg schon zum größten Teil und im Abstieg ganz begangen worden war. Doch was zunächst wie ein Spaziergang aussah erwies sich als eine äußerst strapaziöse Kletterei, die nach den Worten des anderen Australiers in der Mannschaft, Tim Macartney-Snape, anstrengender war als die neue Nordwand-Route auf dem Everest, die er kurz zuvor durchstiegen hatte.

Die übrigen Begeher des Norwestgrates, allesamt Amerikaner, waren Tom Hargis, Geoff Radford, Andy Tuthill und Randy Leavitt, der bekannte Felskletterer, der im Sommer zuvor zusammen mit Child eine waghalsige neue Route – »Lost in America« – auf den El Capitan eröffnet hatte. Ihre Taktik war eine Mischung aus Belagerungs- und Alpinstil, mit Fixseilen bis zum dritten Hochlager, einer Biwakhöhle auf 7000 m, aus der sie im letzten, aufreibenden Anstieg mit einem ungeplanten Biwak den Nordgipfel erreichten. Wie andere vor ihnen folgte die Gruppe dem Korridor über den westlichen Gasherbrum-Gletscher und gelangte durch ein 1000 m hohes Schneecouloir in den Sattel am unteren Ende des Grates. Auf 6700 m schlugen sie hier ihr Hochlager 2 auf.

Bei der Ansicht vom Konkordiaplatz sind Sattel und Einstieg in den Nordwestgrat nicht zu sehen. Wo der Grat dann weiter oben ins Blickfeld rückt, kann man deutlich den schwarzen Diorit erkennen, der sich mehrere hundert Meter hinaufzieht, bis er dann plötzlich in Marmor übergeht. Die unteren Dioritabschnitte haben den Mannschaften von 1983 und 1984 große Probleme bereitet. Deshalb hielt sich die Gruppe von 1986 soweit möglich weiter links in Richtung der Chinesen-Route, das heißt der Nord-

wand, wo man in der Regel leichteres Schneegelände vorfindet. Oberhalb der Schneehöhle, auf etwa 7200 m, mußten sie einen Eisbruch über eine Felsstufe umgehen, auf der, von unten gut zu sehen, ein schwarzer Felsturm steht. Auf einem Schneeband in einer Höhe von 7350 m errichteten sie Hochlager 4. Bei Tagesanbruch machten sich fünf Teilnehmer mit leichten Rucksäcken Richtung Gipfel auf. In der Hoffnung, diesen noch am selben Tag zu erreichen trugen sie nur vier Schlafsäcke, zwei Kocher, 200 Meter 7-mm-Seil, ein paar Haken und eine Filmkamera mit. Schneebretter zwangen sie wieder auf die Gratkante zurück, wo sie in Firn und

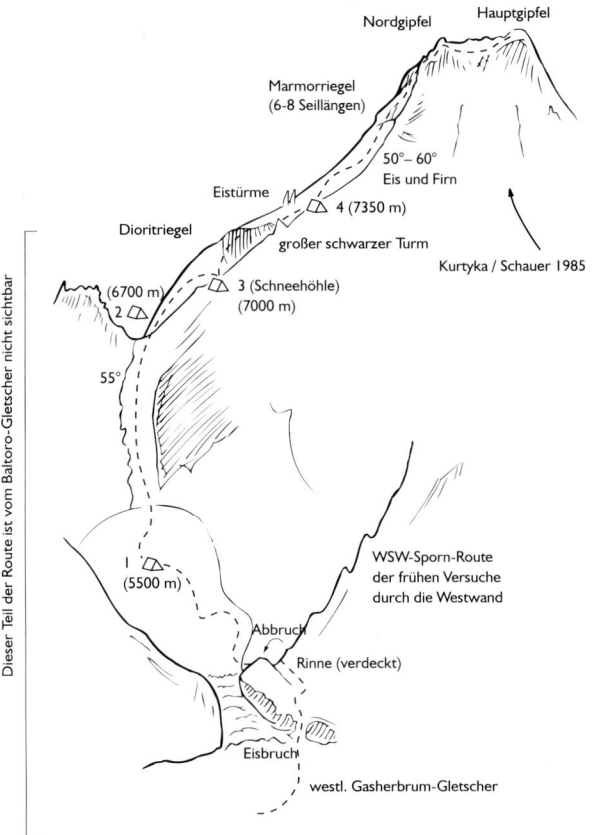

steilem Eis zum Fuß des abschließenden Marmorriegels auf etwa 7650 gelangten. Hier kehrte Radford um. Child, Hargis, Macartney-Snape und Tuthill beschlossen weiterzugehen und herauszufinden, ob man das System von Rissen und Rampen, das Child vier Jahre zuvor vom Broad Peak aus gesehen hatte, in dieser Höhe klettern könnte.

Der Felsriegel war zwar kletterbar, aber ein gefährliches Unterfangen, wie sich schon am ersten, schwierigen Riß zeigte. Acht Seillängen (V) in brüchigem Gelände führten die vier Bergsteiger auf den Nordgipfel, den sie um vier Uhr nachmittags erreichten – zu spät für den 450 m langen Weg hinüber zum Hauptgipfel. Um weiteres Gewicht zu sparen, hatten sie Kocher und Schlafsäcke morgens am Fuß des Felsriegels zurückgelassen. Wenn sie hier oben bis zum nächsten Tag ausharren wollten, mußten sie biwakieren, mit nichts als den Kleidern, die sie trugen und ohne etwas zu trinken. Tuthill fand, die Gefahr

von Erfrierungen wäre zu groß und stieg mit einem der beiden Seile ab. Die drei anderen aber erlebten wohl einen dieser besonderen Momente, in denen man bereit ist, für einen großen Gewinn alles einzusetzen, und begannen, eine kleine Schneehöhle am Nordgipfel auszuscharren, in der sie zitternd eine lange Nacht überstanden.

Am nächsten Morgen krochen sie bei strahlendem, wenn auch windigem Wetter aus ihrer Höhle. Achtundzwanzig Jahre nach Bonatti und Mauri betrat nun zum ersten Mal wieder ein Mensch den Verbindungskamm zum Gipfel des Gasherbrum IV. Während die Italiener auf dem mit Türmen bewehrten Grat geblieben waren, querte das Trio oben durch die flache Einbuchtung der Westwand, die Bonatti »Shining Shell« (glänzende Muschel) genannt hatte. An einer Stelle stieg Child zu einem Scheingipfel hinauf und mußte wieder zurück. Über eine 60° geneigte Felsplatte mit vielen großen Griffen erreichten die

Ganz oben: Lawinenabgänge vom Gasherbrum V stellen eine Gefahr auf dem Anmarsch zum westlichen Gasherbrum-Gletscher dar. *(Greg Child)*
Oben: Tom Hargis und Geoff Radford auf ihrer Alleinbegehung oberhalb von Hochlager 2 am Nordwestgrat. *(Tim Macartney-Snape)*
Oben links: 1000 m weiter oben, auf etwa 7700 m, klettert Andy Tuthill eine schwere Passage im oberen Marmorriegel. *(Tim Macartney-Snape)*

drei den Gipfel – »eine kleine Schneekuppe, die auf einer schmalen Rückenflosse klebt«. Erst als sie wieder absteigen wollten, entdeckten sie zehn Meter entfernt am anderen Ende der Flosse Bonattis obersten Abseilhaken. Offensichtlich hatte sich die Schneekuppe erst später auf dem Gipfel gebildet oder sie hatte sich um zehn Meter nach Norden verlagert! Als Macartney-Snape auf dem Rückweg zum Nord-

gipfel einen Haken an einer heiklen, vereisten Stelle entfernte, verlor er das Gleichgewicht und stürzte kopfüber in die 2500 m hohe Westwand. Zum Glück hatte Child an seinem Standplatz eine Stufe und konnte ihn am Seil halten, so daß Macartney-Snape den Sturz überlebte und später selbst davon berichten konnte. Vom Nordgipfel seilten sie über den oberen Felsriegel ab, wobei sie die Verankerungen sehr sorgfältig anbrachten. Sie glaubten zu verdursten, als sie unterhalb des Felsriegels ihren Kocher in Gang bringen wollten, dieser ihnen aber explodierend um die Ohren flog. Im AAJ meinte Child dazu: »Das ist wie ein Pub ohne Bier. Kommt, gehen wir!« Also seilten sie sich weiter in die Nacht ab. Sie verbrauchten das ganze Material und benützten beim letzten Abseilen zu Hochlager 4 eine alte Schlinge, die Kurtyka zwei Jahre zuvor hängen gelassen hatte. Einen Tag später waren alle wieder unten angekommen und hatten somit die zweite Besteigung des störrischen Gasherbrum IV geschafft.

Nach 1986 hat es einige erfolglose Versuche vom südlichen Gasherbrum-Gletscher über den Südostpfeiler gegeben sowie einen Alleinbesteigungsversuch die Ostwand hinauf. Die erstgenannte Route hat den Vorzug, in direkter Linie zum Gipfel zu führen, sofern sie einmal ganz bestiegen wird. Trotzdem wird die Symmetrie der Westwand, wie man sie auf der berühmten Ansicht vom Konkordiaplatz vor Augen hat, für Bergsteiger immer den Reiz behalten, den sie nun schon seit mehr als einhundert Jahren ausübt. Die Route von Kurtyka und Schauer mit ihrer Begehung im Alpinstil bildet den einzig logischen Weg. Die längere Route über den Nordwestgrat konnte im reinen Alpinstil noch nicht bewältigt werden, aber für ein starkes, erfahrenes Team liegt sie

Oben: Tom Hargis, vorne, an einem herrlichen Morgen auf 7200 m. Nach Westen erstreckt sich ein Gipfelmeer, darunter der markante Muztagh Tower. *(Greg Child)*

Unten: Nach drei Tagen wieder zurück in der Schneehöhle von Lager 3 sieht man Hargis (Mitte) an, wie kräftezehrend der Aufstieg und die Rückkehr zum Lager war. Macartney-Snape (links) und Child (rechts) sehen ebenfalls etwas mitgenommen aus. *(Randy Leavitt)*

KURZINFORMATIONEN

Name	Gasherbrum IV
Höhe	7925 m
Lage	Baltoro Muztagh, Zentral-Karakorum, Pakistan
Route	Nordwestgrat: 2400 Höhenmeter vom oberen Becken des westlichen Gasherbrum-Gletschers. Ein 1000 m hohes Schneecouloir führt zum Grat. Danach schwierig auf Schnee, Eis und Fels, zuerst in schwarzem Diorit, danach im Marmor. Die Schlüsselstelle bildet der Felsriegel unterhalb des Nordgipfels mit schweren Kletterstellen bis V. Ein lange und schwierige Route in großer Höhe.
Erstbesteigung des Gipfels	Am 6. August 1958 durch Walter Bonatti und Carlo Mauri (ITA) über den Nordostgrat.
Erstbegehung der Route	Am 22. Juni 1986 durch Tom Hargis (USA), Greg Child und Tim Macartney-Snape (AUS). Im Jahr zuvor waren Wojciech Kurtyka (POL) und Robert Schauer (A) über den Grat abgestiegen.
Höhe des Basislagers	Zahlreiche Lagerplätze im Gebiet des Konkordiaplatzes auf etwa 4700 m
Anfahrtsmöglichkeit bis	Thongl, 2 km vor Askole
Anmarsch	Ungefähr 70 km in sechs bis sieben Tagen, je nach Zustand der »jhola« über den Fluß Panmah. Zu bezahlen sind mindestens 11 (bis 14) Träger-Etappen. Informationen über gesetzliche Bestimmungen einholen!
Jahreszeit	Juni bis August
Genehmigung	Ministerium für Tourismus, Islamabad
Erfolgsbilanz	Der erste Versuch einer großen Expedition auf dem Nordostgrat war gleich erfolgreich. Der Nordwestgrat wurde erst im dritten Anlauf bezwungen. Die Westwand wurde in fünf Versuchen erst einmal bestiegen. Nur zwei Begehungen erreichten bisher den Hauptgipfel – möglicherweise ein viel schwierigeres Unternehmen als Gasherbrum I und II.
Literatur	*Karakorum: The Ascent of Gasherbrum IV* (Hutchinson 1961) von Fosco Mariani mit dem offiziellen Bericht der Erstbesteigung ist das empfehlenswerteste Buch zu diesem Berg, lebendig geschrieben und sehr schön illustriert. Gute Berichterstattung über spätere Begehungsversuche im *AAJ*. Artikel über die Westwand sind erschienen im *HJ 42* (*The Abseil and the Ascent* von Kurtyka) und im *Climbing Magazine 95* (*The Shining Wall* von Schauer). Die Begehung des Nordwestgrats ist detailliert in *Thin Air* (Mountaineers/Oxford Illustrated Press, 1988) beschrieben.

auf Grund der in den Achtzigern gesammelten Erfahrungen und den vielen inzwischen präparierten Abseilstellen durchaus im Bereich des Möglichen.

HIDDEN PEAK 8068 m

Nordwestwand

Dieser Berg wurde, wie der Broad Peak, von Conway getauft. Der offizielle Name lautet Gasherbrum I, aber obwohl er sich als höchster Gipfel der Gasherbrum-Gruppe aufschwingt, liegt er versteckt hinter der imposanten Front des Gasherbrum IV – daher der Name Hidden Peak, »versteckter Gipfel«. Er ist der elfthöchste Gipfel der Welt und war der zwölfte Achttausender, der bestiegen wurde. Nick Clinch führte 1958 die erfolgreiche amerikanische Expedition an. Sein Team bestand mit Ausnahme von Pete Schoening, der bereits den K2 bestiegen hatte, aus alten Freunden mit relativ wenig Höhenerfahrung. Schoening, so Clinch, wurde zu einem späteren Zeitpunkt mit einbezogen, um »den Erfolg zu gewährleisten«. Genaugenommen war es der gemeinsamen Anstrengung aller Teamkameraden und der Balti-Hochträger zu verdanken, daß Schoening und Andy Kauffman am 5. Juli den Gipfel erreichten. Sie benötigten fünf Lager und beurteilten den Aufstieg zwar technisch einfach, aber doch anstrengend im Tiefschnee des mittleren Abschnitts. Vom Abruzzi-Gletscher an folgte ihre Route einem vorspringenden Südwestsporn, dem Roch-Grat, der 1934 von Hans Ertl und André Roch erkundet wurde, bis zu einem Schneeplateau in etwa 6500 m Höhe; von dort führt dann in nordwestlicher Richtung ein langes, sanft ansteigendes Stück zur Gipfelpyramide.

Clinch erreichte den Gipfel des Hidden Peak selbst nicht, plante aber zwei Jahre später auf geniale Art und Weise die Erstbesteigung des Masherbrum und gehörte zur zweiten erfolgreichen Gipfelmannschaft dieser Expedition. Er leistete also einen wichtigen Beitrag zum amerikanischen Bergsteigen, doch sollte

Reinhold Messner (links) und Peter Habeler nach ihrer zehnstündigen Durchsteigung der Eiger-Nordwand 1974. Beide sehen sehr fit und entspannt aus. Der Erfolg festigte ihre Partnerschaft als Kletterteam, die sich ein Jahr später auf dem Hidden Peak als so erfolgreich erweisen sollte. *(John Cleare / Mountain Camera)*

er nie dieselbe Anerkennung finden wie seine Landsleute, die in den folgenden Jahrzehnten den Mount Everest und den K2 bestiegen.

Der Hidden Peak wurde 1975 erst zum zweiten Mal bestiegen, auf einer Route, die Clinchs Team schon

1958 in Erwägung zog und beinahe gewählt hätte – der Nordwestwand. Bemerkenswert an diesem Aufstieg war der Stil: Der berühmte Südtiroler Staralpinist Reinhold Messner und sein Österreichischer Partner Peter Habeler bestiegen den Berg im reinsten Alpinstil. Es war das erste Mal, daß eine Zwei-Mann-Expedition an einem Achttausender erfolgreich war. Zwar teilten andere österreichische Bergsteiger mit ihnen das Basislager und bestiegen den Hidden Peak auch selbst, aber sie entschieden sich für die amerikanische Route, die von der Route Messners und Habelers ziemlich weit entfernt liegt, und vollbrachten damit die zweite Besteigung auf dieser Route und die dritte Besteigung des Berges insgesamt.

Gleichzeitig mit Messners und Habelers Besteigung fanden im Himalaya noch zwei bedeutende Unternehmungen statt, darunter Dick Renshaws und Joe Taskers Route am südöstlichen Grat des Dunagiri im Garhwal. Die neue Route am Hidden Peak wurde unweigerlich verglichen mit der erfolgreichen Besteigung der Südwestwand des Mount Everest im selben Jahr, bei der die Belagerungstaktik mit Sauerstoff, Fixseilen und Lagern angewandt wurde. Die Everest-Route war langwieriger und schwieriger, da die Schlüsselstelle deutlich über 8000 m liegt. Daher hinkt dieser Vergleich, aber Habelers und Messners kühne Taktik in weniger extremer Höhe war zweifellos revolutionär und zukunftsweisend.

Blick vom Gipfel des Gasherbrum IV über den südlichen Gasherbrum-Gletscher zur Nordwestwand des Hidden Peak, durch die Peter Habeler und Reinhold Messner 1975 ihre historische Route legten. Unter Bergsteigern erregte diese Leistung zwar großes Aufsehen, doch Habeler erklärte kurz danach, daß sie seiner Meinung nach nicht annähernd eine Obergrenze des Machbaren darstellte. Seine Worte sollten sich als höchst prophetisch erweisen! (Tim Macartney-Snape)

Der Nordwestwand nähert man sich vom abgelegenen südlichen Gasherbrum-Gletscher aus. Für ein Team, das sich nur mit leichtem Gepäck an den Aufstieg macht, scheint dieser Gletscher ein beängstigendes Vorhaben zu sein. Aber es ist selten erforderlich, irgendwo Seile zu befestigen, wenngleich es mitunter umständlich sein kann, die Route zu finden – dies bereitete den ersten Gasherbrum-II- und -IV-Expeditionen enorme Schwierigkeiten. Die einfachste Linie verläuft am westlichen Rand unterhalb der Westflanke des Berges, dort aber besteht große Lawinengefahr; sicherer ist eine Zick-Zack-Linie, die sich auf das Zentrum des Gletschers zubewegt – dafür

können Markierungsstangen recht nützlich sein. Hat man die spaltenreichsten Abschnitte erst einmal überwunden, verflacht der Gletscher zusehends.

Habeler und Messner unternahmen zwei Erkundungen dieses Gletscherbeckens unterhalb des Gasherbrum La, bevor sie ihren bemerkenswerten Aufstieg begannen. Sie vertrauten auf den Erfolg ihrer Partnerschaft, die sich kurz zuvor am Matterhorn und in der Eiger-Nordwand bewährt hatte, und kletterten schnell und mit leichtem Gepäck. Am ersten Tag durchstiegen sie den gesamten unteren Wandteil ohne Seil, im vollsten Vertrauen auf die Fähigkeiten des jeweils anderen. Messner hatte sogar die Kraft

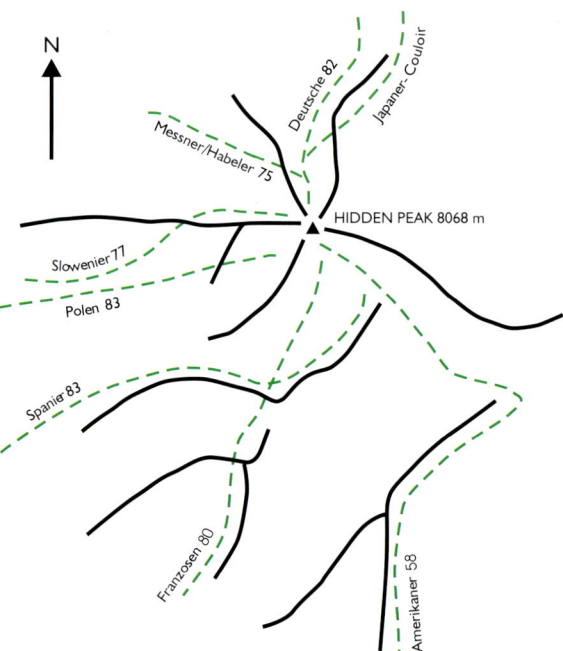

und das Selbstvertrauen, Habeler auf dem letzten schwierigen Felsriegel, den er mit der Nordwand des Matterhorns verglich, zu filmen. Am Nachmittag hatten sie 1200 m erstiegen und schlugen ihr winziges Zelt in 7100 m Höhe auf der Schulter der Nordwest-Flanke auf. Habeler hatte am Abend entsetzliche Kopfschmerzen, aber am nächsten Morgen ging es ihm besser, so daß beide Männer den Aufstieg fortsetzen konnten. Ohne Rucksäcke nahmen sie die restlichen 1000 Höhenmeter über die oberen Hänge in Angriff und erreichten den Gipfel nach nur sechs Stunden. Am Nachmittag des zweiten Tages waren sie wieder in ihrem Zelt. Heftige Winde zerstörten das Zelt in jener Nacht. Am dritten Tag verausgabten sich die Männer bis an das Ende ihrer Kräfte und stiegen über die endlosen steilen Eishänge des unteren

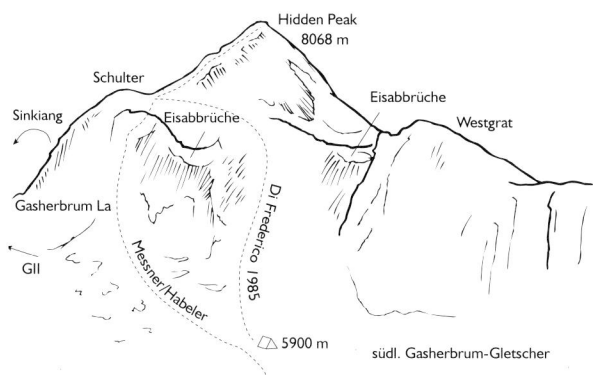

Wandteils ab. Fünf Tage nachdem sie das Basislager verlassen hatten, kamen sie sicher zurück und hatten ein neues Kapitel in der Geschichte des Himalaya-Bergsteigens geschrieben.

Der Hidden Peak blieb weiterhin ein Ziel für zukunftsweisende Touren. 1982 fuhr Sylvan Saudan mit Ski vom Gipfel ab – dies war die erste Skiabfahrt vom Gipfel eines Achttausenders. Im Jahr darauf bestiegen Wojciech Kurtyka und Jerzy Kukuczka ohne vorherige Versuche die riesige dreieckige Südwestwand auf einer neuen Route, nur drei Wochen nachdem sie eine neue Route am Gasherbrum II vollendet hatten. 1984 kehrte Messner zurück, um etwas zu Ende zu bringen, was er oft als die Leistung bezeichnet hat, die ihn mit dem größten Stolz erfüllte: die Überschreitung von Gasherbrum II und Hidden Peak.

Messners Partner war diesmal sein Südtiroler Landsmann Hans Kammerlander. In einer Aufsehen erregenden Aktion von sieben Tagen bestiegen die beiden den Gasherbrum II, ohne zum Basislager zurückzukehren. Vielmehr stiegen sie auf einer neuen, abweichenden Route zum südlichen Gasherbrum-Gletscher hinab, gingen in den Gasherbrum La (6500 m) und folgten dann Michl Dachers Nordwandroute von 1982 auf den Hidden Peak. Angetrieben von dem sich verschlechternden Wetter ging Messner auf der Schulter über seinen Lagerplatz von 1975 hinaus und schlug sein Biwak diesmal wesentlich weiter oben, nämlich in 7400 m Höhe auf. Obwohl sich das Wetter am nächsten Tag von seiner stürmischen Seite zeigte, beschlossen Kammerlander und Messner, sich ihren Traum zu erfüllen. Sie kämpften sich bis zum Gipfel hinauf, kehrten dort sofort um und begannen noch am selben Tag den Abstieg entlang des Westgrates, der erstmals 1977 von den Slowenen Andrej Stremfelj und N. Zaplotnik begangen worden war.

Messner war 40 und auf dem Höhepunkt seiner Form, als er und Kammerlander nach einer Woche ununterbrochenen Aufenthaltes in extremer Höhe bei stürmischem Wetter die abenteuerliche Überschreitung vollendeten. Diejenigen, die es ihnen gleichtun wollen, sollten Messners Äußerung zur Kenntnis nehmen, daß er 1975 nicht im Traum daran gedacht hätte, eine solche Tat zu vollbringen. Damals war es schon ein Durchbruch, die Nordwestwand gerade hinauf- und herunterzusteigen.

Die ursprüngliche amerikanische Route auf den Hidden Peak ist mittlerweile für Expeditionen gesperrt, weil sie nahe der Frontlinie zwischen pakistanischen und indischen Truppen liegt, die um die Kontrolle über den Siachen kämpfen. Die meisten Teams besteigen den Berg nun vom Gasherbrum La aus und nehmen das Japaner-Couloir ganz links auf der Sinkiang-Seite des Bergs. Die schwierigeren Felsen (bis IV), über welche die deutsche Route direkt über dem Paß verläuft, sind jedoch weniger von Lawinen bedroht. Auf den oberen Hängen laufen alle Routen an der Habeler-Messner-Route zusammen. Die eigentliche untere Nordwestwand wurde auch

KURZINFORMATIONEN

Name	Hidden Peak (Grasherbrum I)
Höhe	8068 m
Lage	Baltoro Muztagh, Zentral-Karakorum, Pakistan
Route	Nordwestwand (Habeler-Messner-Route): 2400 Höhenmeter, zunächst auf steilen Schnee- und Eishängen sowie einem kombinierten Fels-riegel (IV), dann auf weniger steilem Schnee und in kombinierten Hängen über der Schulter.
Erstbesteigung des Gipfels	Am 5. Juli 1958 durch Pete Schoening und Andy Kauffman (USA) über den Südostgrat
Erstbegehung der Route	Peter Habeler (A) und Reinhold Messner (ITA), 9. und 10. August 1975
Höhe des Basislagers	5200 m, auf einer Mittelmoräne am Zusammen-fluß von Abruzzi- und südlichem Gasherbrum-Gletscher
Anfahrts-möglichkeit bis	Thongl, 2 km vor Askole
Anmarsch	Acht oder neun Tage, je nach Zustand der »jhola« über den Fluß Panmah. Zu bezahlen sind mindestens zwölf (eventuell bis zu 16) Träger-Etappen. Informationen über gesetzliche Bestimmungen einholen!
Jahreszeit	Die besten Bedingungen bestehen im allgemeinen Ende Juli oder Anfang August.
Genehmigung	Ministerium für Tourismus, Islamabad
Erfolgsbilanz	Auf den verschiedenen Routen dieser Bergseite recht hoch. Einige Teams wurden durch frischen Tiefschnee gestoppt, der die losen Felsen zudeckte, andere vom typischen schlechten Karakorum-Wetter.
Literatur	Zur Nordwestwand sind die folgenden *AAJ*-Artikel lesenswert: 1976 S. 541-2; 1983 S. 268-9; 1986 S. 269-272. Die Expedition von 1975 ist von Reinhold Messner anschaulich beschrieben in *The Challenge* (Kaye & Ward, London 1977) und von Peter Habeler in dem von ihm verfaßten Kapitel in *Great Climbs* (Hg. Chris Bonington, Mitchell Beazeley, London 1994). Siehe auch Messners Be-richt zur Überschreitung von 1984 in *Überlebt – Alle 14 Achttausender* (BLV, München/Wien/Zü-rich 1987). Zur Erstbesteigung des Bergs siehe Nick Clinch, *A Walk in the Sky*.

noch auf der rechten Seite durchstiegen, aber die ursprüngliche Habeler-Messner-Route ist die direkteste und die eleganteste Linienführung durch die Wand. Vor allem hat sie einen historischen Reiz, denn diese Route war es, auf der Messner zum ersten Mal wirklich bewiesen hat, was ein minimal ausgerüstetes Team an höchsten Bergen der Welt erreichen konnte.

K2 8611 m

Südostsporn (Abruzzi-Sporn)

Der K2 bildet das Herzstück des Karakorum – er ist sein höchster und beeindruckendster Gipfel. Reinhold Messner schätzt den K2 selbst auf den einfachsten Routen als den schwierigsten Berg der Welt ein, und diese Ansicht wird von zahlreichen heutigen Bergsteigern geteilt. Als »einfachste Routen« gelten der Abruzzi-Sporn von Pakistan und der Nordgrat von China aus.

Insbesondere der Nordgrat präsentiert sich als bezwingend direkte Linie. Der Abruzzi-Sporn ist zwar weniger elegant, erscheint jedoch vom Konkordiaplatz aus als die naheliegendste Route. Der erste Versuch, den K2 zu besteigen, wurde dennoch über den wesentlich längeren Nordostgrat unternommen. 1902 führte Oskar Eckenstein ein Team von österreichischen, britischen und Schweizer Bergsteigern. Sie erreichten etwa 6500 m und konnten den langen Abschnitt messerscharfer Grate und überhängender Wächten, der schließlich in die obere Ostwand übergeht, kaum bewältigen. Es sollten vierundsiebzig Jahre vergehen, bevor ein Team Polnischer Bergsteiger den Aufstieg über diese Route erneut versuchte.

Der berühmte italienische Forschungsreisende Herzog Luigi Amedeo di Savoia entdeckte und probierte 1909, auf der zweiten Bergsteiger-Expedition zum K2 überhaupt, den Südostsporn, der nun seinen Namen trägt. Es war ebenfalls eine italienische Expedition, die 1954 die Route ganz bis zum Gipfel beging, aber erst nachdem drei amerikanische Expeditionen weitgehend die Grundlage dafür geschaffen hatten.

Charles Houstons Expedition brach 1938 mit leichtem Gepäck auf, denn er war der Meinung, daß

kleine, bewegliche Expeditionen die größten Erfolgsaussichten hätten – eine Ansicht, die durch seine Erfahrung mit Bill Tilman bei der Erstbesteigung des Nanda Devi zwei Jahre zuvor bestätigt worden war. Auf dem schwierigeren Gelände des Abruzzi-Sporns kam sein amerikanisches Team dann stetig voran, auf einer Route mit Schneefeldern und Felsvorsprüngen, die schließlich zur Schulter führt. Ein entscheidender Felsriegel in etwa 6700 m Höhe wurde von William House erklommen, und bis heute flößt der House-Kamin den besten Bergsteigern unserer Zeit Respekt ein. Oberhalb von 7000 m mußten sie die noch schwierigere schwarze Pyramide erklettern, bevor ein exponierter Eisquergang sie auf die unteren Hänge der Schulter brachte, wo sie in etwa 7600 m Höhe Lager 7 aufschlugen. Obwohl sie erfolgreich vorangekommen waren, blieben immer noch eine große Entfernung und Höhendifferenz zu überwinden. Ihre Vorräte schwanden dahin, und sie fürchteten, daß das Wetter kälter und unbeständiger werden würde. Deshalb kehrte das gesamte Team um, nur einige Tage bevor ein anhaltender Sturm über den Gipfel fegte. Houston äußerte damals eine prophetische Warnung vor den Schwierigkeiten eines Abstiegs von der Schulter bei schlechtem Wetter.

Im Jahr darauf machte sich eine andere amerikanische Expedition auf den Weg, diesmal unter der Leitung des deutschen Emigranten Fritz Wiessner, der 1932 bei Willy Merkls Expedition zum Nanga Parbat dabei war. Der K2 erwies sich als traumatisch – ein weitgehend unerfahrenes Team konnte mit seinem Expeditionsleiter nicht mithalten, der einer der

besten und ehrgeizigsten Bergsteiger seiner Zeit war. Die Expedition endete mit einem Desaster, bedingt durch eine Reihe von Mißverständnissen und Fehlentscheidungen, die darin gipfelten, daß drei Sherpas bei dem Versuch starben, Dudley Wolfe zu retten, der höhenkrank zusammengebrochen und weit oben am Berg liegengeblieben war. Die Schuld an den vier Todesfällen gab man Wiessner und lenkte dadurch von seiner Leistung vor dem Desaster ab, als er dem Erfolg schon zum Greifen nahe gekommen war.

Von Lager 9 aus, in 8000 m Höhe, führte Wiessner Pasang Dawa Lama über sehr schwierige Felsen und wäre nachts weiter zum Gipfel hinaufgestiegen, wenn Pasang ihn nicht aus religiösen Gründen um 18:00 Uhr gebeten hätte, auf 8400 m kehrtzumachen. Unbeirrt versuchte Wiessner zwei Tage später erneut den Aufstieg und nahm diesmal eine einfachere Route weiter rechts, die alle darauffolgenden Teams auch wählten, den eisigen »Flaschenhals«. Aber weil beide Männer ihre Steigeisen verloren hatten, mußte Wiessner den Versuch abbrechen und zurückgehen. Dies war der Abschluß einer großartigen Leistung in schwierigem Gelände oberhalb von 8000 m, auf die auch heute noch jeder Bergsteiger, der über modernste Ausrüstung und Höhenerfahrung verfügt, stolz sein könnte.

Houston kehrte 1953 mit sieben anderen Bergsteigern, aber ohne Höhenträger, zum K2 zurück. Sie kamen ausgezeichnet voran, und am 2. August waren alle acht Bergsteiger in Lager 8 auf der Schulter. Doch leider schlug das Wetter um, und die Männer waren fünf Tage lang in ihren Zelten gefangen. Nach fünf

Bereits 10 km nördlich des Konkordiaplatzes dominiert der K2 die Szenerie; rechts seine charakteristische Schulter. In der Draufsicht die Südwand, erstmals 1986 durchstiegen von Jerzy Kukuczka und Tadeusz Piotrowski. Links davon der Südwestsporn, die »Magische Linie«, mit ihrem vorspringenden Hängegletscherplateau auf halber Höhe. Links gegen den Himmel der Westgrat. (*Galen Rowell*)

Tagen auf fast 8000 m wurde Art Gilkey krank und erlitt eine Thrombose mit Lähmungserscheinungen. In dem heroischen Versuch, ihn zu retten, begannen die anderen, ihn Seillänge für Seillänge den gesamten Abruzzi-Sporn herunterzulassen. Der Sturm hatte wieder angefangen, und der Abstieg nahm dramatische Ausmaße an, als fünf Bergsteiger in einem Seilgewirr stürzten und wie durch ein Wunder von Pete Schoenings Pickelsicherung gehalten wurden. Gilkey geriet dann in eine Lawine, und die anderen, fast erfroren, schockiert und erschöpft, kämpften gegen den Sturm, um Lager 2 zu erreichen. Von dort halfen ihnen ihre Hunza-Träger beim Abstieg.

Nach drei dramatischen amerikanischen Versuchen, die nur knapp scheiterten, hatte 1954 die italienische Expedition von Ardito Desio, die überaus sorgfältig vorbereitet war, Erfolg. Dank einer ungeheuren Anstrengung von Walter Bonatti und dem Hunza-Träger Mahdi wurde Sauerstoff über die Schulter hinauftransportiert, um Achille Compagnoni und Lino Lacedelli bei ihrem erfolgreichen Aufstieg zum Gipfel zu unterstützen. Erst 1977 wurde der Gipfel wieder betreten, als eine japanische Expedition den Abruzzi-Sporn wiederholte. 1978 wurde der Gipfel erstmals ohne Sauerstoff bestiegen, und zwar von den Amerikanern John Roskelley, Rick Ridgeway und Lou Reichardt – Jim Wickwire benutzte ein wenig Sauerstoff, der ihm jedoch auf dem Gipfel ausging; dennoch überlebte er ein anschließendes ungeschütztes Biwak auf 8460 m. Die Amerikaner beendeten ihren Aufstieg über den Abruzzi-Sporn, nachdem sie zunächst vom Hochplateau am Nordostgrat zur Schulter gequert waren. Ein Jahr später wiederholten Michl Dacher und Reinhold Messner den Abruzzi-Sporn mit nur leichtem Gepäck, ebenfalls ohne Sauerstoff.

Trotz der Erfolge der späten siebziger Jahre behielt der Sporn seinen verhängnisvollen Ruf. 1986 kam es zum schlimmsten Unglück in der jüngeren Geschichte des Bergsteigens: Ein anhaltender Sturm forderte wieder Menschenleben. Fünf von sieben Bergsteigern, die bei schlechtem Wetter auf der Schulter festsaßen, kamen um, als sie verzweifelt und mit tragischer Verzögerung den Abstieg versuchten, so daß die

Gesamtzahl der Todesopfer am K2 in jenem Sommer auf dreizehn stieg. Paradoxerweise unternahm Benoît Chamoux im gleichen Sommer eine Dreiundzwanzig-Stunden-Besteigung des Abruzzi-Sporns. Auch wenn er sicherlich durch Aktivitäten anderer auf der Route, nicht zuletzt durch ihre Spur und ihre Fixseile, unterstützt wurde, vollbrachte er eine einzigartige Leistung, und das nur wenige Tage nach seinem Sechzehn-Stunden-Alleingang auf den Broad Peak. Chamoux brauchte lediglich zwei Tage gutes Wetter, um den K2 zu besteigen und wieder herunterzukommen – gerade an diesem Berg ist Schnelligkeit oft gleichzusetzen mit Sicherheit. Angesichts der ungewöhnlichen Fitness Chamoux' hatte sein Aufstieg vermutlich die größten Erfolgsaussichten, und es war sehr unwahrscheinlich, daß er in einer Katastrophe enden würde.

Seit 1986 gab es weitere Unglücke am Abruzzi-Sporn, und die meisten Teams haben den Gipfel nicht erreicht. Dies bestätigt Messners Aussage »schwierigster Berg der Welt«. Die Bergsteiger kommen jedoch weiterhin, weil der K2 ein überwältigender Gipfel ist und der Abruzzi-Sporn wahrscheinlich die am besten begehbare Route von der pakistanischen Seite her darstellt. Die beliebteste Stelle für das Basislager einer Abruzzi-Besteigung befindet sich auf einem Streifen der Seitenmoräne unterhalb der Südwand in der Nähe des Zusammenflusses von Filippi- und oberem Godwin-Austen-Gletscher. In manchen Jahren können sich hier mehr als einhundert Zelte ansammeln; ein Bild, das mehr

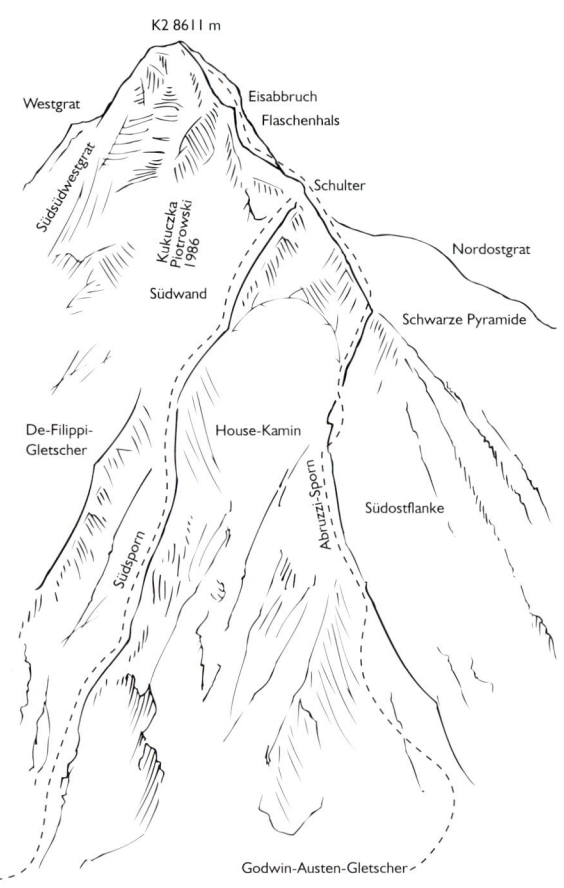

Links: Wojciech Kurtyka machte diese Aufnahme 1984 während seiner außergewöhnlichen Überschreitung des Broad Peak mit Kukuczka. Blick vom Zentralgipfel über den Nordgipfel zum K2. Von diesem Winkel aus werden die riesigen Dimensionen und die steile Neigung des Abruzzi-Sporns sehr deutlich. (*Wojciech Kurtyka*)

Rechts: Lou Reichardt oberhalb 8000 m, auf dem Weg von der Schulter zum Flaschenhals, während der dritten Besteigung des K2 1978. Nachdem sie den größten Teil des langen, schwierigen Nordostgrates hinter sich hatten, schien den Amerikanern, genau wie 1976 den Polen, die Schlußwand unüberwindlich. Deshalb querten sie zur Schulter und beendeten den Aufstieg schließlich über den Abruzzi-Sporn. Nach einem langen Gipfeltag biwakierte Wickwire allein auf 8460 m, damals ein Rekord. Bei seinem Abstieg am nächsten Morgen begegneten ihm Rick Ridgeway und John Roskelley auf ihrem Weg zum Gipfel. (*Jim Wickwire*)

an Chamonix erinnert als an den Himalaya. Von dort aus führt ein Anstieg von etwa zwei Stunden durch einen wilden Eisbruch zum vorgeschobenen Basislager auf etwa 5400 m, direkt am Fuß des Sporns. Heute markiert trotz einer großen Säuberungsaktion 1990 der Abfall früherer Expeditionen den Routenverlauf, der sich zunächst über Felsvorsprünge em-

porschlängelt, rechts begrenzt von einem riesigen Schnee- und Eisfeld. Die meisten Teams schlagen Lager 1 auf etwa 6150 m und Lager 2 auf etwa 6750 m auf, direkt oberhalb des nach links geneigten House-Kamins. Von dort gelangt man in leichter Kletterei an einem rötlichen Grat empor zu den schwierigeren Felsen der Schwarzen Pyramide. Hou-

▲

Teams das größte Risiko, vor allem bei einem Abstieg im schlechten Wetter. Lager 3 liegt gewöhnlich auf 7400 m und Lager 4 auf der Schulter in 7900 m Höhe. Die Schlüsselstelle liegt auf den letzten 700 Höhenmetern. Viele Teams können nur durch einen sehr frühen Aufbruch verhindern, daß sie im Abstieg von der Dunkelheit überrascht werden. Die Schulter steigt steil empor zum Flaschenhals, einem Couloir, das direkt unterhalb der Gipfelsérac emporzieht, bis man gezwungen ist, im steilen Eis oberhalb eines 3000 m hohen Abbruchs nach links zu queren. Mehrere Personen sind hier schon zu Schaden gekommen, als sie erschöpft vom Gipfel abstiegen. Jenseits des Quergangs gelangt man auf einfachere Schneehänge, aber der Weg zum Gipfel ist immer noch lang.

Es gibt jedoch möglicherweise eine bessere Route über den Südsporn zur Schulter. Auf seiner letzten Expedition 1983 schlug der mit allen Wassern gewaschene Himalaya-Veteran Don Whillans diese Route vor, und einige Tage später wurde sie von seinen Kameraden Doug Scott, Andy Parkin und Jean Afanassieff in reinem Alpinstil ausprobiert. Parkin hatte praktisch gerade den Fuß auf die Schulter gesetzt, als Afanassieff plötzlich ein Ödem bekam und das Team dadurch gezwungen war, rasch umzukehren. Nach einigen Versuchen von verschiedenen spanischen Gruppen war dem baskischen Team von Juanito Oiarsabal im Jahr 1994 ein Gipfelerfolg auf dieser Route beschieden. Leider wurde Doug Scotts mutiger Begehungsstil von 1983 nicht kopiert, da die Basken Fixseile auf dem Grat anbrachten.

Weitere Mannschaften folgten dem Beispiel der Basken und nahmen 1994 erneut die Route über den Südsporn, die besser und sicherer zu sein scheint als der traditionelle Abruzzi-Sporn. Darüber hinaus verläuft sie direkter und vermeidet beim Abstieg die gefährlichen Hänge zwischen der Schulter und der Schwarzen Pyramide, auf denen bei Sturm Lawinengefahr droht. Aber für welche Route man sich auch entscheidet, die Schlüsselstelle liegt oberhalb der Schulter, und dort werden auch die besten Bergsteiger feststellen, daß sie ihr Geschick und ihr Durchhaltevermögen bis an die Grenzen ausschöpfen müssen.

stons Team bewältigte beinahe diesen gesamten Abschnitt ohne Fixseile; heute gibt ein erbärmliches Gewirr aus alten Seilen Möchtegern-Bergsteigern im Alpinstil ein zweifelhaftes Gefühl der Sicherheit. Wie auch immer, oberhalb der Schwarzen Pyramide enden die zweifelhaften Seile und dort, auf den schwierigen Schnee- und Eishängen zur Schulter, besteht für die

KURZINFORMATIONEN

Name	K2 (Chogori)
Höhe	8611 m
Lage	Baltoro Muztagh, Zentral-Karakorum, Pakistan
Route	Südostsporn (Abruzzi-Sporn)
Erstbesteigung des Gipfels	Am 31. August 1954 durch Lino Lacedelli und Achille Compagnoni
Erstbegehung der Route	Wie oben
Erstbegehung der Route im Alpinstil	Messners Expedition von 1979 war zwar recht klein, aber es wurden einige Lager vorbereitet. Eric Escoffier (FRA), Jean Troillet, Pierre Morand und Erhard Loretan (CH) bestiegen den Gipfel 1985 von Lager 2 aus, gingen ohne Unterbrechung zurück zu Lager 3 und kehrten weniger als vier Tage nach ihrem Aufbruch zum Basislager zurück. In beiden Fällen wurden die Bergsteiger durch die Lager anderer Bergsteiger und Seile auf der Route unterstützt.
Höhe des Basislagers	5130 m am Zusammenfluß des Godwin-Austen- und des Filippi-Gletschers
Anfahrtsmöglichkeit bis	Thongl, 2 km vor Askole
Anmarsch	8 oder 9 Tage, je nach Zustand der »jhola« über den Fluß Panmah. Zu bezahlen sind mindestens 12 (eventuell bis zu 16) Träger-Etappen. Informationen über gesetzliche Bestimmungen einholen!
Jahreszeit	Die Erstbesteigung wurde Ende August unternommen, aber die erfolgreichsten Expeditionen gelangten im Juli zum Gipfel.
Genehmigung	Ministerium für Tourismus, Islamabad.
Erfolgsbilanz	Selbst auf dem Normalweg sind die Erfolgsaussichten geringer als am Everest. In den letzten Jahren gab es mehrere Sommer, in denen kein einziges Team am Abruzzi-Sporn erfolgreich war.
Literatur	Die Auswahl an Büchern ist riesig, angefangen mit Filippis Bericht über die Expedition von 1909 bis hin zu Jim Currans neuer Geschichte des Bergs: *K2: The Story of the Savage Mountain* (Hodder & Stoughton, 1995). Currans zuvor erschienenes Buch, *K2, Triumph and Tragedy* (Hodder & Stoughton, 1987) und Kurt Diembergers *K2 – Traum und Schicksal* (Bruckmann, 1989) beschreiben ausführlich die Ereignisse von 1986. Die Erstbesteigung ist in Ardito Desios *Ascent of K2, Second Highest Peak in the World* (Elek, 1955) dokumentiert; auch Bonattis Version in *On the Heights* (Hart-Davis, 1964; Diadem, 1979) ist lesenswert. Ein Muß sind auch Charles Houstons und Robert Bates *K2: The Savage Mountain* (Collins, 1955) und die Studie über die Wiessner-Expedition von Andrew Kauffman und William Putnam, *K2: The 1939 Tragedy* (Mountaineers/Diadem, 1992).

K2 8611 m

Nordgrat

Die Südseite des K2, die von Kaschmir (heute Pakistan) aus vergleichsweise einfach zugänglich ist, wurde in den letzten einhundert Jahren mehr und mehr erforscht, aber der Nordflanke, die sich über den Wüstentälern des Sinkiang erhebt, haftet immer noch ein geheimnisumwittertes Flair an. Francis Younghusband war der erste Weiße, der die Nordwand sah. Das war 1887, auf seiner erstaunlichen Reise von der Wüste Gobi durch das Shaksgam-Tal, über den Sarpo-Laggo-Gletscher und den Muztagh-Paß nach Kaschmir. Fünfzig Jahre später sah ein anderer großer Forscher, Eric Shipton, diese Wand. Anders als Younghusband stieg er direkt den K2-Gletscher hinauf, fast zum Fuß des Bergs. Über diesen Moment schrieb er später in »Blank on the Map«: »Es war ein schöner Nachmittag, und nichts behinderte den Blick auf das große Amphitheater um mich herum. Die Steilhänge und Grate des K2 schwangen sich vom Gletscher in einer atemberaubenden Linie 12000 Fuß zum Gipfel des Berges empor. Der Anblick war für mich einfach unfaßbar, und ich saß da und starrte, mit fast ängstlicher Faszination. Ich sah aus Karen, die unendlich weit entfernt zu sein schienen, Nebelschwaden hervorkriechen und darin verschwinden ... [Es] war ein Erlebnis, das ich nicht vergessen werde; keine Berglandschaft hat mich je mehr beeindruckt.«

Shipton und sein Team erreichten diese dem Shaksgam-Tal zugewandte Seite des Berges von Süden, über den Sarpo-Laggo-Paß. Nachdem sich die chinesische Herrschaft in Sinkiang gefestigt hatte und im Süden Pakistan gegründet worden war, wurde die gesamte

Der Nordgrat fällt in durchgehender Linie über 3500 m vom Gipfel zum K2-Gletscher ab. (*Greg Child*)

Nordseite des Karakorum für Ausländer gesperrt. Erst in den achtziger Jahren wurde sie wieder geöffnet, und auch dann nur für Expeditionen, die den Zugang von Norden nahmen und über genügend Geldmittel verfügten, um die hohen Gebühren bezahlen zu können, die die chinesischen Behörden verlangten. Eine Reise in diese Region ist immer noch sehr teuer, aber wer das Glück hat, sie besuchen zu können, für

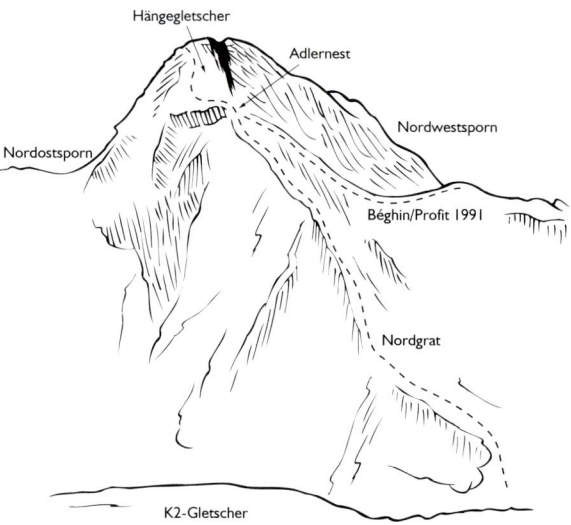

den ist der lange Weg mit Kamelen über den Aghil-Paß in die unwirkliche Landschaft des Shaksgam-Tals ein unvergeßliches Erlebnis. Am K2 selbst ist man von der Nordwand überwältigt. Auf der linken Seite begrenzt von den Eisformationen des Nordostgrats und rechts vom felsigen Nordwestsporn besteht die Nordwand eigentlich aus zwei Wänden – der Nordnordostwand und der Nordnordwestwand –, getrennt durch den Nordgrat, der sich ohne Unterbrechung vom Gletscher bis zum Gipfel aufschwingt. Wie bei so vielen rühmlichen Leistungen, die in den letzten Jahren im Himalaya vollbracht wurden, konnte der japanische Bergsteigerverband die Ehre der Erstbegehung des K2-Nordgrats für sich in Anspruch nehmen. 1982 führten Isao Shinkai und Masatsugo Konishi eine Gruppe von vierzehn Bergsteigern zu einem »Start- und Landeplatz« am Tor des K2-Glet-

Oben: Oberhalb von Lager 4 leiten alte Fixseile auf den Hängegletscher. Kurz über dem Bergsteiger verläuft die Route auf die andere Seite des Schneehangs, an dessen Rand man bis zur Schneerampe hochsteigt, die oben auf dem Bild nach links führt. *(Greg Child)*

Oben links: Juanjo San Sebastián klettert im steilen Fels des Nordgrates direkt unterhalb von Hochlager 4. *(Alan Hinkes)*

Links: Das Adlernest mit Hochlager 4; fast 3000 m tiefer die Eistürme des K2-Gletschers. *(Greg Child)*

schers, dem Endpunkt der Kamelkarawane in dieser Region, in der es keine Träger gab. Von dort aus transportierten neunundzwanzig Helfer vier Tonnen Vorräte den Gletscher hinauf ins 13 km entfernte Basislager. Weniger disziplinierte Nationen haben dies ohne großen Erfolg versucht, aber heutzutage kann man Hunza- oder Balti-Träger aus Pakistan über den Karakorum-Highway mitnehmen.

Dann machten sich die Bergsteiger ans Werk, die fast die ganze Route, die meist in der rechten Flanke des Grates verlief, bis zum Lager 4 auf 7900 m mit Fixseilen versahen. Ab dieser imposanten Schulter, dem Adlernest, steigt der Grat steil an mit einer Reihe wilder Türme. Eine logische Routenführung leitet unweigerlich nach links auf einen riesigen Hängegletscher. Als auch der gewölbte Schneehang mit Fixseilen

versichert war, nahm das erste Gipfelteam unangeseilt und ohne Sauerstoff die abschließende Etappe zum Gipfel in Angriff. Takashi Ozaki mußte umkehren, aber die anderen drei, Naoe Sakashita, Yukihiro Yanagisawa und Hiroshi Yoshino, setzten den Anstieg über den Hängegletscher fort und erreichten schließlich zwölf Stunden nach dem Aufbruch den Gipfel. Beim Abstieg wurden sie von der Dunkelheit über-

rascht. Sie biwakierten auf 8350 m und Sakashita mußte Yanagisawa die ganze Nacht massieren. Yoshino zitterte allein, etwa 100 m höher. Sie überlebten diese Strapazen, aber am nächsten Morgen, als das zweite Gipfelteam gerade ein Ersatzseil und heißen Tee brachte, verlor Yanagisawa plötzlich das Gleichgewicht und stürzte in den Tod. Trotz des Unglücks, und obwohl sie spät dran waren, erreichten alle vier Mitglieder des zweiten Teams den Gipfel und vollendeten somit eine brillant abgestimmte Teamarbeit.

1982 machte sich ein polnisch-mexikanisches Team ebenfalls an den Nordgrat, obwohl es offiziell den Nordwestsporn von Pakistan aus versuchen wollte. Der obere Teil des Sporns (noch unbestiegen) ist wenig gegliedert, und auf Grund der Felsformationen wird man leicht nach links abgedrängt, auf die Sinkiang-Seite. Zwei für ihre Zähigkeit bekannte Polen – Leszek Cichy und Wojciech Wröz – versuchten, nachdem sie in der Nähe von Lager 4 der Japaner den Nordgrat erreicht hatten, den Grat direkt zu ersteigen, mußten aber wegen der bitteren Herbstkälte am 6. September umkehren. 1989 wiederholte das exzellente französische Team von Pierre Béghin und Christophe Profit ohne Fremdhilfe die Polen-Route vom Nordwestsporn über den Nordgrat zum Adlernest. Béghin war 1988 der Japaner-Route bis auf 8000 m im Alleingang gefolgt und trug sich schon lange mit dem Gedanken, den Nordgrat auf einer direkten Route zu begehen. Als er und Profit sich in der Realität mit den komplexen Türmen und Felszakken konfrontiert sahen, folgten sie aber der augenscheinlichen Route nach links zu den furchterregenden Schneebrettern auf dem Hängegletscher. Sie erreichten den Gipfel bei Einbruch der Dunkelheit, und der Lichtschein ihrer Taschenlampen war sogar weit unten auf dem Konkordiaplatz zu sehen.

Die gewundene Franzosen-Route von Pakistan aus nach Sinkiang war eine glänzende Leistung, aber der reizvollste Weg muß die ursprüngliche Japaner-Route vom K2-Gletscher aus sein. Sie ist schwieriger als der Abruzzi-Sporn und wurde zwar schon von kleinen Teams ohne viel Ausrüstung bestiegen, aber diese griffen massiv auf die Fixseile zurück, die andere zurückgelassen hatten. Der Einstieg liegt rechts der unteren Grataußläufer; die Route schwenkt dann nach

Oben: Für einige Bergsteiger besteht der größte Reiz einer Expedition an die Nordseite des K2 in dem Gefühl der Abgeschiedenheit mitten in einer riesigen Wüstenlandschaft. Ohne Kamele wären die schwierigen Überquerungen des Shaksgam und seiner Nebenflüsse mit ihrer reißenden Strömung während der Sommermonate nicht möglich. *(Greg Child)*

Links: Ein zauberhaft ruhiger Abend am K2: Der Nordgrat zeichnet sich scharf ab. Der Schneehöcker auf der linken Seite gehört zum oberen Teil des Nordostgrats, dessen andere Seite auf Seite 62 zu sehen ist. *(Greg Child)*

rechts über Firn- und Eishänge, um eine deutlich sichtbare Séracstufe zu umgehen, und führt oberhalb wieder nach links auf die Gratschneide zu. Auf etwa 6000 m besteht hier die Möglichkeit, Hochlager 1 im Firnhang einzugraben, dennoch bleibt es den Lawinen stark ausgesetzt. Über steiles Eis gelangt man an einer Felsinsel vorbei an das rechte untere Ende eines Felsriegels. Felskletterstellen bis III folgt ein ansteigender Quergang nach links zu Hochlager 2 auf dem Grat in etwa 6700 m Höhe. Von hier aus geht es in

kombiniertem Gelände den Grat hinauf zu Hochlager 3 auf 7500 m, fast auf gleicher Höhe mit der riesigen Eiswand am unteren Rand des linksseitigen Hängegletschers. Vom Lager aus leitet eine Rinne nach rechts in die Wand, danach steigt man wieder nach links zurück und kommt über kombiniertes Gelände und Fels (III/IV) hinauf zum Adlernest. Hier, am Hochlager 4, erkennt man einen auffälligen Quergang nach links auf den Hängegletscher. Dieser wird ansteigend an sein jenseitiges Ufer gequert. Dort entlang geht es nach oben und in einem Knick nach links über eine Schneerampe zum Grat, auf den man etwa eine Stunde unterhalb des Gipfels trifft.

Wie am Abruzzi-Sporn ist auch auf dieser Route der Gipfeltag sehr lang, und wie es scheint, müssen die meisten Teams entweder auf dem Weg nach unten biwakieren oder im Dunkeln absteigen. Unmittelbar nach starken Schneefällen ist das Couloir zum Hängegletscher immer extrem lawinengefährdet, und selbst bei stabilem Wetter braucht man gute Nerven, weil man es hier anscheinend ständig mit windverfrachtetem Schnee zu tun hat. Nachdem Greg Child die Route 1990 mit einem kleinen Team geklettert war, erklärte er: »Wenn dieser Hang weiter unten am Berg wäre, dann würde man wahrscheinlich gar nicht daran denken, ihn zu überqueren.«

Der Gipfel des K2 ist eine ganz besondere Herausforderung, aber um diese Route zu schaffen, muß man auch eine gehörige Portion Glück haben — kein sehr beruhigender Gedanke. Etliche Bergsteiger fanden das Risiko zu hoch, nahmen die Herausforderung letztlich nicht an, andere hatten Glück. 1994 wurde der baskische Bergsteiger Juanjo San Sebastián beim Abstieg nach einem sehr hohen Biwak von einer Lawine 400 m weit mitgerissen. Wie durch ein Wunder blieb er ganze 50 m oberhalb der riesigen Eiswand liegen. Nach einer weiteren Nacht im Freien und einer Übernachtung in Hochlager 4 stieg er dann wieder auf, um seinem schwerkranken Kameraden Atxo Apellaniz zu helfen, der sich noch immer über den Schneehang nach unten kämpfte. Zusammen mit zwei anderen Gefährten gelang es San Sebastián schließlich, Apellaniz zum Hochlager 2 hinunterzu-

▲

KURZINFORMATIONEN

Name	K2
Höhe	8611 m
Lage	Baltoro Muztagh, Zentral-Karakorum, Sinkiang
Route	Nordgrat
Erstbesteigung des Gipfels	Siehe Abruzzi-Sporn
Erstbegehung der Route	Am 14. August 1982 durch Naoe Sakashita, Yukihiro Yanagisawa und Hiroshi Yoshino (JAP)
Erstbegehung der Route im Alpenstil	Versuchte Alleinbegehung 1988 von Pierre Béghin bis auf 8000 m. 1990 von Greg Child, Greg Mortimer (AUS) und Steve Swenson (USA) annähernd im Alpinstil bestiegen, aber mit intensiver Nutzung der Fixseile, die zuvor eine japanische Expedition angebracht hatte.
Höhe des Basislagers	Sughet Jangal ist eine wunderschönes Basislager auf 3900 m. Der tatsächliche Ausgangspunkt liegt etwa auf etwa 5000 m am K2-Gletscher.
Anfahrtsmöglichkeit bis	Maza im Yarkand-Tal, von Urumchi aus
Anmarsch	6 – 8 Tage mit Kamelen über den Aghil-Paß
Jahreszeit	Juni – August. Es ist am besten, im Frühsommer aufzubrechen, wenn die Kamele noch sicher durch die Flüsse waten können, und im September zurückzukommen, wenn das Wasser wieder sinkt. Mehrere Bergsteiger kamen im Shaksgam oder seinen Nebenflüssen fast ums Leben.
Genehmigung	Sinkiang Mountaineering Association, Urumchi, oder Chinese Mountaineering Association, Peking, gewöhnlich durch eine Agentur
Erfolgsbilanz	Etwa 35 Prozent der Expeditionen waren erfolgreich, vielleicht weil die Route in der Regel starke und hochmotivierte Teams anzieht. Manche Erfolge haben jedoch einen hohen Preis gefordert.
Literatur	Eric Shiptons *Blank on the Map* in *The Six Mountain-Travel Books* (Diadem, 1985) ist einer der anschaulichsten Berichte über die Region. Niemand hat mehr Zeit hier verbracht als Kurt Diemberger, der die Touren in *K2 – Traum und Schicksal* (Bruckmann, 1989) beschreibt. Siehe auch Greg Childs Schilderung des Aufstiegs von 1990 in *AAJ* 1991, abgedruckt in *Mixed Emotions* (Mountaineers, 1993). Die erste japanische Besteigung ist gut dokumentiert in *Iwa To Yuki*, 85, 87, 91 und 92. Die Variante von Béghin und Profit ist in *Mountain* 143 beschrieben.

bringen, als sie dort aber von einem Sturm festgehalten wurden, erlag Apellaniz seinem Lungenödem. San Sebastiáns schreckliches Erlebnis und seine verzweifelten Bemühungen, den Freund zu retten, zeigen deutlich, wie schwierig diese Route ist.

CHOGOLISA 7665 m

Südwestgrat / Überschreitung

Der Chogolisa ist einer der höchsten Berge im Zentral-Karakorum. Elegant und imposant ragen seine von Schneerinnen durchzogenen Flanken bis in eine Höhe von 7665 m. Er hat die Form eines Trapezes mit zwei verschiedenen Gipfeln und vier Graten, von denen drei bestiegen wurden. Jede dieser Routen bietet einen relativ unkomplizierten Aufstieg. Unter den mehr als 7500 m hohen Bergen der Welt gehört der Chogolisa sicherlich zu den einfacheren, wurde aber trotzdem nur wenige Male bestiegen.

Wie viele große Berge war der Chogolisa schon vor seiner Erstbesteigung berühmt-berüchtigt. Bereits 1892 wurde Martin Conway bei seiner dramatischen Überschreitung des Karakorum von den weißen, gewellten Hängen dieses Berges angezogen und taufte ihn Bride Peak (»Brautberg«). Conway hatte den Eindruck, daß der Nordostgipfel, dem auch die ersten drei Besteigungsversuche galten, die höhere der beiden Spitzen wäre. Die Expedition des Herzogs der Abruzzen gelangte 1909 am Nordostgrat auf über 7400 m. Dieser Höhenrekord sollte dreizehn Jahre lang unerreicht bleiben – bis zu den ersten Versuchen am Mount Everest. Die größte Bekanntheit erlangte der Chogolisa aber wohl deshalb, weil dort 1957 Hermann Buhl zu Tode kam, als er zusammen mit Kurt Diemberger nur zwei Wochen nach ihrem Erfolg am Broad Peak unterwegs war. Wegen eines Wettersturzes mußten sie ihren Versuch am Nordostgrat auf 7100 m abbrechen. Als sie unangeseilt abstiegen, kam Buhl bei schlechter Sicht vom Grat ab und stürzte durch eine Schneewächte in den Tod. Diemberger vollendete den Abstieg allein, tief betroffen vom

Verlust seines Partners, der einer der größten Bergsteiger seiner Generation war. Seine Aufnahme von Buhls Fußspuren, die über den Rand führen, läßt einen erschauern und erinnert daran, daß selbst den besten Bergsteigern Fehler unterlaufen können.

Im Jahr darauf bestieg ein japanisches Team von der Universität Kioto erfolgreich den Nordostgrat. Nach anstrengendem Waten durch brusttiefen Schnee erreichten M. Fujihira und K. Hirai am späten Nachmittag den imposanten Felszacken des Nordost-

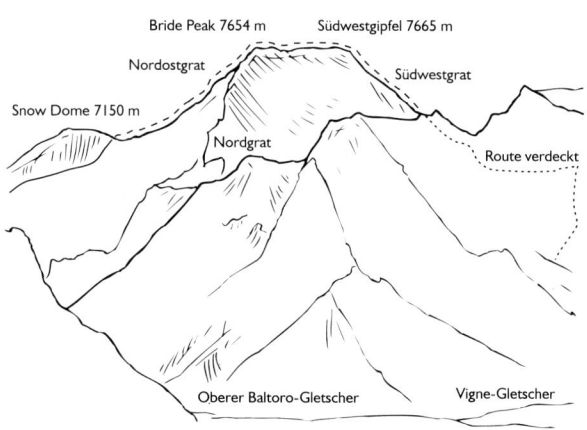

Rechts: In erhabener Eleganz erhebt sich der Chogolisa vom Konkordiaplatz am Baltoro-Gletscher betrachtet hinter seinen niedrigeren Nachbarn, den Vigne-Gipfeln. *(Andy Fanshawe)*

gipfels. Erst später erfuhren sie, daß er 11 m niedriger ist als der knapp einen Kilometer entfernte Südwestgipfel. Ihre Route ist im Aufstieg bislang nicht wiederholt worden.

Die einzige weitere Route zum Nordostgipfel führt über den Nordgrat. Sie wurde 1986 von einer spanischen Mannschaft erstmals begangen und hat

den Vorteil, daß sie direkt vom oberen Baltoro-Gletscher aus ansteigt; im unteren Teil bedrohen allerdings überhängende Séracs die 60° steilen Eishänge. Der höhere Südwestgipfel wurde schließlich 1975 von Erich Lackners Österreichischer Mannschaft bestiegen. Ihre Route über den Südwestgrat eignet sich vermutlich am besten, wenn man am Aufstiegsweg auch wieder absteigen möchte. Darüber hinaus ist sie leicht zugänglich und verläuft in gerader Linienführung leicht auffindbar zum Gipfel. Bei gutem Wetter kann man vom oberen Abschnitt der Route einen phantastischen Blick auf die Bergriesen des Karakorum genießen – K2, Broad Peak und die Gipfel des Gasherbrum; sogar der Nanga Parbat, 130 km westlich im Himalaya gelegen, ist hier oben sichtbar.

Um auf den Grat zu gelangen, muß man zunächst eine Schnee- oder Eiswand überwinden, entweder von Norden her aus dem Vigne-Gletscher oder von Süden her aus dem Kaberi-Gletscher. Bei der Erstbegehung 1975 vom Kaberi-Gletscher aus verwendeten die Österreicher 3 km Fixseil, um am 6500 m hoch gelegenen Sattel zwischen Prupoo Burahka und Chogolisa den Grat zu erreichen. 1983 bewies ein deutsches Team unter der Leitung von Adi Fischer jedoch, daß der einfachere Weg vom Vigne-Gletscher heraufführt. Drei Jahre später wiederholte die britische Mannschaft von Andy Fanshawe die Route der Deutschen, überschritt den Verbindungsgrat zum Bride Peak und stieg dann auf der Japaner-Route (1958) über den Nordostgrat und den oberen Chogolisa-Gletscher ab, womit sie die erste Überschreitung dieses Berges durchgeführt hatten.

Sowohl das deutsche als auch das britische Team richtete das Basislager am oberen Baltoro-Gletscher ein, obwohl man mit etwas Verhandlungsgeschick die Träger wohl überreden kann, die Expeditionsausrüstung weitere 5 km zum Fuß der Nordwestwand am oberen Rand des Vigne-Gletschers zu transportieren. Das britische Team entschied sich für ein Basislager am Baltoro-Gletscher, weil dies für die geplante

Überschreitung mit Abstieg über den Nordostgrat günstiger lag und ihnen ermöglichte, eine Erkundung der Abstiegsroute vorzunehmen; dies wiederum bot eine gute Möglichkeit, um sich zu akklimatisieren.

Die 1100 m hohe Nordwestwandroute, größtenteils in 45° – 50° steilem Schnee und Eis, führt von Eisbrüchen durchzogen aus dem Vigne-Becken zum Südwestgrat auf etwa 6500 m. Eine zwingende Rou-

tenführung gibt es in dieser Flanke nicht; die britische Mannschaft umging die größten Gefahren, indem sie auf der linken Seite einstieg und schräg nach rechts anstieg, Fischers Team nahm eine Route, die noch weiter links verläuft.

Am oberen Ende der Wand, die eine einigermaßen schnelle Gruppe in einem Tag durchsteigen kann, gelangt man an der Stelle des österreichischen

Lagers 4 auf den Südwestgrat. Zunächst bietet die Gratschneide kaum Schwierigkeiten, ehe man dann nach einigen Stunden in einer Höhe von etwa 7000 m auf Séracs stößt; darüber steigt der obere Grat steiler zum Gipfel an. Von einem Biwak unterhalb der Séracs konnte die deutsche Gruppe, die ohne schwere Ausrüstung kletterte, in einem Tag den Gipfel erreichen und wieder dorthin absteigen.

Der obere Grat bietet einen großartigen Blick auf den

Höhlen für ihre Zelte zu graben, um ein drittes Hochlager aufzuschlagen.

Der Grat wird immer schmäler, je höher man steigt, bis schließlich eine messerscharfe Gratschneide zum breiteren, waagerechten Gipfelkamm führt. Der Gipfel selbst ist, wie der Nuptse, recht wenig gegliedert und liegt auf einem langen, flachen Kamm, der weiter zum Nordostgipfel führt. Dieses Verbindungsstück zwischen den Gipfeln läßt sich relativ einfach über-

einzige felsige Passage auf der ganzen Route, besteht zwar aus sehr brüchigem Fels, aber die Schwierigkeiten liegen nie höher als II oder III; außerdem sind Sicherungspunkte nur schwer anzubringen. Am frühen Morgen kann man möglicherweise über eine steile Schneeflanke neben dem Fels zum Gipfel hinaufsteigen, aber nur, falls sich ordentliche Stufen festtreten lassen. Der höchste Punkt selbst ist so winzig, daß er gerade einer Person Platz bietet.

westlichen Karakorum. Ansonsten ist er sehr windexponiert, und ein charakteristisches Merkmal sind seine tiefen Schneerinnen und Wächten, die äußerst gefährlich in die Kaberi-Flanke, also nach Südosten überhängen. Die Neigung der links und rechts abfallenden Flanken ist durchwegs steil, so daß sich die britische Mannschaft, die ihre vollständige Biwakausrüstung zu tragen hatte, nach zehn Stunden mühsamen Spurens gezwungen sah, auf über 7400 m

schreiten, verlangt aber dennoch volle Konzentration. Wenn einem hier etwas passiert und man sich plötzlich ein ganzes Stück weiter unten wiederfindet, gibt es keine realistische Chance, eine der etablierten Routen zu erreichen; man müßte dann über unbekannte Hänge weiter absteigen. Das britische Team stieß jedoch am Grat auf keinerlei Hindernisse und brauchte lediglich zwei Stunden zum Bride Peak.

Der 40 m hohe Zacken des Nordostgipfels, die

Das britische Team stieg schnell in einen Sattel am wächtengekrönten Nordostgrat ab, der auf 7000 m Höhe vor dem Snow Dome (7150 m) liegt. Nach einem Biwak setzten die Briten ihren Abstieg direkt in Richtung Süden fort, überquerten den Bergschrund und gingen dann in der Senke nach Westen und Norden um den Snow Dome herum zum nördlichen Chogolisa-Gletscher. Im Vergleich zu einem Abstieg entlang des Nordostgrats über den Gipfel des Snow

Dome ist diese Route vorzuziehen. Da es schwierig ist, von diesem Punkt eine sichere Route zum oberen Baltoro-Gletscher zu finden – was erstmals Conway glückte, als er 1892 den Pioneer Peak, 6550 m, bestieg –, sollte man anfangs diese Strecke erkunden. 1986 bildete ein steiler Eishang an der Seite eines großen Abbruchs am oberen Chogolisa-Gletscher die Schlüsselstelle des Abstiegs, aber die Verhältnisse können sich von Jahr zu Jahr ändern.

Der Südwestgrat, der 1987 zum sechsten Mal begangen wurde, ist sicherlich prädestiniert, eine klassische Himalaya-Route zu werden, denn er führt ohne große technische Schwierigkeiten in große Höhe inmitten einer der imposantesten Gebirgslandschaften der Erde. Die Überschreitung des Bergs ist zwar schwerer, aber auch reizvoller, weil sie ständig Abwechslung bietet und gerade im obersten Teil noch die geringsten Anforderungen stellt.

Gegenüberliegende Seite, links: Auf dem Grat zwischen Südwest- und Nordostgipfel (Bride Peak) des Chogolisa: Gasherbrum III (links) und Gasherbrum II bilden die Doppelpyramide ganz links. Der Gipfel unmittelbar links vom Arm des Bergsteigers ist der Hidden Peak (Gasherbrum I), dessen große dreieckige Wand im Schatten 1983 von Kurtyka und Kukuczka durchstiegen wurde; der obere Teil der Messner-Habeler-Route ist links im Profil zu sehen. *(Ulric Jessop)*
Gegenüberliegende Seite, rechts: Hermann Buhl, der mit seinen Vorstellungen vom Bergsteigen im Himalaya seiner Zeit zwanzig Jahre voraus war, nach dem Triumph am Broad Peak und einige Tage vor seinem Tod am Chogolisa. *(Kurt Diemberger)*
Links: Hamish Irvine sucht eine geeignete Möglichkeit, um den messerscharfen Grat in der Nähe des Chogolisa-Südwestgipfels zu überwinden. Gleich hinter ihm, 25 km südwestlich, liegt die schimmernde Pyramide des Drifika, ganz links der K6. *(Liam Elliot)*

Der Chogolisa (links) mit dem Südwestgrat , der zum Sattel auf 6500 m am oberen Ende des Vigne-Gletschers abfällt. Der Aufstieg zum Sattel von unten schräg nach rechts. *(Andy Fanshawe)*

DRIFIKA 6447 m

Nordgrat

Der Ehrgeiz treibt Bergsteiger Jahr für Jahr zu den riesigen Gipfeln am oberen Rand des Baltoro-Gletschers, aber für viele Kletterer liegt das wahre Glück des Karakorum auf den kleineren, nicht so überlaufenen Gipfeln mit einer Höhe, in der Körper und Geist sich noch im Einklang mit ihrer Umgebung befinden. Seit einigen Jahren zieht das Hushe-Tal mit seiner Vielzahl an abwechslungsreichen Klettermöglichkeiten immer mehr Genießer an, die Freude und persönliche Erfüllung in relativ gemäßigter Höhe suchen.

Ab Skardu verläuft die Jeep-Piste östlich nach Kaphalu am Fluß Shyok. Von Kaphalu aus öffnen sich Täler zum Kondus- und Kaberi-Gletscher um die Rückseite des Chogolisa herum und zum Bilafond La, von wo aus Tom Longstaff 1909 erstmals die gewaltige Ausdehnung des mächtigen Siachen erblickte. Seit 1984 ist die gesamte Region Kriegsgebiet, um das sich Indien und Pakistan streiten. Unmittelbar nördlich von Kaphalu blieben jedoch das Hushe-Tal und seine fünf großen, verzweigten Gletscher für Ausländer zugänglich.

Ohne ein Ablationstal bietet der Aling-Gletscher anstrengendes Trekking. Der Masherbrum-Gletscher hingegen ist weniger wild; von seinem Nebengletscher

Oben: Die klassisch geformte Spitze des Drifika, vom Poro aus aufgenommen. Der Nordgrat fällt zum Betrachter hin ab. Die Route führt von links durch einen Einschnitt hinter dem Bergsteiger auf die sonnenbeschienene Schulter rechts und dann wieder nach links auf den Hauptgrat. (*Datsu Hakimoto*)

mit der Séraczone wurde der herrliche Hauptgipfel des Masherbrum (7821 m) von einer Expedition unter der Leitung von Nick Clinch 1960 zum ersten Mal bestiegen; sie bauten auf den Erfahrungen der britischen Südostwand-Expeditionen von 1938 und 1957. Bis heute wurde dieser Berg erst wenige Male bestiegen, der etwas niedrigere Südwestgipfel sogar nur einmal, nämlich 1981. Dies war eine der zahlreichen Erstbesteigungen, die der polnische Alpinist Zygmunt Heinrich im Karakorum und Himalaya unternahm, aber der Erfolg hatte einen hohen Preis, denn seine beiden Gefährten starben bei einem Biwak auf dem Gipfelgrat an Unterkühlung, so daß er gezwungen war, den Abstieg in einem qualvollen Alleingang durchzustehen.

Vom Ghondokhoro-Gletscher aus führen zwei hohe Gletscher-Pässe, der Masherbrum La und der Ghondokhoro La, hinüber ins Baltoro-Becken. Im Hoch- und Spätsommer wird letzterer mehr und mehr von Expeditionen, die vom Konkordiaplatz zurückkehren, als schnelle Alternative zur traditionellen Askole-Route benutzt. Auf der Wasserscheide zwischen dem Ghondokhoro- und dem Chogolisa-Gletscher liegen die wohlgeformten Gipfel des

Trinity Peak oder Tasa und des niedrigeren Ghondokhoro Peak, der bei Trekking-Gruppen sehr beliebt ist; am imposantesten aber ragen wohl die Gipfel um den Charakusa-Gletscher empor.

Hier ist Granitklettern angesagt, und der Charakusa strotzt nur so von überwältigenden Türmen und Spitzen. Der obere Rand des Gletschers wird beherrscht von zwei seltsamerweise vernachlässigten Gipfeln, K6 und K7. Die Nordwand des K6 steht den Wänden des Ogre und des Latok weiter westlich in

wurde vom Nangmah-Gletscher aus unternommen, über einen Sattel unterhalb des Westgipfels, gefolgt von einem Quergang zum Südgrat des höheren Hauptgipfels (7281 m). Der K7 (6973 m) wurde ebenfalls erst einmal bestiegen, allerdings vom Charakusa-Gletscher aus. Die japanische Expedition 1984 unter Toichiro Nagata ging kein Risiko ein und brachte am Südwestgrat 450 Fels- und Bohrhaken sowie 6500 m Fixseil an! In wesentlich sportlicherem Stil leitete Dai Lampard vor kurzem zwei britische

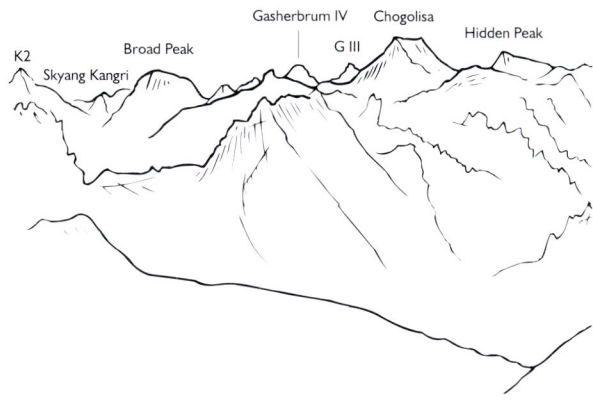

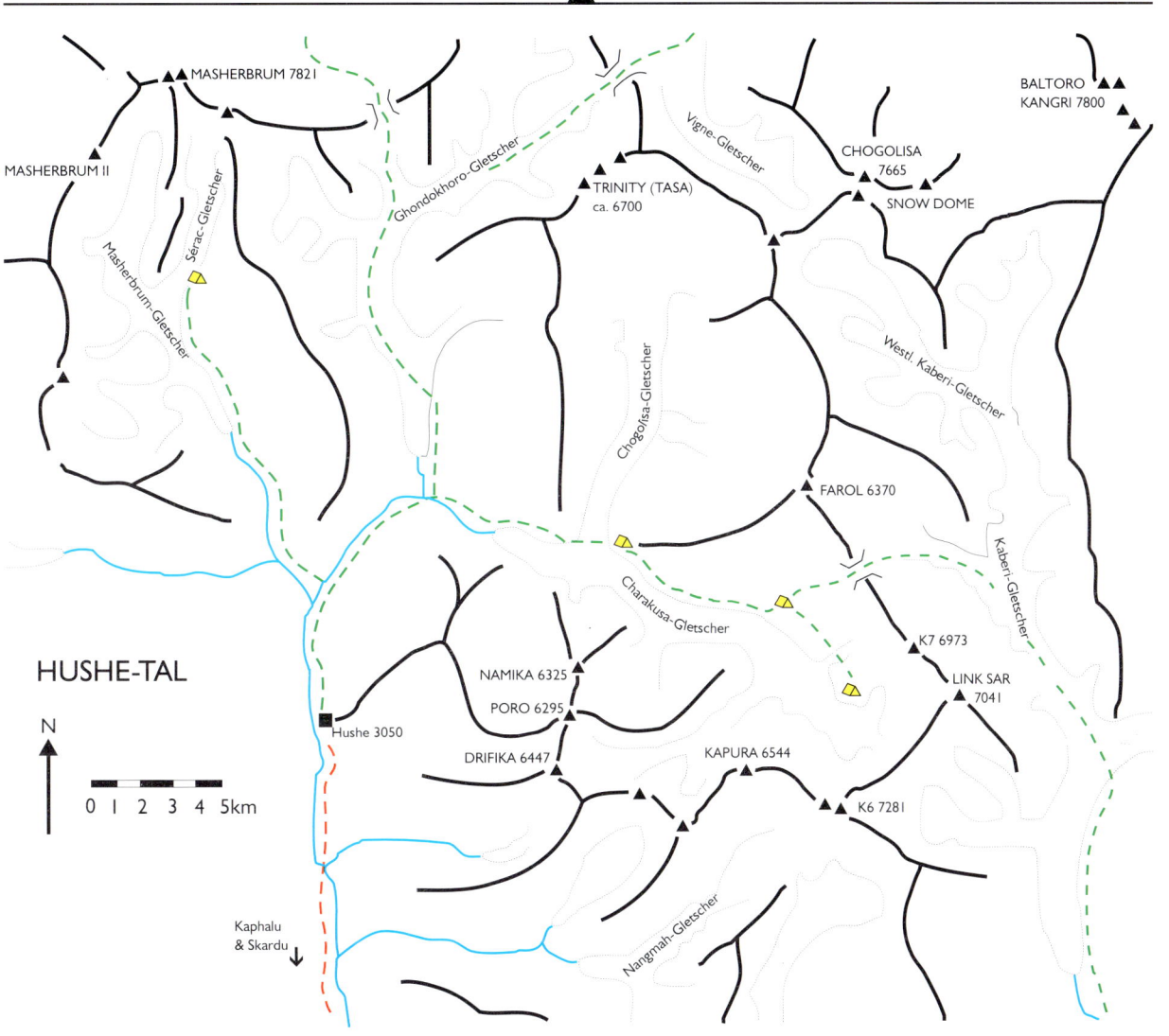

Oben: Alpinstil am Nordgrat des Drifika mit den Bergriesen des Karakorum im Hintergrund.
(Michel Sèvres)

nichts nach, aber sie wurde nie in Angriff genommen. Die einzige Besteigung dieses Berges durch die österreichische Expedition von E. Koblmüller 1971

Versuche auf einer direkteren Route mit Umgehung eines gefährlichen Couloirs. Beim ersten Versuch 1990 durchstiegen sie achtundachtzig schwierige

Seillängen (bis VII), bevor sie umkehren mußten; drei Jahre später kamen sie wieder und gelangten in zweiunddreißig Tagen ohne Pause etwas höher, nämlich bis zur Spitze des Fortress auf 6300 m.

Als Kontrast zu dem außergewöhnlichen Marathon am K7 gibt es buchstäblich Hunderte von kleineren Gipfeln und Bergspitzen im Chogolisa- und Charakusa-Becken. Da viele unter der 6000-m-Grenze liegen, braucht man für sie keine Expeditionsgenehmigung. Am Nordrand des Charakusa-Gletschers wurden einige Granittürme bestiegen, darunter der stattliche Naysa und The Dog's Knob, manchmal verschämt nur TDK Peak genannt, da es keine Übersetzung gibt;

viele der dortigen Gipfel sind aber noch unbestiegen. Von den eher kombinierten Gipfeln sollen der Layla und der Namika bestiegen worden sein. Unmittelbar südlich des Namika liegt der von uns ausgewählte Gipfel, der Drifika.

Der Berg wurde 1978 von einer japanischen Acht-Mann-Expedition unter Leitung von Akiya Ishimura bestiegen, wobei sechs Mitglieder den Gipfel erreichten. In ihrem kurzen Bericht in »Iwa To Yuki« wird erwähnt, daß die Einheimischen den Berg Drefekal nennen, was »Haus der Geister« bedeutet; er wird jedoch auch als Angel Peak bezeichnet, vielleicht weil er dem Angelus neben dem K2 ähnelt. Der Drifika ist

eine wunderschöne weiße Pyramide mit einer absolut perfekten Linie zum Gipfel, dem Nordgrat. Die Erstbesteiger brachten zwar einige Fixseile auf dem Grat an, aber gerade diese Route eignet sich zweifellos ganz hervorragend für eine Begehung im reinen Alpinstil. Sie ist relativ kurz – die Anstiegshöhe vom oberen Rand des Gletschers beträgt gerade einmal 1000 m –, sie führt direkt zum Gipfel und liegt auf verhältnismäßig geringer Höhe.

Der lange Anmarsch zum Grat führt über den größten südwestlichen Ausläufer des Charakusa-Gletschers, direkt westlich vom Kapura (siehe Karte). Vom oberen Rand des Gletschers hält man sich nach rechts um eine ausgeprägte Schulter herum und gelangt so an den Nordgrat des Drifika. Auf der Schulter gibt es einen wunderbaren Lagerplatz. Wenngleich der Grat nicht sonderlich schwierig ist, weist er doch Wächten auf. Zudem kann der Anstieg in der Westflanke vereist sein; der Gipfel selbst liegt zurückgesetzt im Süden.

interessanter Klettermöglichkeiten, die phantastische Umgebung, die schönen Lagerplätze und die Gastfreundschaft der Einheimischen, die zu den freundlichsten Menschen in Pakistan gehören, machen diese Gegend zu einem idealen Ziel für einen Kletterurlaub im Himalaya.

KURZINFORMATIONEN

Name	Drifika
Höhe	6447 m
Lage	Masherbrum-Gebirge, Zentral-Karakorum, Pakistan
Route	Nordgrat
Erstbesteigung des Gipfels	Sechs Bergsteiger unter der Führung von Akiya Ishimura (JAP) erreichten den Gipfel am 17. August 1978
Erstbegehung der Route	Wie oben
Höhe des Basislagers	Es gibt mehrere schöne Plätze zwischen 4000 und 4500 m am Nordrand des Charakusa-Gletschers; am besten eignet sich jedoch das in einem herrlichen Ablationstal gelegene K7-Basislager – sogar ausgestattet mit einem Volleyballfeld.
Anfahrtsmöglichkeit bis	zum Dorf Hushe
Anmarsch	3 Tage mit 4 Träger-Etappen zum K7-Basislager
Jahreszeit	Juni bis September, aber in den vergangenen Sommern wurde extreme Hitze an den niedrigeren Gipfeln ab Mitte Juli zum Problem.
Genehmigung	Ministerium für Tourismus, Islamabad. Der Drifika ist wie viele der reizvollsten Gipfel deutlich über 6000 m hoch, erfordert also eine Expeditionsgenehmigung und einen Verbindungsoffizier; interessante Felsklettereien bieten jedoch auch viele Gipfel unter der 6000-Meter-Grenze, wofür keine Genehmigung erforderlich ist.
Erfolgsbilanz	Eine erfolgreiche Besteigung und ein gescheiterter Versuch sind registriert.
Literatur	Die Region um den Charakusa-Gletscher gehört zu den am wenigsten dokumentierten im Karakorum, und gerade darin liegt ihr Reiz. In verschiedenen Zeitschriften für Bergsteiger sind vereinzelte Artikel erschienen. Einzelberichte in der Bibliothek des britischen Alpine Club.

Eine sehr konditionsstarke Gruppe kann möglicherweise am frühen Morgen den Grat hinauf- und hinunterklettern, bevor sich die Schnee- und Eisverhältnisse in der Hitze des Karakorum verschlechtern. Weniger schnelle Gruppen biwakieren allerdings besser im oberen Teil der Route und steigen erst am nächsten Morgen ab.

Der Drifika stellt ein lohnendes Ziel mit einem eindrucksvollen Panorama nach Norden zu den Giganten des Baltoro-Gletschers dar. Selbst wenn man sich nur drei Wochen in der Region aufhält, dürfte es möglich sein, mehr als nur einen Berg zu besteigen – die Auswahl ist ungeheuer groß. Die Fülle

Linke Seite: Die gewaltige Nordwand des K6 von der Nordseite des Charakusa-Gletschers aus. Der Hauptgipfel auf der linken Seite wurde 1971 von Süden aus bestiegen; der Westgipfel auf der rechten Seite ist noch unbestiegen. Rechts unten ist ein Gletscherarm sichtbar, der um den Kapura herum zum Drifika führt. *(Simon Yates)*

Oben links: Diesmal schweift der Blick aus einer anderen Perspektive weiter nach Westen. Im Vordergrund zieht der mit Schutt übersäte Gletscher hinab zum Charakusa-Hauptgletscher. Links liegt der Kapura, in der Mitte ragt die schneebedeckte Pyramide des Drifika empor, rechts davon baut sich der Namika auf. Der dunkle Felsturm ganz rechts heißt sonderbarerweise »The Dog's Knob«. *(Stephen Jones)*

Links: Die nächste Generation von Bauern und Trägern – Jungen aus Hushe. Die Menschen in diesem Tal waren zu Trekkern und Bergsteigern immer besonders freundlich. *(Stephen Jones)*

NANGA PARBAT 8125 m

Diamir-Flanke (Kinshofer-Route)

Der Nanga Parbat gehört zu den begehrtesten Bergen des Himalaya. Er ragt als riesiger Wächter am westlichen Rand des Himalaya auf, dessen Grenze zum Karakorum im Norden und Osten der Indus bildet. Der Fluß hat sich eine tiefe Talschlucht um den Berg gegraben, wie der Brahmaputra mehr als 2000 km weiter östlich um den Namche Barwa. Dies bedeutet, daß zur Besteigung des Nanga Parbat von den verschiedenen Basislagerplätzen aus ein Höhenunterschied von über 4000 m zu überwinden ist also wesentlich mehr, als zum Beispiel bei einer Besteigung des Mount Everest vom Rongbuk-Basislager. Die nördliche Breitenlage des Nanga Parbat bewirkt zudem kälteres Wetter, mehr Schnee und heftige Stürme, wenngleich sich der Monsun in den wärmsten Monaten Juli und August hier weniger auswirkt. Ein erster Versuch am Nanga Parbat wurde 1895 von einer britischen Bergsteigergruppe unter der Leitung von Alfred Mummery unternommen. Auch der Gurkha-Offizier Charles Bruce, der später den ersten Versuch am Mount Everest leiten sollte, war unter den Teilnehmern. Obwohl die Expedition von Krankheiten heimgesucht wurde, kamen Mummery und Raghobir Thapa beim Anstieg über einen Felsgrat in der Mitte der Diamir-Flanke fast bis auf 7000 m — eine bemerkenswerte Leistung, die ihrer Zeit weit voraus war. Fünfundsiebzig Jahre später sollte Reinhold Messner diesen Weg in einem verzweifelten Abstieg mit seinem Bruder Günther hinuntergehen, nachdem sie die Rupal-Flanke durchstiegen hatten. Mummery und zwei Gurkhas starben im weiteren Verlauf der Expedition von 1895, als sie eine Route

Oben: Das ungeheure Bergmassiv des Nanga Parbat überragt von Norden gesehen die gewaltige Schlucht des Indus. Die Diamir-Flanke liegt rechts im Schatten. Dem Betrachter zugewandt leuchtet die Rakhiot-Flanke mit der Route der Erstbesteiger von 1953; hier spielten sich in den dreißiger Jahren zahlreiche Tragödien ab. Hermann Buhls abschließender Solomarathon führte über den Grat auf der linken Seite. *(Ulric Jessop)*

um den Rakhiot-Gletscher zur Erkundung jener Seite des Bergs suchten. Sie waren die ersten von einunddreißig Bergsteigern, die am Nanga Parbat bis zu seiner Erstbesteigung im Jahr 1953 ums Leben kommen sollten.

Nach Mummerys zukunftsweisender Erkundung wurde der Nanga Parbat zu einer Domäne der Deutschen.

In den dreißiger Jahren belagerten fünf Expeditionen die Rakhiot-Flanke an der Nordseite und eine weitere die Diamir-Flanke. Die Berichte über ihre Versuche sind nicht gerade lustig zu lesen, aber sie zeigen, welch große Erfahrung diese deutschen Bergsteiger besaßen: 1932 wurde unter der Führung von Willy Merkl eine gangbare Route für spätere Versuche in der Rakhiot-

Flanke entdeckt: über den Rakhiot Peak zum Ostgrat auf 6950 m. 1934 wurde die Route ebenfalls unter Merkl bis zum Silbersattel in 7451 m Höhe erkundet. Peter Aschenbrenner und Erwin Schneider, die ohne Gepäck unterwegs waren, gingen sogar über das Plateau hinaus und erreichten eine Höhe von ungefähr 7700 m, bevor sie in ihr Hochlager auf dem Sattel zurückkehrten. Als dann Merkl, Aschenbrenner, Schneider, Welzenbach, Wieland und elf Träger auf dem Sattel biwakierten, fegte ein Sturm über den Nanga Parbat. Als sie es wagen konnten, stiegen sie in zwei Gruppen ab. Von den 16 Männern kamen neun in einem furchtbaren Schneesturm um, darunter Wieland, Welzenbach und Merkl. Drei Jahre später wurden gleich 16 weitere Männer am Berg getötet, als eine Lawine Lager 4 auf 6200 m in der Rakhiot-Flanke überrollte. Der Leiter der Expedition, Paul Bauer, ein Veteran des Siniolchu und Kangchendzönga,

kehrte 1938 zum Nanga Parbat zurück, um einen vorsichtigen, aber entschlossenen Versuch zu leiten. Es gelang ihm nicht, einen neuen Höchstpunkt zu erreichen, hauptsächlich wegen des schlechten Wetters. 1939 wandte eine Gruppe unter Peter Aufschnaiter ihre Aufmerksamkeit der Diamir-Flanke zu und gelangte über eine Felsrippe links der Mummery-Route bis auf etwa 6000 m.

1953 kehrten die Deutschen zum Nanga Parbat zurück, als schließlich eine deutsch-österreichische

Expedition dem unberechenbaren Gipfel zu Leibe rückte. Ironischerweise hatte der Expeditionsleiter, Karl Herrligkoffer, den Versuch bereits abgebrochen und den vier Bergsteigern in Lager 3, das lediglich 6100 m hoch lag, den Rückzug angewiesen. Die Bergsteiger weigerten sich jedoch und stiegen am 1. Juli ins Hochlager 4; am folgenden Tag erreichten Hermann Buhl und Otto Kempter Lager 5. Nach einer stürmischen Nacht brach Buhl am Morgen des 3. Juli früh auf. Otto Kempter folgte einige Stunden

Oben: Dave Walsh im Einstiegscouloir der Kinshofer-Route, schwer beladen mit Vorrat für eine Woche. *(Roger Mear)*

Ganz links: Die unerfreuliche Realität beliebter Routen auf Achttausender: Seile und Leitern, mit denen die 60-m-Stufe auf 5900 m verunstaltet wurde. *(Roger Mear)*

Links: Ghazala Mear betrachtet die Hinterlassenschaften früherer Expeditionen im Basislager der Diamir-Flanke. *(Roger Mear)*

später und kam bis zum Silbersattel. Buhl erreichte nach siebzehn Stunden mühsamster Kletterarbeit auf Händen und Knien den Gipfel und überlebte dann während des Abstiegs ein Biwak im Freien, bei dem er die ganze Nacht mit nur zwei Schichten dünner Kleidung im Stehen verbrachte. Diese Leistung konnte sich mit allem messen, was im selben Jahr am Everest oder drei Jahre zuvor an der Annapurna vollbracht worden waren. Buhl benutzte bei seinem letzten Versuch kein Sauerstoffgerät und trieb sich

selbst weit über die normalen Grenzen des Menschenmöglichen hinaus. Die Rakhiot-Route von 1953 zum Gipfel des Nanga Parbat ist schwierig und häufig von Lawinen bedroht, wie das Unglück von 1936 bestätigt. Sie wurde zwar wiederholt, aber die meisten Teams versuchen heute entweder die gigantische Rupal-Flanke oder die Route der Zweitbesteigung, die Kinshofer-Route über die Diamir-Flanke.

Toni Kinshofer durchstieg 1961 erstmals die Eiger-Nordwand im Winter und nahm danach, noch im selben Jahr, an der von Herrligkoffer geleiteten Erkundung der Diamir-Flanke teil. Sie konzentrierten ihre Anstrengungen auf ein Couloir zwischen der Aufschnaiter- und der Mummery-Rippe, und es gelang ihnen, die ganze Wand bis hinauf in die Bazhin-Mulde, ein Plateau unterhalb des Gipfelaufbaus in 7100 m Höhe, zu klettern. Die Gruppe kehrte im darauffolgenden Jahr zurück und installierte diesmal eine Seilwinde über dem ersten Couloir.

folgen, durchquerten sie die gleichnamige Mulde nach rechts, gelangten unter den Gipfelaufbau und kletterten direkt zum Gipfel (siehe Skizze). Dieser Weg etablierte sich zur bevorzugten Route auf den Nanga Parbat von Norden aus.

An der Südseite hat die Vierermannschaft von Hanns Schell 1976 die schnellste Route von dieser Seite eröffnet – sie führt über einen gekrümmten Grat links der Rupal-Flanke zur Mazeno-Schlucht auf 6940 m

Südostpfeiler wurde 1985 von einer polnischen Expedition begangen, die weitgehend einer Linie Ueli Bühlers von 1982 folgte, als dieser den Südgipfel (8042 m) erreichte.

Schließlich ist noch eine Route von Reinhold Messner zu nennen. Auf einem verzweifelten, unvorhergesehenen Abstieg durch die Diamir-Flanke 1970 kam sein Bruder um. Er kehrte zweimal zu dieser Wand zurück, zuletzt 1978, und bestieg sie im Alleingang

Links: Der Expeditionskoch schärft sein Messer. (*Roger Mear*)
Oben rechts: Die Diamir-Flanke: Mummery und Raghobir Thapa waren ihrer Zeit weit voraus, als sie die zentrale Rippe bis zu den riesigen Séracs auf fast 7000 m bestiegen. Fünfundsiebzig Jahre später unternahmen Günther und Reinhold Messner einen verzweifelten Abstieg über diese Rippe, denn es war ihnen laut Reinhold nicht möglich, über ihre Aufstiegsroute durch die Rupal-Flanke abzusteigen. Günther kam am Fuß der Wand ums Leben, verschüttet von einer Lawine, die aus einer der Sérac-Zonen niederging, die die Hauptwand so unberechenbar machen. Die Kinshofer-Route links umgeht diese Gefahr zum größten Teil. (*Roger Mear*)
Rechts: Dave Walsh 1991 auf dem Gipfel des Nanga Parbat, nachdem er die Kinshofer-Route im Alpinstil durchstiegen hatte. (*Roger Mear*)

Kinshofer, Löw und Maanhardt gehörten zu den Bergsteigern, die erneut die Bazhin-Mulde erreichten. Sie gingen weiter, um in der Bazhin-Lücke in 7821 m Höhe auf Buhls Route zu stoßen und dann dem Grat zum Gipfel zu folgen. Die Hauptschwierigkeiten bei ihrem Aufstieg lagen anscheinend im oberen Abschnitt, auf dem Gipfelgrat. Ein kleines österreichisches Team, das die Kinshofer-Route 1978 wiederholte, konnte viele schwierige Stellen umgehen. Anstatt Buhls Route oberhalb der Bazhin-Lücke zu

hinauf und von dort über den Südwestgrat zum Gipfel. Sie ist ebenso direkt wie die moderne Variante der Kinshofer-Route, aber im oberen Gratabschnitt schwieriger als jene; trotzdem wurde sie mehrmals wiederholt. Über die Rupal-Flanke führen noch zwei weitere Routen, beide verlaufen direkt und sind sehr schwer. Herrligkoffers Expedition von 1970 nahm eine bislang nicht wiederholt Route, wobei Felix Kuen, Peter Scholz und die Brüder Messner den Gipfel erreichten. Die andere Route über den

über eine neue Route auf der rechten Seite. Für Messner war diese erste Alleinbegehung eines Achttausenders psychologisch wichtiger als seine Everest-Besteigung ohne Sauerstoffgerät zwei Monate zuvor. Sie gilt als Meilenstein in der Geschichte des Himalaya, aber die Route ist gefährlich. Daher werden wir uns hier auf die sicherere Linie der Kinshofer-Route konzentrieren.

Das Basislager für die Kinshofer-Route schlägt man am besten am rechten Rand des Diamir-Gletschers in

▲

KURZINFORMATIONEN

Name	Nanga Parbat
Höhe	8125 m
Route	Diamir-Flanke (Kinshofer-Route): 4025 Höhenmeter, überwiegend auf Schnee und Eis
Erstbesteigung des Gipfels	Am 3. Juli 1953 wurde der Gipfel von Hermann Buhl (A) im Alleingang erreicht.
Erstbegehung der Route	T. Kinshofer, S. Löw und A. Mannhardt (D) am 21. Juni 1962. Variante am Gipfelblock 1978 durch eine österreichische Expedition
Erstbegehung der Route im Alpinstil	Roger Mear und David Walsh (GB) 1991
Höhe des Basislagers	4080 m, am Nordrand des Diamir-Gletschers
Anfahrtsmöglichkeit bis	Bunar am Karakorum-Highway
Anmarsch	Ungefähr 30 km, drei bis vier Tage
Jahreszeit	Die besten Bedingungen herrschen anscheinend Ende Juni und im Juli.
Genehmigung	Ministerium für Tourismus, Islamabad
Erfolgsbilanz	Weniger als 30 von den 80 Expeditionen zum Nanga Parbat haben den Gipfel erreicht. In der Vergangenheit hatte der Nanga Parbat einen absoluten Rekord an Todesfällen aufzuweisen, aber diese ereigneten sich vorwiegend in der Rakhiot-Flanke. In den letzten Jahren sind an diesem Berg weniger Unglücke passiert als an vielen anderen Achttausendern.
Literatur	Hermann Buhls klassische *Nanga Parbat Pilgrimage* (Hodder & Stoughton 1981) enthält die legendäre Erstbesteigung, Kenneth Masons *Abode of Snow* (Diadem/Mountaineers 1987) die frühen Versuche. Reinhold Messner weiß mehr über die Diamir-Flanke als jeder andere; sein Verhältnis zu ihr ist in seiner Autobiographie *Reinhold Messner, Free Spirit* (Hodder & Stoughton 1991) und *Überlebt – Alle 14 Achttausender* (BLV 1987) ausführlich beschrieben. Es gibt eine ausgezeichnete topographische Karte des Alpenvereins.

einer Höhe von 4080 m auf; den Gletscher erreicht man in einem Drei- oder Vier-Tages-Marsch ab Bunar oberhalb des Indus. Der Anstieg beginnt mit einem steilen Schneecouloir, über dem sich eine senkrechte, 60 m hohe Felsstufe auf 5900 m anschließt, die mit alten Fixseilen versehen ist. Danach führt kombiniertes Gelände die Wand eines Pfeilers hinauf zu dessen Kopf auf 6150 m. Eine ansteigende Querung über Schnee und Eis leitet nach links und über einen langen Aufschwung zurück nach rechts.

Über Felsen und Séracs (6800 m) gelangt man auf die unteren Hänge der Bazhin-Mulde, wo sich zwei Möglichkeiten auftun. Hält man sich nach links zum Gipfelaufbau, trifft man die Buhl-Route unterhalb des Vorgipfels auf 7910 m. Längs des Grates geht es nach Süden auf die Schulter (8070 m) und schließlich zum Gipfel. Wesentlich einfacher gestaltet sich die Durchquerung der Bazhin-Mulde, um dann auf breite Schneehänge zu gelangen, die sich zum Gipfelblock hinaufziehen. Diese gehen zwar in zerklüftetes, kombiniertes Gelände über, aber mindestens eine Mannschaft ist in letzter Zeit durch eine breite, schneebedeckte Rinne direkt zum Gipfel gestiegen.

Vom Nanga Parbat aus kann man drei verschiedene Gebirgszüge sehen: den Karakorum im Nordosten mit der unverwechselbaren Pyramide des K2; im Nordwesten den Hindukusch und weiter nördlich in weiter Ferne die Pamir-Ketten. Am Nanga Parbat selbst sind mehr Menschen zu Tode gekommen als an irgendeinem der anderen großen Bergen der Welt. Da stellt sich die Frage, warum Bergsteiger immer wieder zurückkommen, und was sie bewegt, sich einem so

offenkundigen Risiko auszusetzen. Was immer der Grund sein mag, er ist zu tief in unserer Psyche verwurzelt, als daß man ihn auslöschen könnte. Wir müssen unsere Leidenschaft lenken, beherrschen und ihr letztlich auch nachgeben. Sie zu leugnen, würde bedeuten, dem Erlebnis des Lebens etwas zu nehmen. Ihr freien Lauf zu lassen, hieße zu riskieren, daß man alles verliert. Den Nanga Parbat zu besteigen, den neunthöchsten Berg der Erde, ist eine große Leistung.

Ein Hindu-Pilger, der am Bhagirathi flußaufwärts nach Gangotri wandert.
(John Cleare/Mountain Camera)

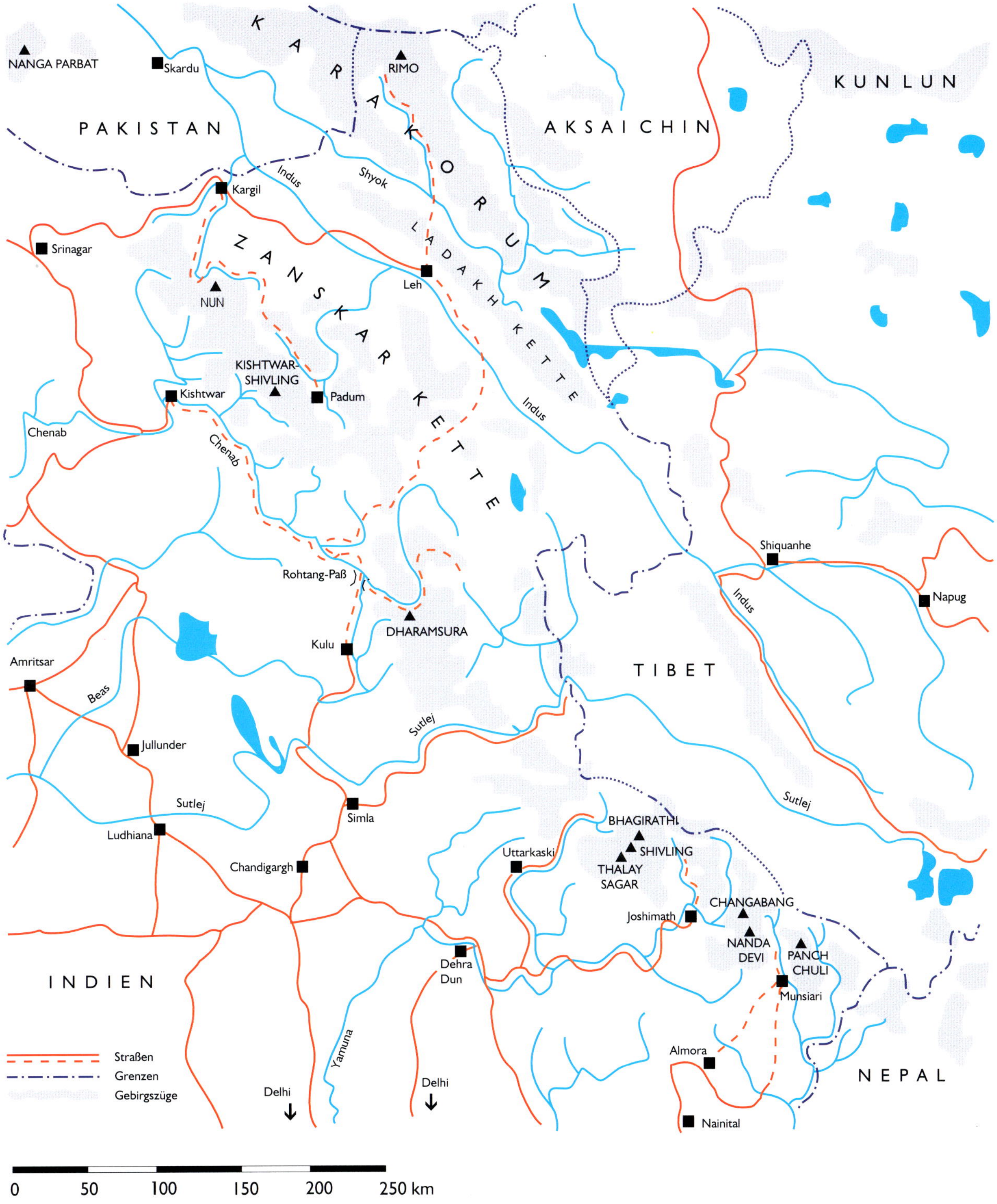

INDIEN

Map labels:

NANGA PARBAT
Skardu
KARAKORUM KETTE
RIMO
KUN LUN
PAKISTAN
AKSAI CHIN
Indus
Shyok
Kargil
Srinagar
LADAKH KETTE
ZANSKAR KETTE
Leh
NUN
KISHTWAR-SHIVLING
Kishtwar
Padum
Chenab
Chenab
Indus
Rohtang-Paß
Kulu
DHARAMSURA
Amritsar
Beas
TIBET
Shiquanhe
Indus
Napug
Sutlej
Jullunder
Sutlej
Ludhiana
Simla
Sutlej
Chandigargh
Uttarkaski
BHAGIRATHI
SHIVLING
THALAY SAGAR
Joshimath
CHANGABANG
NANDA DEVI
PANCH CHULI
Munsiari
Dehra Dun
INDIEN
Delhi ↓
Delhi ↓
Yamuna
Almora
NEPAL
Nainital

Legende:

— Straßen
—·— Grenzen
······ Gebirgszüge

0 50 100 150 200 250 km

RIMO I 7385 m

Südwand / Südwestgrat

Tief verborgen im Herzen einer entlegenen Eiswüste konnte die Rimo-Gruppe lange Jahre ihren geheimnisumwitterten Ruf wahren. In alten Zeiten müßten die Reisenden auf der zentralasiatischen Handelsroute über den unwirtlichen Karakorum-Paß ihre Gipfel aus der Ferne gesehen haben, doch erst 1914 vermaß und fotografierte der italienische Forschungsreisende Filippo de Filippi die Nordseite des Rimo. 1929 führte das niederländische Ehepaar Dr. Philip und Jenny Visser die erste Expedition in das Terong-Tal, wo sie die Südseite des Rimo erblickten; es wurden jedoch keine Fotos veröffentlicht.

Nach dem Zweiten Weltkrieg machte die politische Lage in der Region das Bergsteigen im östlichen Karakorum mehr oder weniger unmöglich. Der riesige Siachen-Gletscher blieb bis heute ein ungeklärter Streitpunkt in der Auseinandersetzung zwischen Indien und Pakistan um Kaschmir. Gelegentlich unternahmen ausländische Gruppen Expeditionen zum oberen Gletscher, doch die östlichen Anmarschrouten aus dem Nubra-Tal wurden von Indien streng bewacht.

Der Saser Kangri (7672 m) wurde 1973 von einer indischen Militärexpedition bestiegen, doch andere benachbarte 7000er verharrten weiterhin im Dornröschenschlaf. Der einzige Versuch am Rimo-Massiv bestand in einem japanischen Vorstoß 1978. Ein kleines Team überquerte den Siachen-Gletscher von Pakistan aus und erreichte das Terong-Tal, mußte dann aber vor dem wilden Gletscherfluß

kapitulieren. Derselbe Fluß sollte erneut für Schwierigkeiten sorgen, als sieben Jahre später eine indisch-britische Expedition endlich den Rimo III besteigen konnte. Die indische Armee kontrollierte mittlerweile den gesamten Siachen-Gletscher und gestattete gemischten Gruppen aus Indern und Ausländern den Zugang. Die indisch-britische Expedition unter der Führung von Harish Kapadie kam Anfang Juni, bevor eine nennenswerte Schneeschmelze eingesetzt hatte,

Aus diesem Blickwinkel schaute Dr. Visser 1929 vom Terong-Gletscher zur Rimo-Gruppe. Da er aber keine Fotografien veröffentlichte, wußte niemand, wie die Berge von dieser Seite aussahen, bis eine indisch-britische Expedition das Tal 1985 besuchte. Der Rimo III wurde von Jim Fotheringham und Dave Wilkinson vom Rimo-Gletscher auf der anderen Seite bezwungen. Erfolglos blieb der Versuch am Rimo I über den Südwestgrat. 1988 gelang schließlich einer indisch-japanischen Expedition die Erstbesteigung. Der Rimo II wurde erst 1989 erklommen. *(Stephen Venables)*

und konnte so den Terong leicht überqueren. In den folgenden vier Wochen konnten elf Kletterer nach Herzenslust auf Erkundungsreise gehen.

Den größten Erfolg verbuchten Dave Wilkinson und Jim Fotheringham mit der Erstbesteigung des Rimo III (7233 m) ohne vorherige Erkundung über den Nordostgrat, der ein aufreibender Anmarsch über den Ibex-Col vorausging. Der Rimo I erwies sich als noch großartigere Herausforderung, so wohlgeformt und reizvoll, wie er sich von allen Seiten präsentierte. Victor Saunders und Stephen Venables kletterten – ebenfalls im Alpinstil – sechs

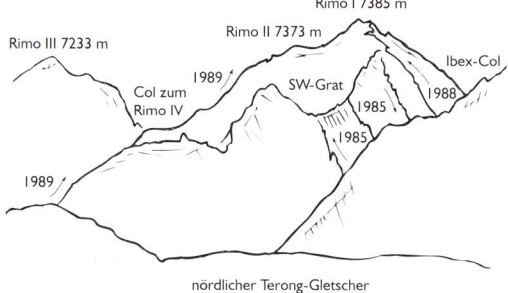

Tage am Südwestgrat, mußten aber auf 6850 m umkehren, nachdem Venables den Rucksack mit der Biwakausrüstung fallengelassen hatte. Für einen zweiten Versuch blieb keine Zeit.

Nach dieser bitteren Enttäuschung rehabilitierte sich Venables, indem er den Rückweg der Expedition aus dem Terong-Tal versicherte. Es war mittlerweile Mitte Juli, und der Fluß toste, zu voller Größe angeschwollen, gegen die Felsen auf beiden Seiten des Tals.

Victor Saunders in einer der großartigen kombinierten Passagen über die Felszacken am Südwestgrat des Rimo I, der beim Versuch Anfang Juli 1985 immer noch tief verschneit war. (Stephen Venables)

Venables und Saunders legten Fixseile in den Felsen am rechten Ufer und sorgten so für einen sicheren Rückweg zum Siachen-Gletscher ohne die lebensgefährliche Flußüberquerung, womit sie eine denkwürdige Expedition zu einem sicheren Ende führten.

Die erfolgreiche Expedition im Jahre 1988 stieg in direkter Linie durch die Südwand auf und brachte auf der gesamten Route Fixseile an. Die Aufnahme zeigt den kritischen Felsriegel auf etwa 6600 m. Gerade noch sichtbar ist oben rechts der große Eisbruch, der über der Route hängt. 1988 wurde sie für sicher befunden, doch künftige Seilschaften sollten sie genau studieren. *(Hukam Singh)*

Der Rimo I galt nun als einer der großen Preise, die es im Karakorum zu gewinnen gab. 1986 versuchte eine weitere internationale Expedition unter der Leitung

von Oberst Prem Chand den Gipfel, diesmal von Nordosten her. Sie wählte die lange, harte Anmarschroute über den Saser La zum südlichen Rimo-Gletscher und weiter zum Nordostgrat. Durch schlechtes Wetter und Lawinengefahr geriet die Expedition in Zeitnot und mußte auf etwa 6850 m umkehren.

Erfolgreich war schließlich 1988 eine ausgezeichnet organisierte indisch-japanische Gruppe unter der Leitung von Hukam Singh und Yoshio Ogata. Sie hatten aus den Fehlern der Expedition von 1985 gelernt und wählten daher die kürzere südliche Anmarschroute. Ogata und Singh stiegen sehr weit oben am Ibex-Col in die Südwand ein und kletterten in gerader Linie auf den letzten Abschnitt des Südwestgrates, den sie oberhalb der Umkehrstelle der 1985er Seilschaft erreichten. Das indisch-japanische Team ging keine Risiken ein. Von Lager 1 auf 6100 m Höhe, knapp unterhalb des Ibex-Cols, verlegten sie über 2000 m Fixseil und errichteten zwei weitere Lager, eines in der Wand auf 6750 m und eines auf der Gratschneide in ca. 7000 m Höhe. Am 28. Juli brachen Ogata und drei Gefährten kurz vor Sonnenaufgang in Lager 3 auf und erreichten den Gipfel des Rimo I um zwei Uhr nachmittags. Im Laufe der folgenden zwei Tage gelangten noch acht Bergsteiger zum Gipfel und brachten damit diese herausragende internationale Unternehmung zu einem erfolgreichen Ende.

Im folgenden Jahr startete eine ganz anders geartete

internationale Expedition. Das Team unter Leitung von Oberst Prem Chand teilte sich in kleine Gruppen auf. Vom nördlichen Terong-Gletscher aus überquerten die indischen Bergsteiger Tsewang Smanla, Kanhaiwa Lal und Mohan Singh erstmals den Col zwischen Rimo III und Rimo II, um dann die Zweitbesteigung des Rimo IV vorzunehmen (zum ersten Mal war der Gipfel 1984 von Angehörigen der indischen Armee bestiegen worden). Inzwischen bestiegen Nick Kekus und Stephen Sustand mit Unterstützung von Doug Scott und Sharu Prabhu erstmals den Rimo II über seinen Nordgrat. Nach diesem Bravourstück im Alpinstil hofften die britischen Kletterer, mit der Südwestwand des Rimo III fortfahren zu können, doch in dieser Phase brach der Leiter die Expedition ab. Niemand wußte genau warum, doch der Vorfall zeigt, wie leicht es auf internationalen Expeditionen in diesem unruhigen Gebiet zu Mißverständnissen kommen kann. Die Südwestwand des Rimo III ist also noch immer ein attraktives Ziel für Neulandsucher, wie viele andere mögliche Routen im Terong-Becken auch.

Nun aber zurück zur Route des indisch-japanischen Teams auf den Rimo I. Obwohl die Erstbesteigung im Rahmen einer ziemlich schwerfälligen Belagerung erfolgte, ist dies eine perfekte Route für eine zügige Begehung im Alpinstil. Ihre direkte Linienführung und weniger als 1500 m Anstiegshöhe ab den ersten schwierigen Seillängen tragen zur Attraktivität dieser

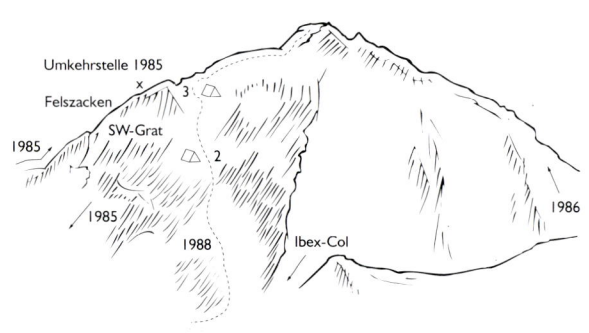

Links: Eine Frontalansicht der Südwand, aufgenommen bei der Erstbesteigung des Sundbrar. *(Dhiren Toolsidas)*

Rechts: Ein wunderbarer Abend hoch oben am Südwestgrat des Rimo I mit Blick nach Süden auf ein Meer von Gipfeln jenseits des Nubra-Tals, die meisten davon namenlos und unbestiegen. *(Stephen Venables)*

Route bei. Vom vorgeschobenen Basislager auf dem nördlichen Terong-Gletscher führt ein recht zerklüfteter Seitengletscher nach Osten zum Ibex-Col. Der Einstieg befindet sich kurz unterhalb des Cols auf 6100 m und führt in ein breites Couloir. In den Felsriegeln sind Seillängen im Schwierigkeitsgrad IV

Wenn der Hängegletscher bedrohlich erscheint, bietet sich als sichere Alternative eine Fortführung der Route des britischen Teams von 1985 an, mit dem Einstieg links der indisch-japanischen Route, das große Eisfeld hinauf, über das Venables und Saunders 1985 abstiegen. Hat man erst einmal die Gratschnei-

KURZINFORMATIONEN

Name	Rimo I
Höhe	7385 m
Lage	Rimo Muztagh, östlicher Karakorum, Indien
Route	Südwand / Südwestgrat: 1500 Höhenmeter; u.a. steiles kombiniertes Gelände, Schnee / Eis bis 60° und Felsstellen bis V
Erstbesteigung des Gipfels	28. Juli 1988 durch Nima Dorje Sherpa und Tsewang Smania (IND), Yoshio Ogata und Hideki Yoshida (JAP)
Erstbegehung der Route	Wie oben
Höhe des Basislagers	Am effektivsten ist ein vorgeschobenes Basislager auf 5000 m am nördlichen Terong-Gletscher, ab Ende Juni trocken.
Anfahrtsmöglichkeit bis	zur Gletscherzunge des Siachen-Gletschers, Nubra-Tal; zweitägige Anfahrt
Anmarsch	Mindestens vier Tage ab Ende der Fahrstrecke, doch sollte zusätzlich Zeit für Komplikationen bei Flußüberquerungen einkalkuliert werden.
Jahreszeit	Beste Verhältnisse im Juli und August
Genehmigung	Indian Mountaineering Federation. Nur gemeinsame Expeditionen mit indischen und ausländischen Mitgliedern sind in diesem militärisch unruhigen Gebiet gestattet. In Leh kommt es oft zu Verzögerungen.
Erfolgsbilanz	Nachdem die Aufstiegsmöglichkeiten gründlich erkundet worden sind, dürften künftige Seilschaften gute Erfolgschancen haben.
Literatur	Frühe Forschungsreisen sind dokumentiert in Filippo de Filippi: *The Italian Expedition to the Himalaya, Karakoram and Eastern Turkestan* (1913-14) und Dr. P.C. Visser: *The Karakoram and Turkestan Expedition of 1929-1930, Geographical Journal* 84. Reisen aus jüngerer Zeit sind beschrieben in *Painted Mountains* von Stephen Venables (Hodder & Stoughton, 1986), einem Bericht über die Expedition von 1985; *Rimo, Mountain on the Silk Road* von Peter Hillary (Hodder & Stoughton, 1988), einem umstrittenen Bericht über den Versuch von Nordosten im Jahre 1986; und *Himalayan Climber* von Doug Scott (Rosenheimer Verlagshaus, 1992), das ausgezeichnete Aufnahmen vom Rimo-Massiv enthält; *HJ*, Bd. 42 und 46, mit umfassenden Artikeln und Karten; Bd. 45 mit Berichten und Aufnahmen von der Erstbesteigung.

und V sowie teilweise schwieriges kombiniertes Gelände zu bewältigen. Die Erstbesteiger errichteten Lager 2 auf 6750 m unter dem Hängegletscher. Dieser Platz wurde zwar für sicher befunden, dürfte aber dem Eisschlag ausgesetzt sein – ein Grund mehr, Tempo zu machen. Eine sehr konditionsstarke und qualifizierte Seilschaft könnte wahrscheinlich an einem Tag die ganze Wand bis zum obersten Hochlager auf 7000 m klettern. Von hier aus führt ein messerscharfer Grat nordöstlich zum breiten Rücken des Hängegletschers. Ab dort ist der Anstieg unkompliziert, doch die Erstbesteiger fanden tiefen Schnee vor und brauchte zehn Stunden zum Gipfel.

de erreicht, folgen zwölf wunderbare Seillängen in anspruchsvollem kombiniertem Gelände, dann fünf leichtere Seillängen über Schnee zu einer ausgeprägten Schulter. Von hier aus müßte man eine letzte, bislang noch nicht begangene Scharte mit messerscharfen Kanten durchqueren, um auf 7000 m die indisch-japanische Route zu erreichen.

Der Rimo I ist ein großartiger Gipfel. Jede Aufstiegsroute bietet bergsteigerische Herausforderungen in einer grandiosen Umgebung. Der östliche Karakorum vermittelt den Eindruck endloser Weite mit atemberaubenden Ausblicken nach Norden in die Weiten von Sinkiang, nach Osten zum Saser Kangri, nach

Süden auf ein Meer unbezwungener Gipfel um das Nubra-Tal und nach Westen über das sanfte Teram-Shehr-Plateau auf die fernen Baltoro-Riesen, überragt von der unverwechselbaren Pyramide des K2.

NUN 7135 m

Ostgrat

Der Nun stellt zusammen mit seinem Zwillingsgipfel Kun das einzige 7000er-Massiv des Himalaya zwischen dem Nanga Parbat und dem Garhwal dar. Die beiden Gipfel und ihre Nachbarn Barmal, White Needle und Pinnacle Peak erheben sich hufeisenförmig über einer großen Schleife des Flusses Suru an der Grenze zwischen Kaschmir und Zanskar. Die ganze Region bietet wunderbare Trekking-Möglichkeiten und Gipfel in Hülle und Fülle, die heute leichter erreichbar sind, seit eine Sommerstraße entlang des Suru existiert. Von Kargil führt sie nach Süden, vorbei am berühmten Kloster Ringdom Gompa über den Pensi La ins Dona-Tal und nach Padum, dem Tor zu den Bergen von Kishtwar.

Für die ersten europäischen Forschungsreisenden war das natürlich ganz anders. Zu den Pionieren in diesem Gebiet gehörten Hunter und Fanny Bullock Workman, die 1906 über das schöne Schneeplateau am Kopf des Parktik-Gletschers den Pinnacle Peak (6962 m) bestiegen. Der Kun wurde 1913 von dem italienischen Grafen Piacenza bezwungen. Beim ersten Versuch, den schwierigeren Nun zu besteigen, konzentrierte man sich auf seinen Ostgrat, der vom weiter östlich gelegenen Shafat-Gletscher, außerhalb des Hufeisens, leichter erreichbar ist; James Waller und J.B. Harrison bezwangen den White Needle (6600 m), stiegen jedoch nicht über den Verbindungsgrat zum Nun selbst.

Waller bestätigte später, daß der Westgrat die einfachere Möglichkeit darstellt, und diese Route wählte dann auch ein starkes französisch-schweizerisch-indisches Team im Jahre 1953. Wie die früheren Forschungsreisenden am Nun, Arthur und Ernest Neve, war auch der schweizerische Expeditionsleiter Pierre Vittoz Missionar. Um mit den Worten seines französischen Co-Leiters Bernard Pierre zu sprechen: »Vittoz lebte seit drei Jahren in Leh, 100 km vom Nun entfernt, wo er Heiden bekehrte und zwischendurch auf Sechstausender losging.« Diesmal war der jungfräuliche Siebentausender in Kaschmir dran. Pierres französisches Kontingent bestand aus Michel Désorbay, Jean Guillemin und Claude Kogan; Indien war durch Nalni Jayal und K.C. Johorey vertreten. Wie zu jener Zeit üblich, verstärkte eine Gruppe auswärtiger Sherpas die Expedition. Ihr »sirdar« war der große Angtharkay, der schon bei den Expeditionen Shiptons und Tilmans vor dem Krieg eine so wichtige Rolle gespielt hatte.

Blick vom Nun nach Südosten über den ZI (6181 m) und andere Gipfel in Zanskar nach Kishtwar. Ganz links windet sich der Shafat-Gletscher hinauf. Obwohl diese Aufnahme im Juli entstand, herrschen eher winterliche Verhältnisse. Im Frühjahr wurden hier wunderbare Skitouren unternommen. Da das Gebiet allerdings sehr abgelegen ist, sollten vorher Brennstoff- und Lebensmitteldepots angelegt werden. (Steven Berry)

Der vorgesehene nördliche Zugang wurde 1953 gesperrt, weshalb das Team seinen Anmarsch etwa 200 km südlich, im Chenab-Tal begann. Es war eine zauberhafte Strecke, das grünende Maru-Tal hinauf und schließlich am Krishnai entlang durch immer trockeneres Land bis zum Fuß des Nun. Vom Basislager aus stiegen sie am Rand eines namenlosen Gletschers zu einem Sattel im Westgrat hinauf. Am Grat selbst entging das Team mit knapper Not mehreren Lawinen. Von Lager 3 auf 6400 m Höhe stießen Pierre Vittoz und Claude Kogan schließlich zum Gipfel vor, wobei sie sich bei der anstrengenden Spurarbeit durch tiefen Firn mit einer Neigung von bis zu 55° abwechselten.

Claude Kogan ist immer noch eine der wenigen Frauen, denen die Erstbesteigung eines größeren Gipfels gelang. Ihre Route ist mittlerweile, in Umkehrung des berühmten Bonmots von Mummery, eine leichte Tagestour für Herren geworden; sie wurde von

Die Expeditionsmannschaft aus dem Jahre 1953: Hinten, mit Brille, der Leiter, der Schweizer Missionar Pierre Vittoz, daneben der bekannte französische Kletterer Bernard Pierre. In der mittleren Reihe Claude Kogan, eine der wenigen Frauen, die an einer Erstbesteigung eines bedeutenden Himalayagipfels teilnahmen. Links von ihr der legendäre Sherpa Angtharkay, der hier recht zivilisiert aussieht und nicht mehr den traditionellen Pferdeschwanz trägt, mit dem er die Expeditionen von Shipton und Tilman in den dreißiger Jahren zierte. (Sammlung Bernard Pierre)

vielen Gruppen begangen, heutzutage meist von Norden her. Die indischen Bergsteiger, die den Nun als zweite Gruppe bestiegen, wählten jedoch eine neue Route über die steilere Flanke des Ostgrats, die sie vom Schneeplateau aus erreichten. 1978 stieg ein japanisches Team ebenfalls über den Ostgrat, entschied sich zum Anmarsch jedoch für James Wallers Route vom Shafat-Gletscher aus über den White Needle; seitdem wurde diese Route mehrmals begangen, die nach übereinstimmender Meinung interessanter sein soll als der Westgrat.

Typischer für den Sommer sind die Bedingungen auf diesem Bild. Der Blick schweift weiter nach Südwesten; in dem darunterliegenden Tal entspringt der Krishnani. An ihm entlang führte die Anmarschroute zum Westgrat der Expedition von 1953. (Andy Selters)

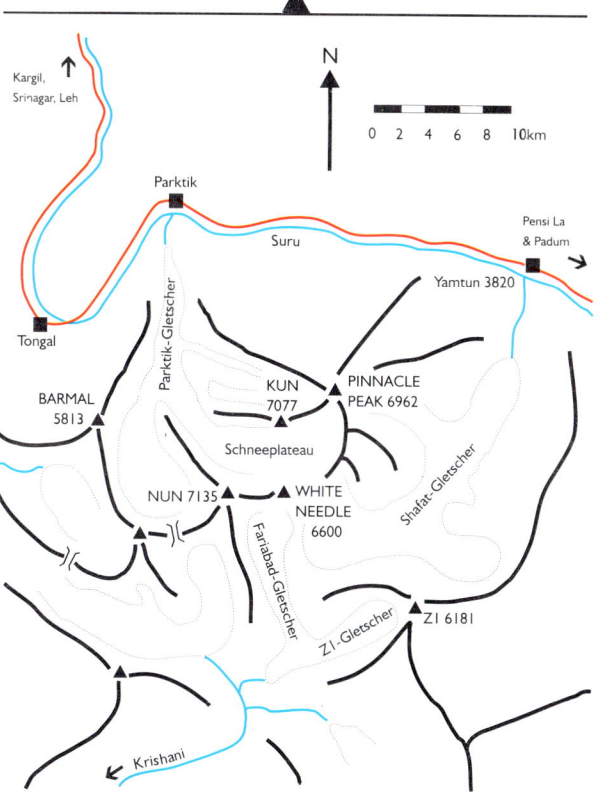

Darüber hinaus eröffnete ein tschechisches Team 1976 den Anstieg über den Nordwestgrat; 1977 wählte eine amerikanischen Gruppe eine Variante mit Quergang zur Westwand. Der Reiz dieser Touren liegt in der Anmarschroute über das spektakuläre Schneeplateau. Die Ostgrat-Route der Japaner ist jedoch landschaftlich noch attraktiver und bietet überwältigende Ausblicke nach Süden über die Gipfel von Zanskar auf die ferne Kishtwar-Kette. Die Route führt stetig nach Westen den Shafat-Gletscher hinauf,

überquert bei einem kaninchenförmigen Felsen auf 5700 m Höhe einen Gratkopf und verläuft dann weiter über einen oberen Ausläufer des Gletschers zum Grat, der vom White Needle herabschwingt. Über den White Needle geht es schließlich auf den Ostgrat des Nun. Ein messerscharfer, zinnenbestückter Gratabschnitt läßt sich durch einen Abstecher in die Südwand umgehen, ehe man wieder die Schneide erreicht, von der aus man über steilen Firn und Eis zum Gipfel gelangt.

Von Lager 2 östlich des White Needle schaut Steven Berry über den Ostgrat zum Gipfel des Nun. Spuren markieren die Umgehung der schwierigen Felszacken. (Steven Berry)

KISHTWAR-SHIVLING 6040 m

Nordwand

Der Kishtwar-Shivling ist kein besonders hoher Berg. Auf den meisten Karten wurde er nicht einmal verzeichnet, und es ist nicht zweifelsfrei geklärt, ob er wirklich so heißt. Der Begriff »Shivling« bezeichnet das Lingam, den Phallus Shivas, des Gottes der Schöpfung und Zerstörung. Es gibt im Himalaya mehrere berühmte Schreine, die »Shivling« genannte werden – bizarre Eissäulen in Höhlen, die von Pilgern verehrt werden; auch Berge tragen diesen Namen, der berühmteste von ihnen befindet sich in Garhwal. Der Kishtwar-Shivling wird auch Talangana oder Sibspahar genannt. Wie auch immer sein korrekter Name lauten mag, er ist ein atemberaubender Gipfel, und die Route durch die Nordwand gibt ein gutes Beispiel für die ausgezeichneten Klettermöglichkeiten in Kishtwar, einer der faszinierendsten Regionen des Himalaya. Von den Bergsteigern wurde dieses Gebiet seltsamerweise bis vor kurzem vernachlässigt. Die erste Expedition, von der Berichte vorliegen, wurde 1947 von Fritz Kolb durchgeführt, und die erste bedeutende Besteigung fand erst 1974 statt, als den britischen Kletterern Chris Bonington und Nick Estcourt als Mitgliedern einer indischen Expedition die Erstbesteigung des Brammah I (6416 m) über dessen Südostgrat gelang. Der Brammah liegt, ebenso wie der höchste Gipfel der

Kishtwar-Region, der Sickle Moon (6574 m – Erstbesteigung 1975 durch die Indian High Altitude Warfare School), im westlichen Teil der Bergkette, zu der man vom Maru-Tal nördlich der Stadt Kishtwar gelangt. In jüngster Zeit haben sich die meisten Expeditionen auf den östlichen Teil konzentriert; sie folgten dem Lauf des Chenab bis nach Atholi und zogen dann in nordöstlicher Richtung das Bhut nullah genannte Tal hinauf zu dem Dorf Machail. Diese hübsche Gegend erinnert sehr an die Alpen, bis man sich vergegenwärtigt, wie ungeheuer hoch die Deodarzedern wachsen, welche Massen an Schmelzwasser durch die Flußschluchten tosen und wie vielgestaltig und hoch die Berge selbst sich erheben. Es gibt kaum leichte Gipfel in Kishtwar, und viele sind mit wildzerklüfteten Gletschern bewehrt. Dieses Landschaftsidyll bietet dem Kletterer also sehr ernstzunehmende Herausforderungen. Trotz mehrerer Versuche in den siebziger Jahren sind die höchsten

In Kishtwar gibt es keine langweiligen Berge! Blick vom Consolation Peak über dem östlichen Donali-Gletscher in südsüdöstlicher Richtung auf die fernen Gipfel des Arjuna (links) und des Brammah II (rechts) sowie auf den nähergelegenen Dreikant (ganz rechts). *(Rob Collister)*

Gipfel des Barnaj immer noch unbestiegen. Auf derselben Wasserscheide zwischen Kishtwar und Zanskar liegt der Hagshu, dessen Erstbesteigung erst nach mehreren Versuchen 1988 von Norden aus gelang. Der Cerro Kishtwar, so genannt wegen seiner monolithischen Struktur, die an die Berge Patagoniens erinnert, bescherte Mick Fowler und Stephen

erst nach mehreren erfolglosen Versuchen 1983 von B. Slarnos polnischem Team über die Westwand bezwungen wurde. All diese Touren würden in den Alpen mit V oder VI eingstuft, hier sind es die einfachsten Routen zu den Gipfeln.

Bis vor kurzem war auf Grund der politischen Spannungen in Kaschmir der Anmarsch von Westen

dem aus sich in drei Himmelsrichtungen verlockende Täler verzweigen. Das östliche Tal teilt sich nach einigen Kilometern. Ein Seitental durchströmt der lange Darlang, der südöstlich in Richtung Lahul fließt, das andere der kürzere Bujwas – von vier großen Gletschern gespeist. Über einen dieser Flüsse soll – kaum vorstellbar – die Handelsroute über den Umasi La (5330 m) nach Zanskar geführt haben. Jeden Pilger, Händler oder Bergsteiger führt diese Route am Fuß der Nordwand des Kishtwar-Shivling entlang, die sich vom Ufer des Bujwas über 2500 Höhenmeter emporschwingt.

Dick Renshaw und Stephen Venables wählten bei ihrer Erstbesteigung des Kishtwar-Shivling 1983 nicht unbedingt die einfachste Route. Die Südwand hätte eine sehr viel kürzere, wenn auch steile Route mit Felskletterstellen geboten, deren Einstieg man über lange, anstrengende Geröllfelder vom Darlang nullah aus erreicht. Diese Route wäre die effizienteste Möglichkeit gewesen, doch es ging den beiden nicht nur darum, einen unberührten Gipfel zu besteigen, sondern auch um eine schöne Route in kombiniertem Gelände durch eine phantastisch strukturierte Wand; deshalb entschieden sie sich für die Nordwand. Suchte man eine vergleichbare Route in den Alpen, käme die Nordwand der Droites in Frage, die eine gewisse Ähnlichkeit aufweist, doch diese Wand im Kishtwar erhebt sich noch dazu über steilen, dramatischen Eisabbrüchen und ist gekrönt von schwindelerregendem Riffelfirn, wie man ihn nirgends in Europa findet. Der Gipfel ist zudem schöner geformt, denn seine Spitze ragt stolz und einsam empor.

Das Basislager befand sich 1983 auf einer Blumenwiese, umsäumt von Himalaya-Birken, deren Rinde sich in großen, papierartigen, weißglänzenden Stücken abschält. Das nächste Dorf, Sumcham, wird von einer Handvoll buddhistischer Familien bewohnt, die demselben Volksstamm angehören wie die Bevölkerung von Zanskar jenseits der Wasserscheide. Im Sommer leben auch die Gujahs in diesem Tal, wohlhabende Muslime, die jeden Sommer mit ihren Schaf- und Ziegenherden hier heraufziehen. Sowohl sie als auch die Ortsansässigen behandeln die anderen »Saisonar-

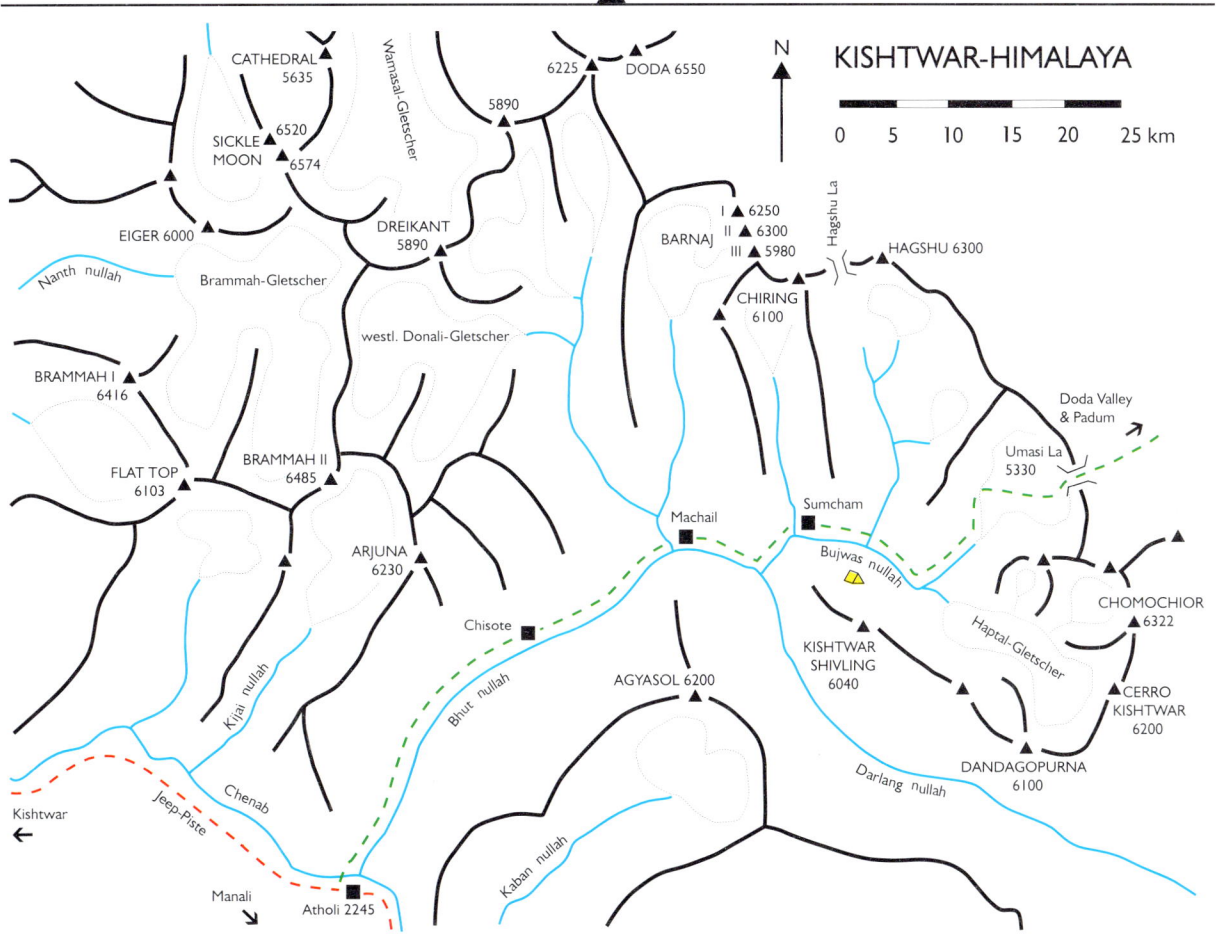

Sustad bei der Erstbesteigung 1993 einen der schwierigsten Anstiege im Himalaya. Weiter westlich gelangt man vom steilen Absturz des Kijai nullah zum Arjuna, einem weiteren spektakulären Sechstausender, der

für ausländische Expeditionen gesperrt. Man erreichte Atholi in der Regel von Jammu aus über Kishtwar. Alternativ bietet sich der längere Anmarsch von Osten über Manali und den Rohtang-Paß an, der ab 1996 auf der gesamten Strecke befahrbar sein dürfte. An dieser Strecke liegt kurz vor Atholi ein Seitental, das zum dreigipfeligen Agyasol hinaufführt, dessen Erstbesteigung 1981 Simon Richardsons britischer Expedition gelang. Von Atholi führt das Bhut nullah um den Agyasol herum zum Dorf Machail hinauf, von

Linke Seite: Dick Renshaw führt in der ersten Eiswand am Kishtwar-Shivling. Darüber liegt drohend die große Wand, perspektivisch stark verkürzt. Die Rinne gleich rechts von Renshaw zieht fast direkt zum Gipfel. Renshaw kletterte danach aber über die dunklen Felsen gleich links neben der Rinne, um dann nach rechts zum Gipfel zu queren. (Stephen Venables)

beiter«, die weißhäutigen Bergsteiger, erfrischend distanziert, freundlich und unaufdringlich.

Über diesem idyllischen Tal ragt bedrohlich die Wand empor. Renshaw und Venables erreichten sie über einen Sporn, der um den steilen, wegen der darüberliegenden Séracs gefährlichen Gletscher herumführt. Das vorgeschobene Basislager wurde auf 4500 m auf dem Rücken des Ausläufers errichtet, zu dem man sich durch Rinnen und über Geröllhalden hinaufarbeiten mußte. Die eigentliche Kletterei begann schon bald nach dem vorgeschobenen Basislager an Schneegraten und Felsstufen, die zur senkrechten ersten Eiswand führen. Darüber leiten sieben Seillängen über einen Firngrat zu einer Felsrippe, die an den markanten Hängegletscher in der oberen Wand stößt. Hier biwakierten Renshaw und Venables, ehe sie zwei weitere senkrechte Seillängen im Eis in Angriff nahmen, um dann die schneebedeckte Leiste über dem Hängegletscher zu erreichen; hier liegt der eigentliche Einstieg in die Wand.

Das Gelände wurde nun immer interessanter. Vom Bergschrund ging es in drei Seillängen über das Eisfeld mit 65° Neigung hinauf zu einem Biwakplatz abseits des Eisfeldes, unmittelbar unterhalb der Felswand des Gipfelaufbaus, die sich links anschließt. Am nächsten Morgen querten Renshaw und Venables über Schnee und Eis vier Seillängen nach rechts und erreichten die in der Wandmitte vom Gipfel herabziehende Eisrinne. Sie schien den naheliegendsten Routenverlauf vorzugeben, doch schon nach einer weiteren Seillänge querten die beiden – dem immer dünner werdenden Eis und den schlechten Sicherungsmöglichkeiten mißtrauend und mit (möglicherweise unbegründeten) Zweifeln an der Stabilität der riesigen Gipfelwächte – nach links in den vertraueneinflößenden Granit der Gipfelwand. Dies lohnte sich, denn hier fanden sie exzellentes Klettergelände vor. Am selben Nachmittag stiegen sie auf vier kombinierten Seillängen in die Mitte der Gipfelwand, wo sie auf einer schmalen Biwakkanzel ihr Lager

aufschlugen – eine charakterstärkende Nacht auf einer Hinterbacke. Für das ungemütliche Lager wurden sie am vierten Tag reich entschädigt mit acht Seillängen überragender Kletterei in Fels- und kombiniertem Gelände, hinauf zu den Schneepilzen an der

Ein Bilderbuchtag im Himalaya: Blick nach Nordosten vom Gipfel des Agyasol über das Darlang nullah zur Südwand des Kishtwar-Shivling und auf die Gipfel der Hauptkette an der Wasserscheide zwischen Kishtwar und Zanskar. *(Simon Richardson)*

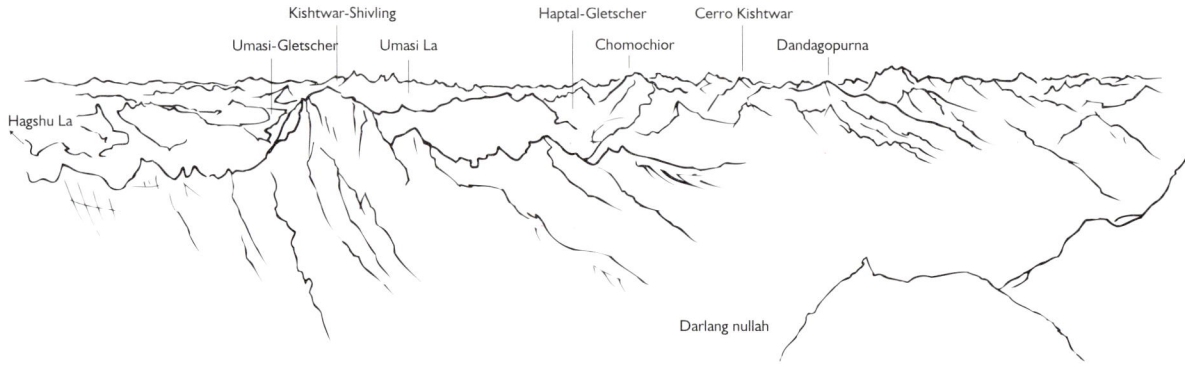

Ostschulter. Die Route führte stetig diagonal nach rechts aufwärts, entlang einer Reihe von Rissen und Verschneidungen. Höhepunkt war die makellose Renshaw-Verschneidung an einem 30 Meter hohen, an die Wand gelehnten Pfeiler in der dritten Seillänge. Doch auch alle anderen Seillängen erwiesen sich als anhaltend schwieriges Vergnügen in einer atemberaubenden Umgebung, immer über einem ungeheuren Abgrund turnend.

Die Gipfeletappe schließlich brachte harte Arbeit in Schnee und Eis. Der Grat, der von der Ostschulter herabzog, sah derart brüchig aus, daß Renshaw und

Der Kishtwar-Shivling mit herbstlichem Neuschnee angezuckert, aufgenommen vom Hagshu nullah über das versteckte Bujwas nullah hinweg. Der Felssporn, der Schneegrat und die Eisabbrüche, die zur Nordwand führen, treten im Sonnenlicht deutlich hervor. Die Ostwand links im Bild verspricht sehr anspruchsvolle Felskletterei.
(Stephen Venables)

Venables zurück in die Nordwand querten. Dort tasteten sie sich schräg nach oben über brüchige Rinnen, um schließlich nach drei Seillängen in 70° steilem Eis direkt den schneebedeckten Gipfel zu erreichen. Um Mitternacht waren sie wieder im Biwak an der Ostschulter angelangt, und in zwei weiteren Tage mit Abklettern und Abseilen schafften sie den Rest des Abstiegs zurück ins Basislager.

Oben: Großartige, aber eisigkalte Felskletterstellen am frühen Morgen in der Gipfelwand, 25 m über der Biwakkanzel der vergangenen Nacht. *(Stephen Venables)*
Links: Zwei Seillängen weiter oben führt Renshaw in der nach ihm benannten Verschneidung, einer der attraktivsten Seillängen der Route. *(Stephen Venables)*

Eine Zweitbesteigung des Kishtwar-Shivling steht noch aus. Das trifft auf die meisten Gipfel der Region zu, da es dort noch viel Neuland zu erforschen gibt. Bei weitem am schwierigsten zu erklettern war der Cerro Kishtwar. 1991 erreichten Brendan Murphy und Andy Perkins fast den Gipfel, nachdem sie siebzehn Tage lang eine prekäre Route an schmalen Rissen und Schuppen in der kaum gegliederten Ostwand geklettert waren. Die Route von Fowler und Sustad aus dem Jahr 1993 verläuft über eine Schnee- und Eisrampe im linken Wandteil, bis zu einem wilden Kamin, der in einer Scharte mündet. Aus dieser querten die beiden in das gefährliche kombinierte Gelände der Nordwand. Der Chomochior

Rechts: Gujah-Hirten zu Besuch im Basislager. *(Stephen Venables)*

Rechts außen: Tempel in der Nähe von Atholi. In dieser Region leben Hindus, Moslems und Buddhisten. Die schöne Schnitzerei im Holz der Deodarzeder zeugt von noch älteren Religionen. *(Stephen Venables)*

nebenan wurde 1988 von Roger Everett und Simon Richardson über den Südwestgrat bezwungen. Der Westpfeiler am Kishtwar-Shivling auf der rechten Seite gibt eine tolle Linie vor, doch der Anstieg sieht gefährlich aus; darüber hinaus bietet die Ostwand einen riesigen Felspfeiler.

An guten Touren besteht in Kishtwar also kein Mangel. Es ist nur dringend zu wünschen, daß zukünftige Expeditionen in kleinen Teams vorgehen und möglichst wenig Spuren hinterlassen. Alle erwähnten Routen wurden im Alpinstil ohne Verwendung von Fixseilen oder auch nur eines einzigen Hakens bewältigt.

KURZINFORMATIONEN

Name	Kishtwar-Shivling
Höhe	6040 m
Lage	Kishtwar Himalaya, Kaschmir, Indien
Route	Nordwand: 1500 m Höhenmeter vom vorgeschobenen Basislager; senkrechtes Eis, kombiniertes Gelände (bis 70°) und Felsstellen bis VI
Erstbesteigung des Gipfels	Durch Dick Renshaw und Stephen Venables (GB) am 12. September 1983
Erstbegehung der Route	Wie oben
Höhe des Basislagers	3500 m, auf einer Wiese im Bujwas-Tal beim Tor des Gletschers, der sich vom Gipfel herabzieht
Anfahrtsmöglichkeit bis	Atholi am Chenab. Die Straße führt von Westen dorthin und kann in Zeiten politischer Spannungen in Kaschmir gesperrt sein. In diesem Fall gibt es zwei Möglichkeiten: Fußmarsch von Ating auf der Nordseite der Wasserscheide mit Überschreitung des Umasi La. (Im Sommer ist normalerweise eine Straße von Kargil nach Ating offen.) Oder Anfahrt von Westen nach Atholi, über Manali und den Rohtang-Paß. In jüngster Zeit mußte der letzte Abschnitt von Purthi zu Fuß zurückgelegt werden, aber ab 1996 dürfte die Straße bis nach Atholi offen sein, wo sie auf die Straße nach Kishtwar trifft.
Anmarsch	Drei Tage von Atholi
Jahreszeit	Im Winter starke Schneefälle; der Monsun ist sehr viel heftiger als in Zanskar. Die besten Verhältnisse sind wohl im September und Anfang Oktober anzutreffen.
Genehmigung	Indian Mountaineering Foundation, Neu-Delhi
Erfolgsbilanz	Vor der Erstbesteigung 1983 gab es einen kurzen Versuch an diesem Berg, danach keinen mehr. Von den anderen Gipfeln in Kishtwar wurde der Brammah I mindestens dreimal bestiegen, was auch für den Sickle Moon gilt, bei den meisten anderen blieb es bei der Erstbesteigung.
Literatur	Eine ausführliche Beschreibung der Erstbesteigung findet sich in dem Buch *Painted Mountains* von Stephen Venables (Hodder & Stoughton, 1986), das auch einen nützlichen historischen Überblick bis 1985 enthält. Zweckdienlich ist auch Simon Richardsons Artikel *»A Peak-bagger's Guide to the Eastern Kishtwar«* im AJ 1989/90. Die Erstbesteigung des Cerro Kishtwar ist in Mick Fowlers Autobiographie *Vertical Pleasure* (Hodder & Stoughton, 1995) beschrieben.

Links: Ein perspektivisch verkürzter Blick auf den Kishtwar-Shivling, von den Birken im Basislager aus gesehen. *(Stephen Venables)*

DHARAMSURA 6446 m / PAPSURA 6451 m

Südwestgrate

Der Dharamsura, früher unter dem Namen »White Sail« bekannt, zeigt sich als elegante Eispyramide, die erstmals 1941 von einer Expedition unter der Leitung von Jimmy Roberts bestiegen wurde. Drei Kilometer westlich davon liegt breiter und massig der unwesentlich höhere Papsura, dessen Erstbesteigung 1967 gelang. Die Region Kulu bietet wunderbare Möglichkeiten für kleine Expeditionen zu verschiedenen Gipfeln bis 6600 m Höhe, die alle auf holperigen, aber befahrbaren Straßen erreichbar sind.

Die Ortschaft Manali ist seit über einhundert Jahren ein beliebter Erholungsort und ein wunderbarer Ausgangspunkt für Expeditionen. Einige Kilometer weiter nördlich liegt der Rohtang-Paß, über den inzwischen eine Straße ins Chandra-Tal führt. Nördlich davon erheben sich die Berge von Lahul, von denen der Mulkila am bekanntesten ist. Weiter östlich, jenseits des Kunzum La schließt sich die schroffe Wüstenlandschaft Spiti an. Unmittelbar östlich von Manali befinden sich die Kulu-Berge, die für den Kletterer die interessantesten Möglichkeiten bieten. Viele der schönsten Gipfel finden sich eng gedrängt um die beiden Gletschersysteme des Malana und des Tos, die weiter südlich in das Parvati-Tal fließen. Indrasan (6221 m) und Deo Tibba gelten als die bekanntesten Gipfel im Malana-Tal; der einige hundert Meter niedrigere Ali Ratni Tibba ragt eindrucksvoll empor. Rings um das Becken des Tos-Gletschers erhebt sich ein Kranz phantastischer Gipfel, von denen der Dharamsura (Gipfel des Guten) und der Papsura (Gipfel des Bösen) am meisten ins Auge stechen.

Zum zweiten Mal wurde der Dharamsura 1961 von einer britischen Expedition unter der Leitung von Bob Pettigrew bestiegen. Wie Roberts nahm auch Pettigrews Team die Anmarschroute über den östlichen Tos-Gletscher und errichtete ihr Basislager an einer sich besonders anbietenden Stelle auf 4350 m

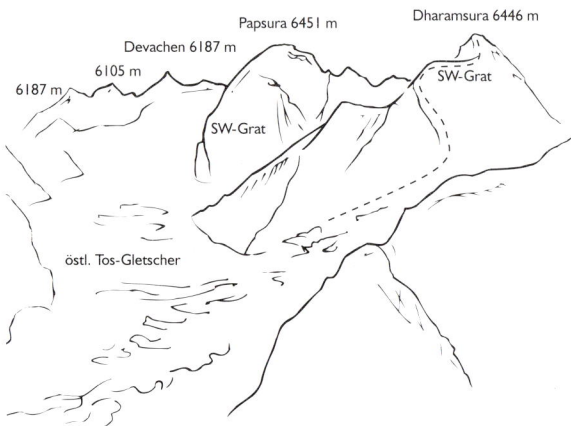

Oben: Der östliche Tos-Gletscher wird umsäumt von einer großartigen Gipfelkette, die dominiert wird durch Dharamsura und Papsura. *(Nick Groves)*
Rechte Seite: Ein namenloser Gipfel ragt oberhalb des Sara-Umga-Passes über dem Tos-Gletscher auf. *(Bob Pettigrew)*

unterhalb eines eindrucksvollen Eisbruchs. Von dort aus erreichten sie einen Sattel auf der Wasserscheide zwischen Tos und Bara Shigri und stiegen über den Südwestgrat auf den Dharamsura. Bei einer späteren Expedition Pettigrews in dieses Gebiet gelang Geoff Hill und Colin Pritchard 1967 die Erstbesteigung des Papsura durch ein Schneecouloir in der Südwand zum Sattel auf dem Südwestgrat. 1977 bestieg eine andere britische Gruppe unter der Leitung von Paul Bean sowohl den Papsura als auch den Dharamsura im Alpinstil, in beiden Fällen über eine neue Route. Unter ästhetischen Gesichtspunkten bieten die Südwestgrate die elegantesten und eindrucksvollsten Routen in diesem Massiv.

Die vorspringende Schulter des Dharamsura auf ca. 6000 m Höhe erreicht man auf einer naheliegenden Route durch ein Couloir und über eine Rampe (ca. 50°) auf der Ostseite des Grats. Danach leitet die durchgehend schneebedeckte, wunderschöne Gratschneide – an einigen Stellen schmal und heikel – zum Gipfel. Von hier aus zeichnet sich links im Profil das Pendant unseres Anstieges drüben am Papsura ab. Diese Route führt über eine Reihe von Schneefeldern um den 300 m hohen Felspfeiler am Fuß des Grates herum. Von einer Schulter am Pfeilerkopf geht es durch vereiste Kamine in der Westseite weiter, ehe man wieder auf den Grat trifft. Es folgen mehrere Seillängen über heikle Platten (bis VI) und kombiniertes Gelände, das etwa 500 m oberhalb der Schulter allmählich in Schnee übergeht. Danach flacht die Steilheit zum Gipfel hin ab.

Die beste Abstiegsroute vom Dharamsura führt

Namen	Dharamsura (»White Sail«), Papsura
Höhen	6446 m; 6451 m
Lage	Kulu, Himachal Pradesh, Indien
Routen	Südwestgrate
Erstbesteigung der Gipfel	Dharamsura: 1941 durch eine Gruppe unter der Leitung von Jimmy Roberts (GB) über den Südostgrat; Papsura: 1967 durch Colin Pritchard und Geoff Hill durch das Südcouloir und über den Ostgrat
Erstbegehung der Routen	Dharamsura: 27. – 28. Mai 1977 durch Rowland Perriment und George Crawford-Smith (GB); Papsura: 31. Mai – 2. Juni 1977 durch Perriment und Barry Needle (GB)
Höhe des Basislagers	4350 m am östlichen Tos-Gletscher unterhalb des ersten größeren Eisbruchs und einige Wegstunden über der Gletscherzunge des Tos-Gletschers auf 3840 m Höhe
Anfahrtsmöglichkeit bis	Kasol, mit Bus oder Jeep von Bhuntar im Beas-Tal südlich von Manali
Anmarsch	40 km, etwa 7 Tage von Kasol
Jahreszeit	Mai / Juni oder September / Oktober.
Genehmigung	Indian Mountaineering Foundation, Neu-Delhi
Erfolgsbilanz	Recht hohe Erfolgsquote
Literatur	Von den beiden beschriebenen Erstbesteigungen finden sich kurze Berichte im *AAJ* 1978, im *AJ* 1978 ist außerdem ein Artikel mit Bildern erschienen.

zurück über den Südwestgrat, während für den Abstieg vom schwierigeren Papsura entweder der Nordwestgrat hinab in den Sattel unterhalb des Devachen ratsam erscheint oder der Ostgrat mit dem steilen und möglicherweise vereisten Couloir direkt hinab zum Gletscher.

Einige Gipfel in diesem Gebiet bieten sich für Überschreitungen im Alleingang oder in kleinen Gruppen an, bei denen in der Regel der lange Grat benutzt wird, der die Trennline zwischen dem östlichen Tos- und dem Bara-Shigri-Gletscher bildet. 1978 überschritten Mike Searle und Nick Groves die Gipfel des Deception, des Angdu Ri und des Dharamsura, wobei sie letzteren auf der Route der Erstbesteiger erreichten. Ein vollständige Überschreitung von Papsura und Dharamsura mit Aufstieg am Südwestgrat des Papsura und Abstieg über den Südwestgrat des Dharamsura wäre ein attraktives Projekt.

SHIVLING 6543 m

Ostgrat

Von den Hunderten märchenhafter Gipfel im Garhwal-Himalaya sieht der Shivling am westlichen Zugang zum Gangotri-Gletscher wohl am dramatischsten aus. Das Gletschertor wird Gaumukh, Kuhmaul, genannt; hier entspringt der heiligste Quellfluß des Ganges, der Bhagirathi. Jedes Jahr pilgern Tausende gläubiger Hindus hierher, und viele besonders Eifrige steigen weiter hinauf zu den Wiesen von Tapovan, um an dem steil aufragenden Granit-Obelisken hinaufzuschauen. Für sie ist der Shivling ein Symbol der Schöpferkraft Shivas; unter Bergsteigern gilt er als der ultimative Kletterberg. Als Colin Kirkus und Charles Warren hier 1933 zur Erstbesteigung des Bhagirathi III aufbrachen, nannten sie den Shivling »Matterhorn Peak« – von Tapovan erscheint er in der Tat als gigantische Pyramide. Steigt man jedoch weiter den Gangotri-Gletscher hinauf, dann sieht man, daß er zwei Gipfel hat, die einander auffallend ähnlich sind. Marschiert man dann vielleicht hinüber zum Meru-Gletscher, bietet sich ein fast spiegelgleicher Ausblick. Diese Symmetrie erhöht den Reiz des Gipfels.

Der Gangotri-Gletscher ist 30 km lang. Zusammen mit seinen Nebengletschern bedeckt er ein riesiges Gebiet, umringt von Sechstausendern, darunter so berühmte Namen wie Chaukamba, Kedarnath, Satopanth und Sri Kailas. Zusammen mit allen Gletschern und Gipfeln an der Außenseite der Arena bieten diese Gipfel Klettermöglichkeiten, die in einem ganzen Leben nicht ausgeschöpft werden könnten, doch in diesem Buch wollen wir uns auf drei davon konzentrieren, an denen der besondere Charakter von Gangotri im Vergleich zu anderen Gebieten in

Garhwal besonders deutlich wird – die Granitgipfel des Bhagirathi III, des Thalay Sagar und des Shivling. Die größte Herausforderung von allen, der Shivling, wurde 1974 von einer Expedition der indisch-tibetischen Grenzpolizei unter der Leitung von Hukam Singh bezwungen, der damit seine reichhaltige Sammlung an Gipfeln ergänzte. Seine Gruppe nahm die einzige augenscheinliche Schwachstelle im Bollwerk des Berges ins Visier, den kombinierten Sporn des Westgrates, der wie ein Laufsteg zum Sattel zwischen den zwei Gipfeln führt, von wo aus ein steiler Schnee- und Eisgrat zum Hauptgipfel verläuft. Kurz unterhalb des Sattels wird die Route von einem Séracriegel versperrt, der in manchen Jahren sehr instabil sein kann. 1994 brach ein großer Teil davon ab, zerstörte ein indisches Lager auf dem darunterliegenden Grat und erschlug um ein Haar einen der Bergsteiger. Diese Route der Erstbesteiger ist also keineswegs ein Spaziergang, und es ist gut möglich, daß sich die entsprechende Route über den Südostgrat zum Sattel, eine großartige Felskletterei (Erstbegehung 1983 durch Masaki Nakao, Kenji Ohama und Masami Yamagata) als sichererer, wenn auch klettertechnisch sehr viel schwierigerer Normalweg durchsetzen wird. Ebenfalls im September 1983 bestieg Chris Bonington, jener unermüdliche Neulandsucher, zusammen mit Jim Fotheringham erstmals den Südwestgipfel des Shivling. Die beiden kamen vom Kirti-Bamak-Gletscher und umgingen den brüchigen unteren Abschnitt des Südostgrats im schnellen Aufstieg durch eine gefährliche Rinne, die sie auf die schön geschwungene Granitkante des oberen Grates führte. Dort erwarte-

ten sie zahlreiche herrliche Seillängen bis zum Gipfel hinauf. Das Spiegelbild dieser Route drüben am Südwestgrat des Südwestgipfels wurde 1986 von den Australiern Brigitte und Jon Muir und Graeme Hill geklettert. Auch sie stiegen über den Sattel zwischen den zwei Gipfeln ab und nahmen dann die ursprüngliche Westgratroute.

Obwohl der Südwestgipfel mit seiner spitzen Gipfel-

Oben: Sadhus, heilige Männer, waschen sich am Gaumukh, wo der Bhagirathi dem Gangotri-Gletscher entspringt.
Linke Seite: Der Shivling, einer der schönsten Gipfel in ganz Indien. Links die gezackte Silhouette des Ostgrats, auf dem Anfang Mai Neuschnee gefallen ist. *(Beth John Cleare/Mountain Camera)*

zacke märchenhaft schön geformt ist, wird die Wahl wohl meistens auf den Hauptgipfel fallen, der den Zugang nach Gangotri so beherrschend überragt. Die ursprüngliche Westgratroute erfreut sich trotz der unangenehmen Séracs bis heute großer Beliebtheit.

Ein Blick auf die einzigartig symmetrische Gestalt des Shivling vom Kirti Barak aus nach Osten. Rechts der Ostgrat zum Hauptgipfel. Links tritt der elegant geschwungene Südgrat des Südwestgipfels hervor, der 1983 von Chris Bonington und Jim Fotheringham bestiegen wurde. Links dahinter zeichnet sich der Südwestgrat ab, der 1986 von den Australiern Brigitte und Jon Muir und Graeme Hill geklettert wurde. In fast direkter Linie zum Col zwischen den beiden Gipfeln verläuft die Route der Japaner von 1983; über die Südwand stiegen 1983 als erste Gruppe Masaki Nakao, Kenji Ohama und Masami Yamagata auf. Ein britisches Team, das die Route 1986 wiederholte, war von ihr begeistert, vor allem von der gut griffigen letzten Seillänge, die im Quergang zum Sattel führt. (John Cleare)

Direkter, ästhetisch ansprechender und anspruchsvoller sind jedoch die vier von Tapovan aus sichtbaren Routen.

Die erste große schwierige Route führte über den Ostgrat und wurde erstmals 1981 von einem englisch-australisch-französischen Team mit Doug Scott, Greg Child, Rick White und Georges Bettembourg begangen. Für Child und White, die über keine nennenswerte Erfahrung auf schneebedeckten Bergen verfügten, war dies eine besonders beachtliche Leistung. Der Ostgrat bietet in einigen Seillängen zwar sehr schwere Felsstellen, doch zeichnet er sich auch durch schwindelerregende messerscharfe Gratabschnitte aus — bedrohlicher noch als im Yosemite Valley —, die diesen Anstieg für eine Begehung im Alpinstil geradezu prädestinieren. Die Route wurde in 13 Tagen erklettert und war damals klettertechnisch vielleicht die schwerste im Alpinstil bewältigte Tour des Himalaya.

Ein Versuch der britischen Kletterer Nick Kekus und Richard Cox über die Nordostwand endete 1983 tragisch. Herausragendes Merkmal dieser Wand ist ihr zentrales Eisfeld mit 65° Neigung. Um dorthin zu gelangen, mußten sie schwieriges kombiniertes Gelände und zwei Felsgürtel mit Schwierigkeitsgrad VI/A1 überwinden. Am fünften Tag waren die beiden im Eisfeld und stiegen in die Felswand am Gipfelaufbau ein. Als Cox das obere Ende der ersten Seillänge erreichte, löste sich eine Sicherung und er stürzte 20 m tief. Er brach sich den Knöchel, und Kekus mußte ihn nach einer eintägigen Verzögerung wegen stürmischer Witterung über die Wand ablassen. Beim Abseilen löste sich der Karabiner des mittlerweile stark geschwächten Cox vom Seil, und er stürzte in den Tod. Kekus gelang es, allein abzusteigen. Drei Jahre später wurde die Wand erfolgreich von den italienischen Kletterern Paolo Bernascone, Fabrizio Manoni und Enrico Rosso durchstiegen. Vom oberen

Rand des Eisfelds mußten sie jedoch diagonal nach links in die oberste Wand am Ostgrat queren, die nicht ganz so steil ist wie die wilde Wand am Gipfelaufbau der Nordostwand selbst.

Die Route der Tschechen Bronislaw Adamec, Pawel Rajf und Jiri Svejda aus dem Jahre 1987 durch die Nordwand weist einen Höhenunterschied von 1700 m auf. Sie führt über ein unteres Eisfeld und kombiniertes Gelände (IV+, 70°) zum Trichter in der Wandmitte. Der Trichter öffnet sich zum oberen Eisfeld, welches schließlich in 75° − 80° geneigte Rinnen mündet, die mit Wassereis überzogen sind und zur Gipfelwand hinaufführen. Anders als bei der Nordostwand wird die Gipfelwand hier von einem tiefen Kamin durchrissen. Anfänglich hat man mit brüchigem Fels zu tun, doch schon bald wird seine Qualität besser, und man gelangt über ausgezeichnetes kombiniertes Gelände und Felsstellen bis V+ zum Ausstieg auf das Gipfeleisfeld. Da auf dieser Route die Gipfelwand nicht umgangen wird, erscheint sie befriedigender als die Nordostwand, aber es ist zu bedenken, daß die Tschechen von erheblicher Lawinengefahr im Trichter berichteten.

Auf dieser Seite des Berges gibt es noch eine weitere bedeutende Route, den Nordgrat, der die Trennlinie zwischen Nordost- und Nordwand markiert. Während der Ostgrat sich gemächlich mit langen horizontalen Abschnitten und dekorativen Felszacken hinaufwindet, die beim Klettern für Abwechslung sorgen, ist der Nordgrat eine kompromißlos direkte Route; hier nimmt die Neigung nirgends ab, gibt es keine Unterbrechungen im unermüdlichen Sturm auf den Gipfel. Die direkte Routenführung stellt wohl die eleganteste Linie am ganzen Berg dar. Eine weniger direkte Variante, die 1987 von einem japanischen Team erschlossen wurde, führt im unteren Abschnitt über den stärker gezackten rechten Sporn. Im oberen Teil umgeht sie den letzten Überhang durch einen langen Schräganstieg nach rechts in den letzten Kamin der Route über die Nordwestwand. 1993 wurde diese Route von dem jungen Südtiroler Bergführer Christoph Hainz und seinem älteren Kollegen Hans Kammerlander drastisch begradigt. Kammerlander ist

Rechts: Am zehnten Tag erreichten die Kletterer den letzten, messerscharfen Abschnitt des Ostgrates unter der riesigen Gipfelwand. Rechts im Profil sieht man den Überhang am oberen Ende des direkten Nordgrates. *(Greg Child)*

vor allem für seine bemerkenswert schnellen Besteigungen verschiedener Achttausender mit Reinhold Messner bekannt. Der direkte Weg den Nordgrat hinauf ist eine phantastische Kletterroute. Besonders bemerkenswert ist die Tatsache, daß Kammerlander und Hainz nach anfänglichen Akklimatisierungs-Vorstößen auf 5700 m die letzten 850 Höhenmeter zum Gipfel in nur zwölf Stunden zurücklegten und in weiteren zwölf Stunden wieder das Basislager erreichten, wobei sie sich nachts abseilen mußten, um einem Sturm zu entgehen. Leider ließen sie sich keine weiteren Einzelheiten entlocken, doch wenn die Höhenangaben stimmen, muß es sich um ein erstaunliches Tagespensum gehandelt haben. Während die Japaner nämlich im oberen Teil mehrere Bänder nutzten und so ein ganzes Stück in die Nordwand hineinstiegen, wichen diese beiden nach eigener Aussage auf dem letzten Grataufschwung mit senkrechtem und überhängendem Granit nur ganz gering-

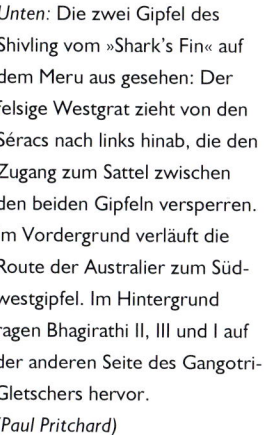

Unten: Die zwei Gipfel des Shivling vom »Shark's Fin« auf dem Meru aus gesehen: Der felsige Westgrat zieht von den Séracs nach links hinab, die den Zugang zum Sattel zwischen den beiden Gipfeln versperren. Im Vordergrund verläuft die Route der Australier zum Südwestgipfel. Im Hintergrund ragen Bhagirathi II, III und I auf der anderen Seite des Gangotri-Gletschers hervor.
(Paul Pritchard)

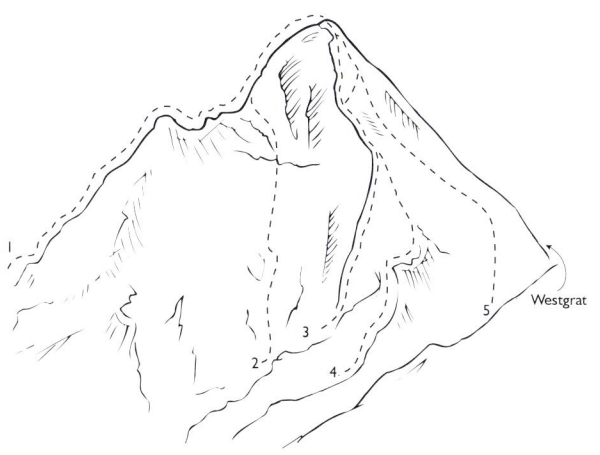

1. Ostgrat – Frankreich, Australien, Großbritannien 1981
2. Nordostwand – Italien 1986
3. Direkter Nordgrat – Südtirol 1993
4. Nordgrat – Japan 1987
5. Nordwand – Tschechoslowakei 1987

Rechts unten: Die »Matterhorn-Seite« des Shivling erhebt sich in eleganter Linie über Tapovan. Es ist ein kühler Oktobermorgen. Larry Stanier, der in diesem Monat den Westgrat versuchte, berichtete von Temperaturen bis –35°C bei Tagesanbruch.
(Larry Stainer)

fügig nach rechts ab: 850 m schwieriges kombiniertes Gelände mit überhängenden Granitstellen auf 6400 m als krönendem Abschluß, und dies in nur elfeinhalb Stunden trotz Schneesturm, noch dazu ohne vorherige Erkundung – das alles zusammen ist eine unglaubliche Leistung, selbst wenn die alten Seile der Japaner benutzt wurden, soweit sich die Routen deckten.

Der direkte Nordgrat ist zwar eine phantastische Route, vor allem für den ehrgeizigen Kletterer, doch im Rahmen dieses Buches und in Ermangelung gesicherter Informationen nehmen wir uns lieber den Ostgrat vor. Seine Schwierigkeiten bis Grad A3 bewältigte die Gruppe von 1981 in Bigwall-Technik. Auf Grund der zahlreichen Grattürme war dies jedoch ein mühsames Unterfangen, und sie schafften nur wenige Seillängen pro Tag. Die Erstbesteiger meinten jedoch, daß die Route sehr viel schneller geklettert werden könnte, vor allem bei gutem Wetter. Bei schlechten Wetterverhältnissen könnte ein Abstieg

Links: Andy Parkin etwas oberhalb des Sattels, auf dem letzten Grataufschwung des Normalweges zum Hauptgipfel. Hinter dem Sattel erhebt sich der Südwestgipfel. *(Sean Smith)*

Unten: Georges Bettembourg am oberen Ende des Ostgrats. Er bewältigt die erste Seillänge der Gipfelwand mittels Steigklemmen, an einem Seil über der Nordostwand hängend. *(Doug Scott)*

aus dem oberen Teil der Route sehr schwierig werden, doch besteht auf dem Grat keinerlei Lawinengefahr. Erfreulicherweise bleibt man weitgehend auf der Gratschneide bis zum krönenden Abschluß in der spektakulären Gipfelwand, für deren Besteigung die Gruppe von 1983 zwei volle Tage benötigte.

Der Abstieg erfolgt gewöhnlich über den Westgrat. Ohne vorherige Erkundung der Séraczone könnte dies jedoch gefährlich werden, besonders wenn sich die Verhälnisse dort weiter verschlechtern. Die sicherste Abstiegsmöglichkeit bietet bestimmt der Südostgrat auf der anderen Seite des Sattels, der alleine schon eine ausgezeichnete Klettertour darstellt.

KURZINFORMATIONEN

Name	Shivling
Höhe	6543 m
Lage	Gangotri-Gruppe, Garhwal, Indien
Route	Ostgrat: 1200 Höhenmeter senkrecht, dennoch 60 Seillängen meist auf Fels, bis VI/A3, doch auch kombiniertes Gelände, besonders auf dem langen waagerechten Abschnitt im Mittelteil
Erstbesteigung des Gipfels	Am 3. Juni 1974 erreichten Hukam Singh, Ang Tharkey, Pemba Tharkey, Laxman Singh und Pasang Sherpa von der indisch-tibetischen Grenzpolizei den Gipfel über den Westgrat.
Erstbegehung der Route	3. – 15. Juni 1986 durch Georges Bettembourg (FRA), Doug Scott (GB), Greg Child und Rick White (AUS)
Höhe des Basislagers	4300 m auf einer Wiese in Tapovan am Zusammenfluß des Meru- und des Gangotri-Gletschers
Anfahrtsmöglichkeit bis	Gangotri, nur eine Tagesreise von Neu-Delhi
Anmarsch	3 Tage in leichtem Gelände, über Gaumukh
Jahreszeit	In einem schönen Herbst sind die Wetterverhältnisse im September / Oktober sehr stabil. Die Temperaturen können in dieser Jahreszeit jedoch schon sehr niedrig sein; der Frühling bietet insgesamt vielleicht bessere Bedingungen.
Genehmigung	Indian Mountaineering Foundation, Neu-Delhi
Erfolgsbilanz	Der Ostgrat ist noch kein zweites Mal begangen worden, doch die Route über die Nordostwand wurde bereits mindestens zweimal geklettert. Auf dem Normalweg am Westgrat sind mehr als 50% aller Expeditionen erfolgreich. Der Südostgrat des Sattels wurde zweimal erfolgreich begangen.
Literatur	Die Ostgrat-Route ist gut dokumentiert in Doug Scott: *Himalayan Climber* (Rosenheimer Verlagshaus, 1992) und Greg Child: *Thin Air* (Mountaineers/Oxford Illustrated Press, 1988). Die Variante von Georges Bettembourg wird in *Mountain* 84 behandelt. Andere Routen sind in *AAJ, HJ* und Jan Babicz: *Peaks and Passes of the Garhwal Himalaya* (Alpinistyczny Klub Eksploracyjny, u.l. Armii Krajowej 12, 81-849 Sopot, Ungarn) beschrieben.

Links: Hans Kammerlander beißt im Sturm am Nordgrat die Zähne zusammen. Teile seiner direkten Gratroute von 1993 sind leider inzwischen mit Fixseil versichert. *(Christoph Hainz)*

BHAGIRATHI III 6454 m

Südwestpfeiler

Der Bhagirathi III ist, vom Gangotri-Gletscher aus gesehen, der mittlere und niedrigste der drei Bhagirathi-Gipfel. Er macht aber auch den spektakulärsten Eindruck. Von den Gipfel-Schneefeldern schwingt sich auf seiner Westseite das riesige Rund des »Amphitheaters« – oben kontinuierlich überhängend. Seitlich treten Granitpfeiler hervor, von denen jeder einzelne als eine der großartigsten Felsklettereien der Welt gelten darf.

Colin Kirkus und Charles Warren erreichten am 19. Juni 1933 als erste den Gipfel des Bhagirathi III. Ihr Aufstieg über den Südgrat war damals einer der schwierigsten im Himalaya, erhielt aber nicht die öffentliche Anerkennung, die er verdient hätte, zum Teil wohl wegen der Verwirrung, welchen Gipfel sie denn nun bestiegen hatten. In dem Buch von Marco Palli, »Peaks and Lamas«, schilderte Kirkus, sie hätten den Mittelgipfel des Satopanth bestiegen, doch nach den Ergebnissen einer späteren österreichischen Erkundung handelte es sich bei dem von ihm beschriebenen Berg tatsächlich um den Bhagirathi III. Sie bewältigten ihre Route in vier Tagen im reinen Alpinstil, mit Felsstellen bis IV.

Charles Warren nannte die Expedition von 1933 die »logische Fortführung eines Urlaubs im Hochgebirge«. Diese Einstellung wurde ab Ende der siebziger Jahre mit Begeisterung wieder aufgenommen, als immer mehr Bergsteiger schwierige Gipfel in gemäßigter Höhe für Erstbesteigungen im Alpinstil suchten. Das damals gerade wieder zugängliche Gangotri-Becken war eine reizvolle Gegend, insbesondere waren die Granitpfeiler des Bhagirathi III für diese

Wünsche bestens geeignet. Georges Bettembourg beschrieb ihn treffend als einen »El Cap, oben auf 6000 m mit einer Droites-Nordwand«.

Den etwa 1500 m hohen Pfeiler auf der rechten Seite konnten die Schotten Bob Barton und Allen Fyffe 1982 im dritten ernsthaften Versuch bezwingen. Ihre Route, die zum größten Teil aus Fels (IV – V/A2) besteht, fand auf Anhieb positive Resonanz und wurde 1983 von einer amerikanischen Gruppe wiederholt, wenn auch ohne Gipfelerfolg. Die zweite Begehung ging dann 1988 an das Team Phil Castle und Carol McDermott aus Neuseeland, die einige der künstlichen Hilfsmittel beseitigten. Weitere Wiederholungen gab es 1989 durch ein Team von Koreanern und 1992 durch zwei Kanadier.

Bei ihrer Erstbegehung wandten Barton und Fyffe die Taktik der nachrückenden Fixseilversicherung an, indem sie jeden Tag sechs Längen Fixseil anbrachten, sich dann zum letzten Biwakplatz abseilten und am nächsten Morgen, sofern das Wetter dies zuließ, mit Steigklemmen und ihrer gesamten Ausrüstung an den Seilen wieder hochstiegen, um danach die Seile wieder abzuziehen. Anschließend gingen sie die nächsten sechs Seillängen an. »Ein Zwischending aus Bigwall-Technik und Alpinstil«, wie es Barton bezeichnete. »Es war für unsere Zwecke bestens geeignet.« Das stimmte offensichtlich, denn sie kamen zügig voran und erreichten nach acht Tagen den Kopf des Granitpfeilers.

Als die Schotten auf einen der metamorphen Schiefergürtel der Gangotri-Region stießen, änderte sich der Charakter der Route schlagartig. Barton nannte den

nächsten Tag in kombinierter Kletterei »eine Horror-Show der Unsicherheiten«. Am zehnten Tag packten sie ihren gesamten Vorrat an Fixseilen und Felskletterausrüstung in einen Materialsack und warfen ihn über die Wand nach unten! Für das letzte Eisfeld und den Grat bis zum Gipfel brauchten sie noch zwei Tage sowie zwei Tage für den Abstieg über den Nordgrat und den Chaturangi-Gletscher zurück ins Basislager. Danach mußten sie nur noch ihren Materialsack am Fuß des Amphitheaters einsammeln.

Im Mai 1984 wurde der Pfeiler auf der linken Seite des Amphitheaters, meist Westwand genannt, von den Katalanen Juan Aldeguer, Sergei Martinez, Jose Moreno und Juan Tomas bestiegen. Auch sie bedienten sich der Taktik des nachrückenden Fixseils. Mit Hängemattenbiwaks waren die beiden Zweierseilschaften acht Tage am Pfeiler. Sie beschrieben ihre Route, die »Impossible Star«, als »im Prinzip freie Kletterei – schön, athletisch und senkrecht, auf exzellentem Granit«. Die meisten der neunundzwanzig Seillängen wurden mit V– bis VI+ eingestuft, manche mit A1, und eine Seillänge mit A3. Als sie das nach ihren Worten gefährliche Schieferband erreichten, warfen auch sie ihren Materialsack nach unten und kletterten, vom Gewicht befreit, zum Gipfel und danach ein kurzes Stück den Südostgrat hinunter. Von dort seilten sie sich achtmal in der Nordostwand ab, bis sie über schwierige Schneehänge zum Chaturangi-Gletscher absteigen konnten.

Die Katalanen-Route fand rasch Anklang. Schon vier Monate später wurde sie von den Kanadiern Dave Lane und Scott Flavelle wiederholt, die viel von dem

Müll beseitigten, den die Katalanen hinterlassen hatten. Im Juni 1985 erfolgte eine dritte Begehung durch die Franzosen Pierre Faivre, Jeff Lemoine und Guy Mevellac Bouvet. Sie verglichen die Route mit der »Salathé« im Yosemite-Nationalpark. Beide Gruppen, die jeweils neun Tage für die neunundzwanzig Seillängen benötigten, bestätigten deren extremen Schwierigkeitsgrad.

Das Amphitheater, eine bedrohlich wirkende konkave Wand zwischen den beiden Pfeilern, wurde im Herbst 1990 von den Slowenen Silvo Karo und Janez Jeglic durchstiegen. Diese 1600 m hohe Route, welche die Schwierigkeiten der oberen schrägen Wand ohne Umschweife angeht, wurde mit den Schwierigkeitsgraden VIII und A4 bewertet!

Nach allem, was man hört, ist der Weg der Slowenen

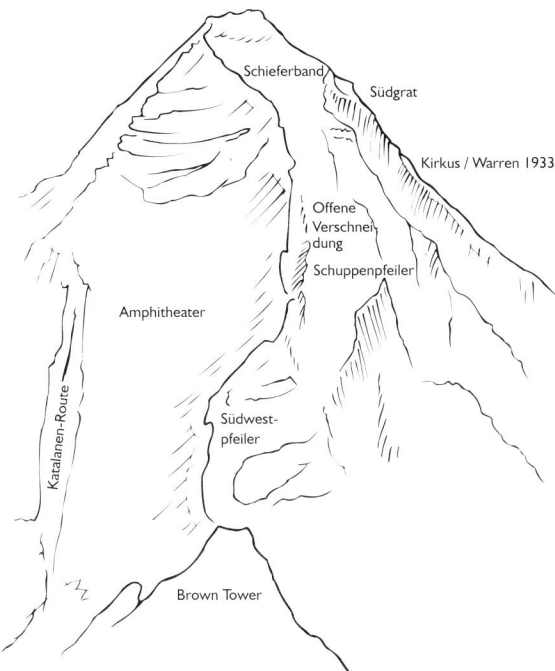

Links: Der Bhagirathi III vom Gangotri-Gletscher aus. Das Amphitheater liegt düster im Schatten; links davon die Westwand, rechts die geschwungene Wand des Südwestpfeilers. Die Erstbesteigung des Gipfels durch Colin Kirkus und Charles Warren im Jahre 1933 erfolgte über den Südgrat, der sich rechts gegen den Himmel abzeichnet. Damals war dies eine der schwersten Routen, die im Himalaya geklettert worden waren. *(John Cleare)*
Oben rechts: Dem kanadischen Bergsteiger Mark Gunlogson machte der ausgezeichnete Granit des Südwestpfeilers viel Spaß. Rechts über ihm steht der Schuppenpfeiler im Profil zum Himmel. *(Micha Miller)*

eine Schinderei mit wenig eleganter Linienführung, im oberen Teil auch in brüchigem Fels, wohingegen die beiden seitlichen Pfeiler ausgezeichnete Routen bieten. Die Katalanen-Route wird schwerer eingestuft; sie ist auch steiler, was zwar das Nachziehen des Materialsacks erleichtert, aber natürliche Biwakplätze ausschließt. Der Schotten-Pfeiler ist etwas leichter und bietet den Vorzug besserer Biwakplätze. Darüber hinaus ist er mehr nach Süden ausgerichtet; daher klart es hier nach schlechtem Wetter auch schneller wieder auf.

Unsere Anstiegsskizze zeigt die Linie der Route von Barton und Fyffe über den Südwestpfeiler. Die eigentliche Kletterei beginnt am Brown Tower, am unteren Ende des ausgeprägten Grates rechts des Amphitheaters. Der Anstieg zum Brown Tower führt kompliziert über Geröll hinauf, mit einem steinschlaggefährdetem Stück im Schwierigkeitsgrad IV. Eine starke, gut akklimatisierte Gruppe müßte von Tapovan aus den Brown Tower in einem Tag erreichen können. Nach diesem Turm geht es erst gerade, dann nach rechts hinauf, zunächst in hervorragendem Granit (V), abschließend mit einem Pendelquergang zur Gratschneide. Man bleibt am Grat bis zu einer schneebedeckten Einbuchtung unterhalb einiger leicht nach links verlaufender Rinnen. Diesen folgt man (heikel, A2) bis zu einem Gratturm, wo die Route wieder nach rechts führt in ein Rißsystem links neben dem Schuppenpfeiler, der auffälligsten Formation in der Wand. Die Erstbegeher erreichten hier mit

einem langen Pendelschwung einen rechts neben der Route gelegenen Biwakplatz, das »Pendelband«. Oberhalb dieses Bandes stießen sie auf den einzigen Abschnitt mit schlechtem Granit; danach folgte eine schwere Passage (V/A2). Oberhalb des Schuppenpfeilers führt ein spektakulär ansteigender Quergang (V/A2) nach links in eine riesige, offene Verschneidung, die etwas leichter zu bewältigen ist (V). Darüber

Rechts: Micha Miller steigt in einer weiteren interessanten Seillänge mit technischen Kletterstellen kurz oberhalb des »Pendelbandes« vor, praktisch auf gleicher Höhe mit dem Schuppenpfeiler. *(Mark Gunlogson)*

Oben: Bhagirathi II (links) und III, bei einer Skiabfahrt über die Nordwestflanke des Kedarnath Dome (6831 m) aufgenommen. Diese Route wird oft begangen und zieht neuerdings im Frühjahr immer mehr Skibergsteiger an. Die Erstbesteigung des Kedarnath-Hauptgipfels und die Erstbegehung dieser Route gelang 1947 einer Schweizer Mannschaft, der auch der exzentrische Genfer André Roch angehörte. In der Ostwand des Kedarnath Dome hat eine ungarische Mannschaft unter der Leitung von Attila Ozsvath 1989 eine sehr schwere Felstour mit sechzig Seillängen eröffnet. *(John Cleare)*

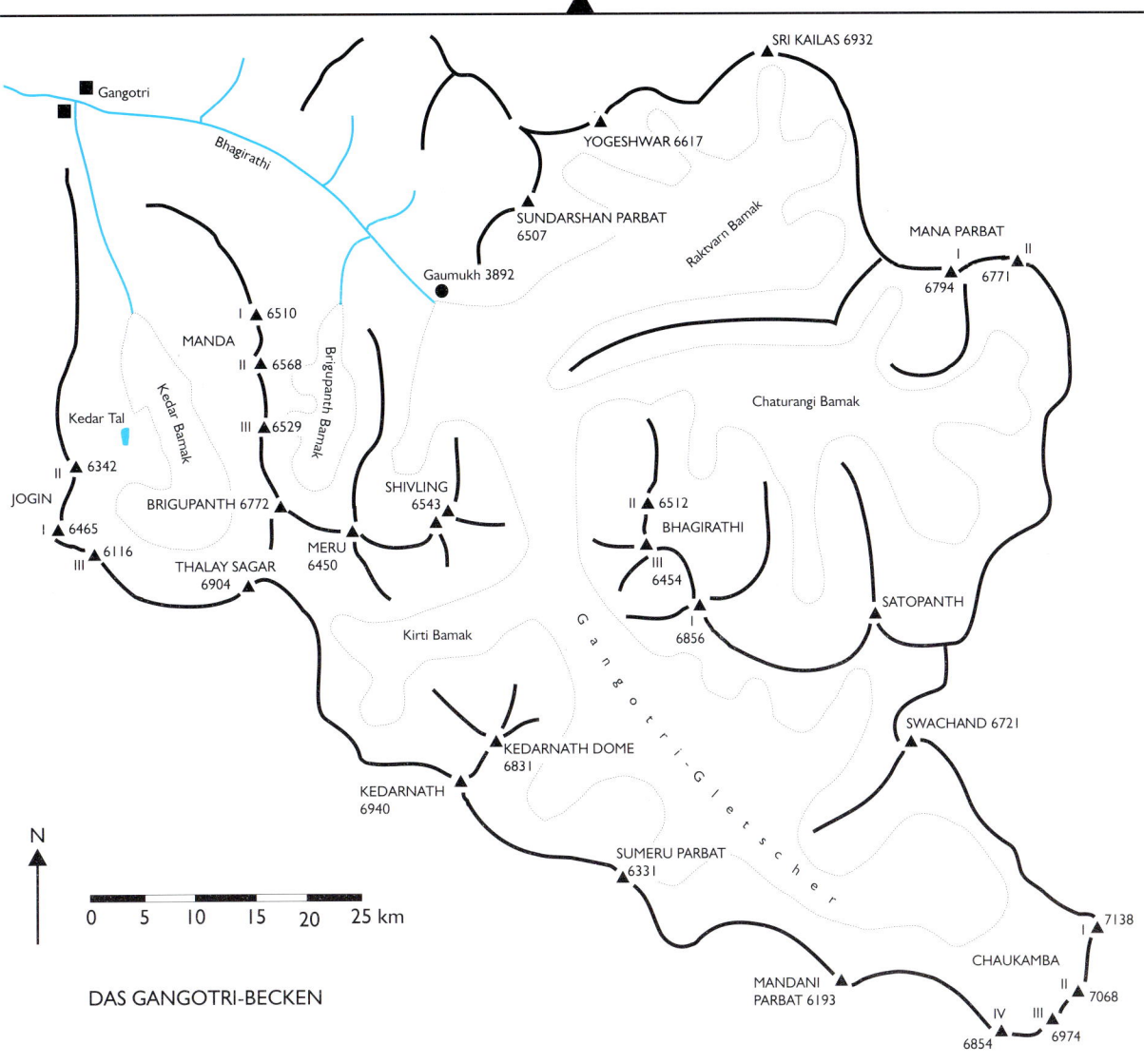

Gangotri
Bhagirathi
SRI KAILAS 6932
YOGESHWAR 6617
SUNDARSHAN PARBAT 6507
Raktvarn Bamak
MANA PARBAT
I 6794 II 6771
Gaumukh 3892
I 6510
MANDA
II 6568
Chaturangi Bamak
Kedar Tal
Kedar Bamak
Brigupanth Bamak
III 6529
II 6342
JOGIN
I 6465
III 6116
BRIGUPANTH 6772
SHIVLING 6543
II 6512
BHAGIRATHI
III 6454
I 6856
SATOPANTH
MERU 6450
THALAY SAGAR 6904
Kirti Bamak
Gangotri-Gletscher
SWACHAND 6721
KEDARNATH DOME 6831
KEDARNATH 6940
SUMERU PARBAT 6331
I 7138
CHAUKAMBA
II 7068
MANDANI PARBAT 6193
IV 6854
III 6974

N

0 5 10 15 20 25 km

DAS GANGOTRI-BECKEN

KURZINFORMATIONEN

Name	Bhagirathi III
Höhe	6454 m
Lage	Gangotri-Gruppe, Garhwal, Indien
Route	Südwestpfeiler: 1400 Höhenmeter in steilem Granit, bis VI/A1 (800 m), und kombiniertem Gelände (600 m)
Erstbesteigung des Gipfels	18. Juni 1933 durch Colin Kirkus und Dr. Charles Warren (GB) über den Südgrat
Erstbegehung der Route	28. September – 10. Oktober 1982 durch Bob Barton und Allen Fyffe (GB)
Höhe des Basislagers	4300 m, auf einer Wiese bei Nandanvan, am Zusammenfluß des Chaturangi- und des Gangotri-Gletschers oder weiter unten im Tal bei Tapovan
Anfahrts-möglichkeit bis	Lanka
Anmarsch	3 Tage in leichtem Gelände über Gangotri und Gaumaukh
Jahreszeit	Die besten Bedingungen herrschen im Mai oder September. Anfang Oktober wird es zum Fels-klettern sehr kalt.
Genehmigung	Indian Mountaineering Foundation, Neu-Delhi
Erfolgsrate	Die meisten Gruppen, die auf dieser Route einen ernsthaften Versuch unternommen haben, sind auf den Gipfel gelangt. Sie scheint vor Steinschlag hinlänglich sicher zu sein.
Literatur	Von Allen Fyffe ist der Artikel »Bhagirathi South-West Pillar« in Mountain 91 erschienen. Im AJ 1983, S. 49-53, findet sich Bob Bartons Bericht. Spätere Besteigungen werden kurz im AAJ beschrieben. Siehe auch Peaks and Passes of the Garhwal Himalaya von Jan Babicz, (Alpinistyczny Klub Eksploracyjny, u.1. Armii Krajowej 12, 81-849 Sopot, Ungarn).

hält man sich gleich rechts neben der Gratschneide in etwa acht Seillängen (IV/V) geradlinig hinauf. Bleibt man allerdings auf der linken Seite des Grates, kann man der am Nachmittag zunehmenden Steinschlagge-fahr ausweichen. Hier finden sich auch bessere Biwakplätze, die aber immer noch alles andere als bequem sind.

Am Ende des Granits verläuft die Route schräg nach links über Schiefer und Eisfelder zum Scheitelpunkt der nach innen gewölbten Wand und von dort nach rechts und über den Schneegrat zum Gipfel. Bei der vierten Besteigung bewältigten Mark Gunlogson und Micha Miller 1992 die ganze Strecke ab dem Ende des Granits bis zum Gipfel und zurück in einem Tag. Danach seilten sie sich am Pfeiler ab. Eine andere Möglichkeit besteht in der Überschreitung des Gip-fels. Der schwierige Nordgrat, über den Barton und Fyffe abstiegen, kann nicht empfohlen werden. Besser scheint der Abstieg der Katalanen über den Südostgrat und die Nordostwand. Die meisten Gruppen werden dort zunächst im Stile der Erstbegeher ihre schwere Felskletterausrüstung in die Tiefe schleudern wollen. Aber Vorsicht: Castle und McDermott machten das 1988 auch, konnten ihr Material aber nach einem Wettersturz unter der Schneedecke nicht wieder finden.

THALAY SAGAR 6904 m

Nordostpfeiler

Dies ist der letzte Gipfel in unserer Trilogie moderner Klassiker der Gangotri-Gruppe. Der Thalay Sagar, wohl der schwierigste Berg dieser Kette und der fünfthöchste, ist von keiner Seite leicht zugänglich. Erst 1979 wurde seine Besteigung ernsthaft erwogen. Es war ein britisch-amerikanisches Team, das im Juni desselben Jahres den Gipfel auf dem Weg des geringsten Widerstands über das Couloir und den Grat auf der Nordwestseite erreichte. Diese Route der Erstbesteiger war sicher nicht einfach, aber es konnte nicht ausbleiben, daß sich das Interesse der schöneren Linie des Nordostpfeilers zuwandte.

Mo Anthoine leitete zwischen 1980 und 1982 drei britische Versuche am Pfeiler. Der dritte scheiterte nur 100 m unterhalb des Gipfels, als Joe Brown und Malcolm Howells einen Rucksack mit Biwakausrüstung fallen ließen. Statt über den oberen Schieferriegel weiterzuklettern und eine Unterkühlung zu riskieren, kehrte der große Überlebenskünstler Brown um, und es blieb einer norwegisch-polnischen Expedition vorbehalten, die Route 1984 zu vollenden. Dieses starke fünfköpfige Team, darunter der verstorbene Andrzej Czok und Hans Christian Doseth, war mit einer leichtgewichtigen Ausrüstung erfolgreich. Sie brachten für den Abstieg einige Fixseile an, durchstiegen aber den Pfeiler in einem Zug in sieben Tagen. Wie nicht anders zu erwarten, wollten nachfolgende Gruppen diese Route mit ihren wunderbaren Kletterstellen gerne wiederholen, und so wurde sie auch bei der dritten und vierten Gipfelbesteigung begangen. Über 1000 Höhenmeter schwingt sich der Pfeiler an der linken Kante der Nordwand auf und ähnelt so

dem Walker-Pfeiler an den Grandes Jorasses wie keine andere Route im Himalaya.

Die Nordwand selbst wurde nach mehreren Versuchen schließlich von den beiden wagemutigen Ungarn Attila Oszvath und Peter Dekany 1991 bezwungen. Ihre Route war extrem schwer. Auf dem metamorphen Schiefer im oberen Wandteil mußten sie nach rechts ausweichen und die letzten 500 Höhenmeter über den Nordwestgrat zum Gipfel klettern. Sie waren zwar stolz darauf, eine erste, vollständig neue Ungarn-Route im Himalaya gelegt zu haben, aber enttäuscht über die wenig attraktiven Felskletterstellen, das marode Eis und den Pulverschnee in der Route; außerdem waren sie ständig von Staublawinen umtost. Im Jahr darauf unternahm eine britische

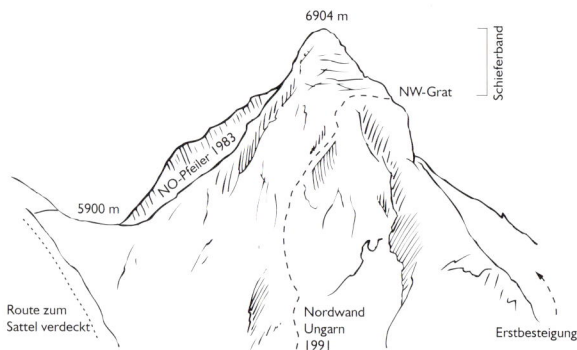

Rechts: Die gewaltige Nordwand des Thalay Sagar vom Basislager bei Kedar Tal aus gesehen. Nach mehreren Versuchen gelang ihre Durchsteigung schließlich 1991 dem phantastischen Team der Ungarn Atilla Ozsvath und Peter Dekany. Sie folgten dem logischen Verlauf durch das nach rechts geneigte Verschneidungssystem bis zum Schieferband, wo sie einen gefährlichen Quergang nach rechts zum oberen Teil des Nordwestgrates unternehmen mußten. Die Route liegt teilweise im Schatten, knapp neben der Kante der Nordwand. *(Andy Selters)*

Oben: Randy Trover am Nordostpfeiler: Technische Kletterei auf einer tollen Platte aus weißem Granit im ersten großen Felsaufschwung. *(Michael Kennedy)*

Rechts: Auf dem Thalay Sagar stößt man, wie auf dem Bhagirathi III, kurz vor dem Gipfel plötzlich auf ein übles Band aus metamorphem Schiefer. *(Michael Kennedy)*

Gruppe einen Versuch an der sonnigeren Südwand, vermied jedoch die sehr steile Gipfelwand durch eine Querung hinüber auf den Nordwestgrat. Die Gipfelwand bleibt also eine anspruchsvolle Aufgabe.

Der eigentliche Einstieg der hier vorgestellten Route über den Nordostpfeiler liegt auf dem 5900 m hohen Sattel zwischen dem Thalay Sagar und dem Brigupanth (6722 m). Die meisten steigen zu diesem breiten, schneebedeckten Sattel von einem Basislager am wunderschönen Kedar Bamak im Westen auf.

Vom Gletscher unterhalb der Nordwand zieht sich ein Couloir (meist Schnee, kein Eis) mit 40° – 50° zum Sattel hinauf, wo fast alle Teams ein Lager einrichten. Hier kann man sich vor dem Aufstieg zum Gipfel des Thalay Sagar akklimatisieren, zum Beispiel indem man zuerst den Brigupanth besteigt, der recht leicht durch eine Querung zu den nur mäßig geneigten Schnee- und kombinierten Hängen in seiner Südwand zu erreichen ist. Nach der Akklimatisierung auf dem Brigupanth hat die Mannschaft bestimmt die beste Kondition, um sich dem Hauptziel zuzuwenden. Bei schönem Wetter liegt die Sonne bereits morgens, in der kältesten Tageszeit, auf dem 1000 m hohen Pfeiler, der sich über dem Sattel erhebt. Dadurch findet man aufgewärmten Fels und harten Firn vor – ideales kombiniertes Gelände. Später am Tag liegt die Route im Schatten und es ist kalt. Der Pfeiler gliedert sich in vier Abschnitte: erst Schneefelder, dann vorwiegend Felspassagen in hervorragendem Granit, gefolgt von kombiniertem Gelände, und schließlich dem in der Gangotri-Region obligatorischen Band aus Schieferplatten, welches das dicke

dieser Seillänge führte, beschrieb sie so: »Das war einer der furchterregendsten Vorstiege meines Lebens – erst eine verzwickte Kombination von Piaz- und Klemmtechnik, dann ein verschneiter Faustriß, weiter mit verwegenen Stützgriffen auf abschüssigem Schutt hinauf, und am Schluß mit einem Klimmzug über den zum Glück festen Klemmblock, der am Ausstieg dachartig in den Kamin ragte. Ich fühlte mich genauso zerschlagen wie der Fels dort oben. Durch einen vereisten Kamin und die abschließende Gipfelwand kamen wir mit technischer Kletterei auf die Schneefelder, über die es noch 150 m bis zum Gipfel sind.«

KURZINFORMATIONEN

Name	Thalay Sagar
Höhe	6904 m
Lage	Gangotri-Gruppe, Garhwal, Indien
Route	Nordostpfeiler: 1400 Höhenmeter (1000 m vom Sattel); meist Granit (bis VI/A1), aber auch steiles, kombiniertes Gelände
Erstbesteigung des Gipfels	Am 24. Juni 1979 erreichten Roy Kligfield, John Thackrey und Pete Thexton den Gipfel über das Couloir und den Grat im Nordwesten.
Erstbegehung der Route	23. August 1983 durch Janusz Skorek, Andrzej Czok (POL), Hans Christian Doseth, Havard Nesheim und Frode Guldal (NOR)
Erstbegehung der Route im Alpinstil	10. – 15. September 1984, durch Michael Kennedy und Paul Trower (USA)
Höhe des Basislagers	4750 m, auf einer Wiese bei Kedar Tal (See), 6 km vom Einstieg, oberhalb des orographisch linken Randes des Kedar-Bamak-Gletschers
Anfahrtsmöglichkeit bis	Lanka
Anmarsch	3 Tage, steil die Kedar-Ganga-Schlucht hinauf
Jahreszeit	Die besten Bedingungen herrschen im Juni oder September, vor oder nach dem Monsun.
Genehmigung	Indian Mountaineering Foundation, Neu-Delhi
Erfolgsrate	Erstaunlich hoch angesichts der Schwierigkeiten. Drei Begehungen bei ebenso vielen ernsthaften Versuchen.
Literatur	John Thackray schilderte die Erstbesteigung des Gipfels im *AAJ* 1980, S. 457-62. Die Erstbegehung des Nordostpfeilers ist dokumentiert im *AAJ* 1984, S. 273-5. Michael Kennedy veröffentlichte einen bebilderten Artikel über die zweite Besteigung im *AAJ* 1985, S. 102-8. Siehe auch *Peaks and Passes of the Garhwal Himalaya* von Jan Babicz (Alpinistyczny Klub Eksploacyjny, U.I. Armii Krajowej 12, 81-849 Sopot, Ungarn).

Ende der Route darstellt. Die schwere Kletterei beginnt an einem riesigen Gesims 360 m oberhalb des Pfeilerfußes. Abhängig von den Verhältnissen kann die Route in Einzelheiten abweichen, aber die meisten Gruppen werden hier mehrere Seillängen mit VI/A1 vorfinden sowie vereinzelte glatte Platten, die nur in unangenehmer Kletterei zu umgehen sind. Die wahrscheinlich schwierigste Seillänge bildet die erste Rinne in dem steilen Band aus schwarzem Schiefer. Michael Kennedy, der bei der zweiten Besteigung 1984 in

Oben links: Randy Trover an einem wunderschönen Morgen im Biwak auf zwei Drittel der Pfeilerhöhe. Im Hintergrund der Brigupanth, erstmals 1980 bestiegen von einer amerikanisch-indischen Frauenexpedition. *(Michael Kennedy)*

Links: Auf dieser Ansicht vom Kedarnath aus liegt der Brigupanth rechts. Die Route der amerikanisch-indischen Expedition führt gleich links vom rechten Felspfeiler die Wand hinauf. Der Thalay Sagar ragt links empor, der Nordostpfeiler liegt verdeckt gleich hinter der rechten Kante. Auf der linken Seite kann man die sehr steile Gipfelwand der Südwand sehen. *(John Cleare)*

NANDA DEVI 7816 m

Südgrat

Wenn man vom Nanda Devi (segenspendende Göttin) spricht, dem höchsten Berg, der sich ganz auf indischem Gebiet befindet, und einem der majestätischsten im ganzen Himalaya, muß man auch das riesige Becken erwähnen, in dem er steht. Der äußere Rand dieses gigantischen Amphitheaters mit einem Umfang von 100 km fällt selten auf unter 6000 m ab, sein Boden liegt nie unter 5000 m, außer im Westen, wo das abfließende Wasser die großartige Rishi-Schlucht eingeschnitten hat. Der Nanda Devi ragt in diesem Becken nicht freistehend empor, sondern ist über einen schmalen, 3 km langen und mit Wächten bestückten Kamm mit dem Nanda-Devi-Ostgipfel (7434 m) am äußeren Bergkranz des Beckens verbunden. Von einem Sattel in diesem Kranz, etwas südlich des Ostgipfels, blickte Tom Longstaff im Jahre 1905 erstmals in den heutigen Nationalpark hinunter; er war es auch, der Eric Shipton, seinen Nachfolger, 1934 dazu ermutigte, einen Zugang zu diesem Gebiet zu finden.

Shipton lud dazu seinen Freund Bill Tilman ein, der wie er überzeugt die Auffassung vertrat, daß man auf Forschungsreisen und Bergtouren möglichst wenig Ausrüstung mitführen sollte, um das Vergnügen, die Geschwindigkeit und die Erfolgsaussichten zu steigern. Mit nur drei Sherpas, angeführt von dem legendären Angtharkay, fand diese kleine und sehr effektive, unabhängige Gruppe eine heikle Route die Rishi-Ganga-Schlucht hinauf in dieses schwer zugängliche, unberührte Gebiet. Sie verbrachten dort drei Wochen im Juni, erkundeten und kartierten die Nordseite des Nanda Devi und bestiegen drei Gipfel

am äußeren Kranz, darunter den Sakram (6254 m). Zu Beginn der Monsunzeit reisten sie ab, kehrten aber im September zurück, um ihre Erkundung auf der Südseite des Berges zu vollenden, bei der sie den Südgrat bis auf eine Höhe von 6250 m hinaufstiegen und den Maiktoli (6803 m) bezwangen. Nach dieser gründlichen Erforschung waren Shipton und Tilman zu der Überzeugung gelangt, daß der Südgrat des Nanda Devi die besten Erfolgschancen für eine eventuelle Besteigung bot. Zum Abschluß dieser außergewöhnlichen Forschungsreise verließen sie das Becken über den Sunderdhunga Khal am Südrand.

Zwei Jahre später erfolgte dann die Erstbesteigung des Nanda Devi über den Südgrat durch Bill Tilman und Noel Odell in einer amerikanisch-englischen Gemeinschaftsexpedition mit nur sieben Teilnehmern und minimaler Ausrüstung. Sie brachten keine Seile

Links: Eric Shipton (links) und Bill Tilman wurden trotz oder gerade wegen ihrer sehr gegensätzlichen Persönlichkeiten eine der erfolgreichsten Seilschaften aller Zeiten. Die Erkundung des Nanda Devi im Jahre 1934 war ihre erste gemeinsame Expedition im Himalaya und lieferte den Beweis für die Effektivität ihrer flexiblen Vorgehensweise unter Verzicht auf schwere Ausrüstung. *(Audrey Salkeld Archive)*

Rechts: Der Nanda Devi vom Nilkanta aus aufgenommen. Links der steile Nordpfeiler, der von einer amerikanischen Expedition im Jahre 1976 geklettert wurde. Die ursprüngliche Route über den Südgrat befindet sich rechts um den Berg herum. *(Andy Selters)*

an und kletterten ab 6200 m ohne Unterstützung von Sherpas. Noch ungewöhnlicher war die Schwierigkeit des Geländes; eine so anhaltend steile Route war im Himalaya nie zuvor begangen worden, schon gar nicht in solcher Höhe. Es sollten sechzehn Jahre vergehen, ehe ein höherer Gipfel, die Annapurna, bestiegen wurde. Shipton konnte an der Expedition im Jahre 1936 nicht teilnehmen, da er in jenem Jahr am Everest beschäftigt war, doch als Vorreiter ihres Stils und Pionier des späteren Nationalparks wußte er

zweifelsohne, wovon er sprach, wenn er später meinte: »Die Besteigung des Nanda Devi war die größte bergsteigerische Leistung, die je im Himalaya vollbracht wurde.« Selbst heute, nach sechzig Jahren, würden viele dem immer noch beipflichten.

1939 machten sich erstmals polnische Bergsteiger einen Namen im Himalaya, als M. Karpinskis Expedition die Erstbesteigung des Nanda-Devi-Ostgipfels gelang. Sie stiegen von Osten über den Longstaff-Sattel (5910 m) auf und dann weiter über den Südgrat.

Diese Route wurde 1951 von Louis Dubost und Tenzing Norgay wiederholt. Eigentlich waren sie als Unterstützungsmannschaft einer ehrgeizigen indisch-französischen Expedition gestartet, die sich die erste Überschreitung der beiden Gipfel zum Ziel gesetzt hatte. Sie fanden jedoch keine Spur von Roger Duplat und Gilbert Vignes, die zuletzt acht Tage zuvor im oberen Teil der Route von 1936 auf dem Weg zum Hauptgipfel gesehen worden waren und von dort aus über den Kamm weitergehen wollten. Wie Mallory

Rechts: Ähnlich wie beim Shivling, jedoch mit viel größeren Dimensionen, weisen die zwei Gipfel des Nanda Devi eine ausgewogene Symmetrie auf. *(Eric Roberts)*

Unten: Ein Träger im Nanda-Devi-Nationalpark verbrennt mit seinem Feuer das darüberliegende Wacholdergebüsch. Mit Umweltschäden begründeten die indischen Behörden die erneute Schließung des Nationalparks nach einer Flut von Expeditionen Ende der siebziger und Anfang der achtziger Jahre. *(Eric Roberts)*

Unten rechts: Nachtlager in der Rishi-Schlucht. *(Eric Roberts)*

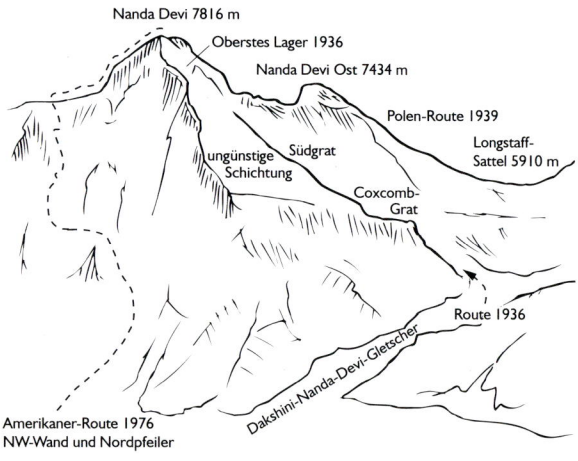

Nanda Devi 7816 m
Oberstes Lager 1936
Nanda Devi Ost 7434 m
Polen-Route 1939
Longstaff-Sattel 5910 m
ungünstige Schichtung
Südgrat
Coxcomb-Grat
Route 1936
Dakshini-Nanda-Devi-Gletscher
Amerikaner-Route 1976
NW-Wand und Nordpfeiler

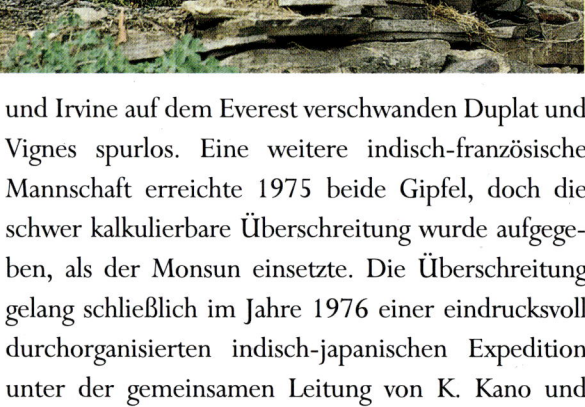

und Irvine auf dem Everest verschwanden Duplat und Vignes spurlos. Eine weitere indisch-französische Mannschaft erreichte 1975 beide Gipfel, doch die schwer kalkulierbare Überschreitung wurde aufgegeben, als der Monsun einsetzte. Die Überschreitung gelang schließlich im Jahre 1976 einer eindrucksvoll durchorganisierten indisch-japanischen Expedition unter der gemeinsamen Leitung von K. Kano und Jagjit Singh.

Im selben Jahr kehrte auch der Amerikaner Ad Carter zurück, der an der Erstbesteigung des Nanda Devi teilgenommen hatte. Zur Feier des vierzigjährigen

Jubiläums stellte er ein großes amerikanisches Team zusammen, das eine neue Route durch die Nordwestwand hinauf zum spektakulären Nordpfeiler in Angriff nehmen sollte. Die Amerikaner bezwangen diese Route mit Felsschwierigkeiten bis VI bei schlechten Wetterverhältnissen. Im letzten Abschnitt führte fast durchgehend der zähe John Roskelley, der zusammen mit Lou Reichardt und Jim States den Gipfel erreichte. Trotz dieses großartigen Erfolgs stand die Expedition unter keinem glücklichen Stern, zumal sie in der letzten Phase vom tragischen Tod der Tochter Willi Unsoelds – ihr Name war ironischerweise

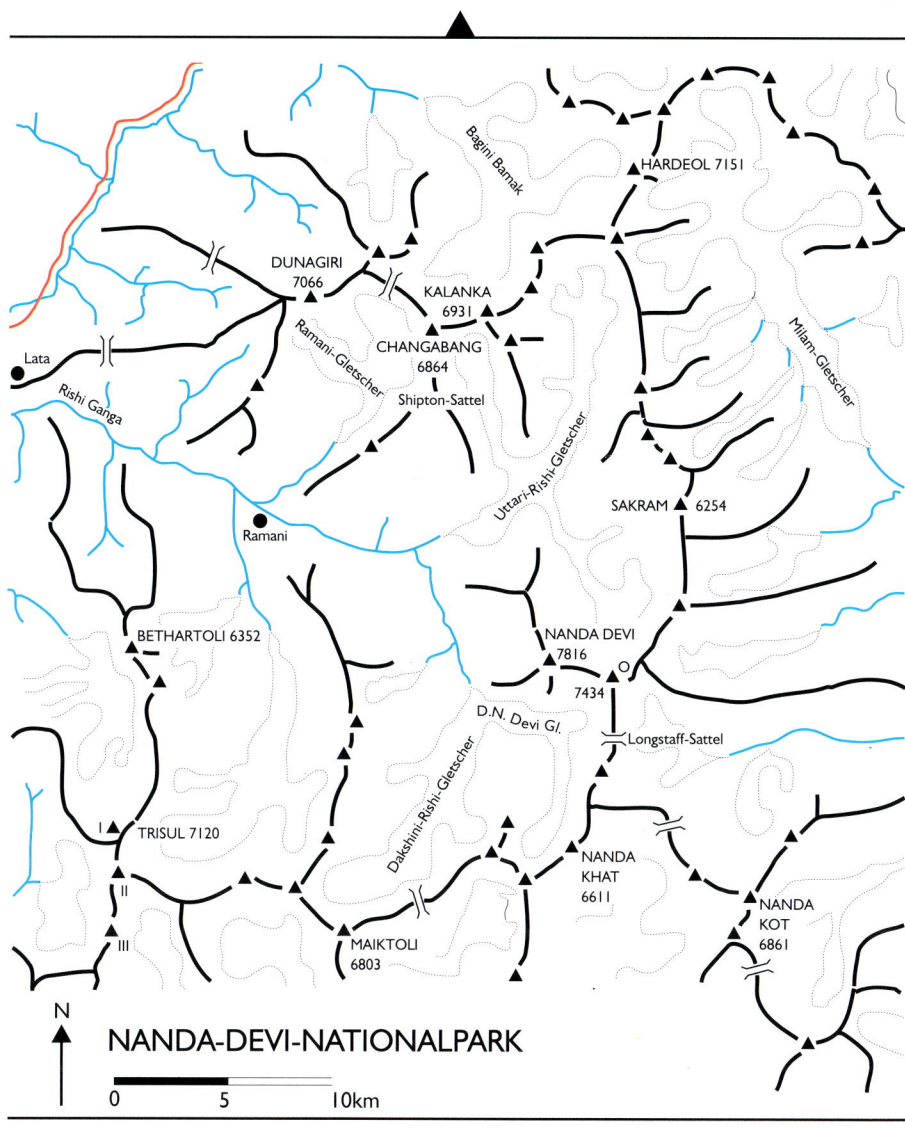

NANDA-DEVI-NATIONALPARK

N

0   5   10km

Nanda Devi – überschattet wurde, die hoch oben am Berg ums Leben kam. Nanda Devi Unsoeld war eine schöne und lebhafte junge Frau, die von den Trägern »Didi«, Schwester, genannt wurde; viele vermuteten in ihr sogar die Göttin selbst, die für immer zu ihrem Berg zurückgekehrt sei.

Die gewaltigste Herausforderung am Hauptgipfel, die 3000 m hohe Nordostwand, wurde 1981 von Josef Rakoncajs zehnköpfiger tschechischer Mannschaft durchstiegen. Zwei britische Alpinisten, Terry King und Paul Lloyd, hatten 1978 den kühnen, futuristischen Versuch unternommen, den sich anbietenden

Mittelsporn zu besteigen, mußten aber vor seinen bizarren Schneepilzen kapitulieren. Selbst mit einem großen Team und unter Verwendung von Fixseilen konnten die Tschechen nur mit äußerster Anstrengung diese entmutigende Route vollenden, deren Schlüsselstelle die anhaltend schwierige Gipfelwand (Felsstellen bis VI/A3) bildet.

Die Expedition im Jahre 1981 war die letzte, die den Nanda Devi besteigen konnte, ehe die indische Regierung den Nationalpark für den gesamten Verkehr sperrte – als Grund wurde Umweltverschmutzung angegeben. Eine Reihe von Expeditionen hatte in

sechs Jahren ihren Preis gefordert. So mußten beispielsweise 1976 für das indisch-japanische Team mit seinen 21 Kletterern ungeheure Mengen Proviant auf dem Fluß durch die gewundene Rishi-Schlucht transportiert werden. Mehrere Kilometer Fixseil wurden angebracht, nur um das Basislager zu erreichen. Dazu kam das bekannte Problem der Expeditionsträger, die keine Paraffinkocher mitführten, sondern Holz verfeuerten. Neben den Kletterern und Trekkern haben möglicherweise auch einheimische Hirten zu den Umweltschäden beigetragen, die ihre Herden in diesem empfindlichen Ökosystem weiden

Ein Bergsteiger auf einem ausgesetzten Gratstück etwa in halber Höhe des Südgrates – unterhalb ist ein Hochlager zu sehen. Am unteren Gratende kann man den Coxcomb-Grat deutlich erkennen. Man beachte die Fixseile, die bei der Erstbesteigung 1936 nirgendwo für nötig befunden wurden. *(Eric Roberts)*

ließen. 1993 wurde der Nationalpark für ein Pionierkorps der indischen Armee wieder geöffnet, das eine Tonne zurückgelassenen Mülls beseitigte, aber auch selbst die Landschaft verunzierte – mit 3000 m Fixseil in der Rishi-Schlucht und weiteren 2000 m auf dem Südgrat, der erfolgreich bis auf den Hauptgipfel begangen wurde. 1994 begann die indische Regierung, den Nationalpark vereinzelt wieder für Trekking-Expeditionen zu öffnen. Für den Fall, daß Bergsteigergruppen das Glück haben sollten, diesen märchenhaften Winkel des Himalaya besuchen zu können, ist nur zu hoffen, daß sie in kleinen Teams mit minimaler Ausrüstung arbeiten werden, dem guten Beispiel der Erstbesteiger im Jahre 1936 folgend.

Die Zwillingsgipfel des Nanda Devi bieten Ziele in verlockender Auswahl. Die größte Herausforderung, an die sich noch niemand gewagt hat, ist die phantastische, 2600 m hohe Nordwand des Ostgipfels. Für besonders kühne Kletterer bietet sich auch eine Überschreitung im Alpinstil an. Auf den Hauptgipfel wurden drei Routen bisher erfolgreich geklettert. Die der Tschechen über die Nordostwand ist sicherlich die schwierigste. Die Route der Amerikaner über die Nordwestwand und den Nordpfeiler scheint eher machbar, doch auch ihre Schlüsselstelle liegt hoch oben. Bleibt der Weg über den Südgrat, den wir als sicherste Aufstiegsroute und in Erinnerung an die Persönlichkeiten der Erstbesteiger ausgesucht haben.

Der Südgrat bildet eine große Rampe, die von rechts nach links schräg durch die Südwand verläuft. Vom Basislager auf dem Dakshini-Nanda-Devi-Gletscher aus verläuft die Route im Bogen auf die rechte Seite des kunstvoll gezackten Coxcomb-Grates, bis sich auf ca. 5600 m eine Möglichkeit bietet, schräg nach links zum Hauptgrat hinaufzusteigen. Ihm folgt die Route, mit gelegentlichen Abstechern in die weniger schwierige Ostseite. Wegen des überwiegend brüchigen Gesteins bleibt man, wo immer möglich, auf Schnee. Auf etwa 6500 m Höhe verbreitert sich der Grat zu einem großen, schneebedeckten Sattel mit einer Neigung von 30°, an dessen oberem Ende die Mannschaft von 1936 ihr Hochlager 4 einrichtete.

▲

Darüber folgt der heikelste Abschnitt der Route mit steilerem, vereistem und ungünstig geschichtetem Fels, den die Expedition von 1936 durch eine flache Rinne links umging. Durch diese Rinne gelangten sie zum obersten Hochlager auf 7300 m, wo ein ausgeprägter Sporn von links auf den Südgrat trifft.

Der Everest-Veteran Noel Odell wurde zusammen mit dem jungen amerikanischen Arzt Charles Houston für den Gipfelsturm ausgewählt. Houston mußte aber mit einer schweren Lebensmittelvergiftung absteigen, woraufhin Bill Tilman an seine Stelle trat. Am Morgen des 29. August 1936 brachen die beiden Engländer im obersten Lager auf und arbeiteten sich über einen schmalen Grat zur Gipfelwand vor. Tilman beschrieb den Anstieg so: »Dieser schwierige Grat war etwa dreihundert Meter lang und führte, obwohl die Steigung insgesamt augenscheinlich recht gering war, mit abrupten Fels- und Schneestufen aufwärts. Links ging ein fast senkrechter Abbruch in eine große Schlucht, an die auf der anderen Seite das großartige Felsmassiv grenzte, wo sich unser nächstes Ziel, ein breites, schneebedecktes Gesims, befand. Rechts fiel der Grat ebenfalls steil ab; er ist Teil des großen Felskessels, der im Bogen zum Ostgipfel des Nanda Devi verläuft. Der schmale Grat, auf dem wir uns befanden, bildete eine Art Steg zwischen der unteren Südwand und der oberen schneebedeckten Leiste. Ein wichtiger Faktor, der mehr als alles andere unsere Laune hob, bestand darin, daß der weiche, bröckelige Fels schließlich einem harten, rauhen Quarzschiefer Platz machte, auf dem das Klettern ein Vergnügen war, ein Wechsel, der uns als Bergsteiger natürlich freute und zweifellos für meinen Gefährten als Geologen von Interesse war.«

An dieser Stelle riß Tilman seine üblichen Witze über die geologischen Untersuchungen Odells, ehe er die

Links: Gilbert Harder am Tag der Gipfelbesteigung 1977. Hinter ihm erstreckt sich der lange, schwierige Grat zum Nanda-Devi-Ostgipfel, auf dem Roger Duplat und Gilbert Vignes 1951 verschwanden. Hinter dem Ostgipfel und unmittelbar rechts von ihm erheben sich 50 km weiter östlich die charakteristische Pyramide des Panch Chuli II und dahinter die höheren Gipfel im westlichen Nepal. (Eric Roberts)

Fortsetzung der Route beschreibt. Nachdem sie den »Steg« überquert hatten, führte eine sanft ansteigende Schneeleiste zur Felswand am Gipfel, in die sie von links einstiegen. Um 15.00 Uhr standen Tilman und Odell auf dem flachen Schneegrat, der den Gipfel des Nanda Devi bildet, und gerieten, um mit Tilmans unsterblichen Worten zu sprechen, »so außer sich, daß sie sich dort oben die Hand schüttelten«. Der Erfolg war den gemeinsamen Anstrengungen eines harmonischen Teams zu verdanken, und deshalb wurden in dem Telegramm mit der Erfolgsmeldung an Tom Longstaff keine Namen genannt – dort hieß

es einfach »Zwei haben am 29. August den Gipfel erreicht«. Nach heutigen Standards ist der Südgrat technisch gesehen nicht schwer. Trotzdem gilt er als große kombinierte Route auf einen der höchsten Gipfel der Welt. Das Gelände ist zuweilen heikel, und das Anlegen von Lagerplätzen macht Probleme. Dies legt die Vermutung nahe, daß die Route am effizientesten von einem kleinen Team bewältigt werden kann. Nach vorheriger Akklimatisierung auf einigen der großartigen Gipfel am Rand des Nationalparks sollte es durchaus möglich sein, den Nanda Devi auf dieser klassischen Route im reinen Alpinstil zu bewältigen.

Oben: Allen Fyffe bei der Begehung einer neuen Route durch die Südostwand des Kalanga im Jahre 1978. Die Gestalt des Nanda Devi beherrscht den Nationalpark mit dem gigantischen, rinnendurchzogenen Nordsporn (drei Jahre später, 1981, von Josef Rakoncajs tschechischem Team geklettert), der direkt zum Gipfel hinaufführt. Der Versuch einer Besteigung des Nanda-Devi-Ostgipfels über die Nordwand steht noch aus. *(Bob Barton)*

KURZINFORMATIONEN

Name	Nanda Devi
Höhe	7816 m
Lage	Nanda-Devi-Nationalpark, Garhwal, Indien
Route	Südgrat: 2600 Höhenmeter vom Basislager in kombiniertem Gelände. Eine gute Schneedecke verringert die Probleme mit brüchigem Fels. Oberhalb 7300 m wird dieser von einem festen, angenehmen Quarzschiefer abgelöst.
Erstbesteigung des Gipfels	29. August 1936 durch Noel Odell und Bill Tilman (GB)
Erstbegehung der Route	Wie oben
Höhe des Basislagers	Auf ca. 5200 m neben dem Dakshini-Nanda-Devi-Gletscher
Anfahrtsmöglichkeit bis	Lata im Dhauli-Ganga-Tal
Anmarsch	Etwa 120 km in 7 Tagesmärschen von Lata. Durch Schnee auf dem Dharansi-Paß und technische Schwierigkeiten in der Rishi-Schlucht kann es jedoch zu Verzögerungen kommen.
Jahreszeit	Die Erstbesteigung fand in der Monsunzeit bei gemischten, aber nicht unmöglichen Wetterverhältnissen statt. Die meisten Expeditionen haben den Gipfel im Juni erreicht. Nach dem Monsun kann das Wetter klar und sonnig sein, doch bleibt die Schönwetterperiode im Oktober im Himalaya oft aus.
Genehmigung	Indian Mountaineering Foundation, Neu-Delhi
Erfolgsrate	Die Versuche einer Begehung der Route von 1936 waren in der Mehrzahl erfolgreich und führten zu mindestens neun Besteigungen bis 1993.
Literatur	*Nanda Devi* von Eric Shipton (in *The Six Mountain-Travel Books*, Diadem, 1985) ist einer der klassischen Forschungsberichte aus der Bergwelt. H. W. Tilman beschreibt in *Ascent of Nanda Devi* (in *The Seven Mountain-Travel Books*, Diadem/Mountaineers, 1983) die Erstbesteigung im Jahre 1936. *Nanda Devi – Tragic Expedition* von John Roskelley (Stackpole Books, 1987) beinhaltet den umstrittenen Bericht über die Besteigung der Amerikaner über den Nordwestgrat im Jahre 1976. Siehe auch die Darstellung von Lou Reichardt und Willi Unsoeld im *AAJ* 1977. Eine Beschreibung der Nordwand-Route findet sich in Terry Kings humorvollem Artikel im *HJ*, Jg. 36, und Josef Rakoncajs Bericht über die erfolgreiche Besteigung in *Mountain* 83. Berichte über die vielen Versuche auf der Erstbesteigerroute zwischen 1976 und 1982 sind in den jeweiligen Jahrgängen von *HJ* und *AAJ* erschienen.

CHANGABANG 6864 m

Südpfeiler

Nur wenige Augenzeugen würden bestreiten, daß der Nanda Devi zu den eindrucksvollsten Bergen in Garwhal zählt. Er ist außerdem der höchste Berg Indiens außerhalb von Sikkim. Aber es gibt noch andere, ebenso schöne, wenn auch nicht so hohe Gipfel am äußeren Rand des Nationalparks. Von diesen bietet der Changabang die spektakulärsten und verlockendsten Klettermöglichkeiten.

Daß der Changabang bis 1974 unerstiegen war, lag hauptsächlich an seinem mächtigen Profil und den offensichtlichen Schwierigkeiten. Das indisch-britische, von Chris Bonington und Balwant Sandhu geleitete Team wählte den Zugang über den Rishi Ganga, schwenkte dann aber zum Ramani-Gletscher an der Südwestflanke des Changabang hinüber. Von dieser Seite steht der Berg wie eine riesige Granitnadel vor einem, wobei sich die über 1700 Höhenmeter steil vom Gipfel abfallende Westwand im Profil abzeichnet. Boningtons Team war so beeindruckt, daß es den Shipton-Sattel überquerte, um zur schneebedeckten Südostwand und zum Sattel zwischen dem Kalanka-Westgrat und dem Ostgrat des Changabang zu gelangen. Obwohl ihre Route bei weitem die leichteste auf diesen Berg ist, zeigt sich der Gipfelgrat doch messerscharf und ausgesetzt.

Eine ganze Reihe von Expeditionen folgte. Im Frühjahr 1976 erkletterte eine sechsköpfige japanische Gruppe unter Leitung von Naoki Toda den feingliedrigen Südwestgrat. Sie brachte über 2000 m Fixseil an, nahm aber beim Abstieg in vorbildlicher Weise alles wieder mit. Später, im Herbst, machten sich zwei junge britische Bergsteiger, Joe Tasker und Peter Boardman, trotz der Skepsis der Fachleute allein auf den Weg, um die furchterregende Westwand zu versuchen. Sie kletterten über 25 Tage, meist auf Fels, bei Schwierigkeitsgraden bis zu VI/A2 und wandten die bei solchen Wänden notwendige Bigwall-Technik an. Doch der obere Teil bestand nur noch aus kombiniertem Terrain und schließlich aus leichteren Schneefeldern. Die Leistung wurde als Meilenstein in der Geschichte des Himalaya-Bergsteigens bejubelt, und bis heute wurde diese Route kein zweites Mal versucht.

Links: Der 1700 m hohe Südpfeiler des Changabang, 1978 erstiegen von MacIntyre, Kurtyka, Porter und Zurek. Die Route führt den zentralen Pfeiler hinauf, zunächst von rechts herkommend, dann den kombinierten Grat empor zur oberen Gipfelwand. Am auffälligsten ist der jäh abfallende Schneefleck, das sogenannte Zyklopenauge, wo die Route nach links verläuft und dann wieder nach rechts durch eine wilde Felsszenerie zum Gipfel-Schneefeld. Links am Horizont liegt der obere Teil des Südwestpfeilers und rechts der Südostgrat. *(Bob Barton)*

Rechts: Zwei Steigleitern hängen vom ersten Überhang der Gipfelwand herab. Kurtyka, der im Stil der siebziger Jahre mit Lederstiefeln klettert, entdeckt in der glatten Fläche über dem Wulst glücklicherweise einen geschweiften Spalt.
(John Porter)

Ganz rechts: Spektakuläre Kletterei an abgebundenen Haken, oberhalb der Stelle, an der die Kamine enden. Der untere Grat befindet sich in der linken oberen Ecke des Bildes. Das Team bedient sich der geeigneten Taktik für Wände, deren Durchsteigung mehrere Tage erfordert: Eine Seilschaft erschließt eine neue Seillänge, während die andere dann, die komplette Ausrüstung schleppend, mit Steigklemmen an den Seilen nachsteigt.
(John Porter)

Gleichzeitig nahm eine weitere britische Mannschaft unter Leitung von Colin Read den Südpfeiler in Angriff. Sie befestigte 1000 m Seil am unteren Teil, gab dann jedoch die Route auf, entfernte die Seile wieder und suchte in der Südostwand eine neue Gipfelroute ganz auf Eis.

Zwei Jahre später erreichte ein sehr starkes englisch-polnisches Team den Gipfel. Man arbeitete paarweise: Wojciech Kurtyka und Krystof Zurek bildeten die eine, John Porter und Alex MacIntyre die andere Seillänge. Abwechselnd übernahmen sie die Führung und brachten Seile an, an denen dann die jeweils andere Seilschaft mit Steigklemmen nachstieg. Sie verbrachten acht Tage in der Wand, bei wechselhaf-

tem Wetter und meist mit Hängemattenbiwak. Vom Gipfel brauchten sie weitere zwei Tage, um über die Ostgratroute wieder ins Basislager zurückzugelangen. Bei gutem Wetter erhält der Südpfeiler natürlich mehr Sonne als die Westwand, wo es vor allem im Herbst empfindlich kalt werden kann. Doch der Pfeiler ist ebenfalls anhaltend schwierig, und die Erstbegeher berichteten von A3-Passagen, die sie mit Skyhooks überwanden, von kombinierten Seillängen bis zum schottischen Schwierigkeitsgrad 5 und Freikletterstellen bis VI. Da diese Schwierigkeiten mindestens bis auf 6600 m anzutreffen sind, handelt es sich um eine sehr anstrengende Tour.

Das Basislager für den Südpfeiler errichtet man am

sinnvollsten am Changabang-Gletscher, zu dem sich der Weg durch den Nanda-Devi-Nationalpark am besten eignet. Die Wand schwingt sich direkt über dem Lagerplatz empor, und man kann den Verlauf der Route erkennen. Am oberen Ende der Wand führt sie über ein kleines Eisfeld, das Zyklopenauge – vergleichbar der Spinne am Eiger. Von rechts kommend erreicht man den Kamm des niedrigeren Pfeilers und klettert dann in zunehmend schwierigerem Fels und kombiniertem Terrain zur Gipfelwand. Hier steigen

Zyklopenauge, wo wieder ein Biwakplatz zur Verfügung steht und schwierige Eisklettrei notwendig wird, um zum linken Rand hinüberzuqueren. Es folgen weitere Kamine und Risse, die die letzte Felswand und eine riesige abstehende Felsschuppe durchziehen, bis man schließlich das Gipfeleisfeld und den Gipfelgrat erreicht.

Der Südpfeiler stellt eine großartige Route dar, die einige der einfallsreichsten Bergsteiger ihrer Zeit in kompromißlosem Unternehmungsgeist angegangen

Unten: Blick vom Gipfel des Kalanka zum Changabang (links) mit dessen zum Betrachter hin abfallenden Ostgrat, über den die Erstbesteigung gelang. Links im Profil der Südpfeiler mit dem Zyklopenauge in Gipfelnähe. Der Gipfel rechts ist der Dunagiri (7066 m), 1947 erstbestiegen von André Rochs Schweizer Team, und zwar den Südwestgrat links am Horizont entlang. 1975 kletterten die Briten Dick Renshaw und Joe Tasker von links herkommend den Südostpfeiler, zur damaligen Zeit eine der kühnsten Kletterein im Alpinstil. *(Bob Barton)*

die Anforderungen sogar noch, zunächst wegen eines spektakulären Überhangs, an den sich ein lediglich von einem geschweiften Riß durchzogener Felsschild anschließt. Dort leitet die Route nach links zu einer Reihe von Kaminen, die beim Zyklopenauge enden und zunächst vielversprechend aussehen. Nach einer schwierigen kombinierten Strecke hören diese jedoch auf, und es bleibt nur noch ein einziger Riß, der diagonal nach rechts (V) auf eine imposante Wand zeigt. Auch dieser Riß endet nach vier Seillängen, und nun präsentiert sich die Schlüsselstelle der Route in Form einer nackten Wand (A3). Zwei Seillängen darüber bieten mehrere Simse eine Biwakgelegenheit. Kamine und Verschneidungen führen dann zum

haben. Wenn der Changabang zum Klettern wieder freigegeben sein wird, bietet er sich als hervorragendes Ziel für eine Wiederholung dieser Route im Stil der Erstbegehung an. Auch der von Japanern erschlossene Südwestgrat lohnt eine Wiederholung, vielleicht mit einem Start vom Grat des Shipton-Sattels aus, wie ihn ein italienisches Team 1981 versucht hat. Auch die Boardman-Tasker-Route über die Westwand wartet auf Nachfolger. Wer neue Wege sucht, für den ist die bequemere Südwestwand links vom Südpfeiler noch offen und ebenso die kalte, monolithische Nordwand. Wenige Berge im Himalya bieten solch vielfältige schöne und anspruchsvolle Klettermöglichkeiten.

KURZINFORMATIONEN

Name	Changabang
Höhe	6864 m
Lage	Nanda-Devi-Gruppe, Garwhal, Indien
Route	Südpfeiler: 1700 Höhenmeter in steilem Granit bis VI/A3 sowie Eis und kombiniertes Gelände bis Schwierigkeitsgrad 4 der schottischen Skala
Erstbesteigung des Gipfels	Tashi Chewang und Balwant Sandhu (IND); Chris Bonington, Martin Boysen, Dougal Haston und Doug Scott (GB) erreichten am 4. Juni 1974 den Gipfel
Erstbegehung der Route	18. – 29. September 1978 durch Wojciech Kurtyka und Krystof Zurek (POL), Alex MacIntyre (GB) und John Porter (USA)
Höhe des Basislagers	4500 m neben dem Changbang-Gletscher
Anfahrtsmöglichkeit bis	Lata im Dhauli-Ganga-Tal
Anmarsch	Ca. 120 km und 7 Tagesetappen von Lata aus. Schnee auf dem Dharansi-Paß und technische Schwierigkeiten in der Rishi-Schlucht können den Anmarsch jedoch verlängern.
Jahreszeit	Es stellt sich die alte Garwhal-Preisfrage: Frühjahr oder Herbst? In einem guten Jahr dürfte man im September oder Oktober mit einer stabilen Wetterlage rechnen können. Niedrigere Temperaturen sorgen dann für Sicherheit auf eisbedeckten und kombinierten Abschnitten.
Genehmigung	Indian Mountaineering Foundation, Neu-Delhi. Seit Beginn der achtziger Jahre ist der Changbang für Kletterer gesperrt. Aber Vorschriften ändern sich, und vielleicht wird die Region in naher Zukunft wieder freigegeben.
Erfolgsrate	Bisher nur ein Versuch, der auch erfolgreich war, von einem ungewöhnlich starken Team.
Literatur	John Porters bebilderte Artikel *Changabang South Buttress* und *South Side Story* erschienen in *Climbing* 55 bzw. *Mountain* 65. Weitere Details der Route sind in *AAJ* 1979 beschrieben. Die Erstbesteigung schilderten Bonington und sein Team in dem Buch *Changabang* (Heineman 1975). Über faszinierende Einzelheiten der Westwand berichten Joe Tasker in *Savage Arena* (Methuen 1982) und Peter Boardman in *Shining Mountain* (Hodder & Stoughton 1978).

PANCH CHULI II 6904 m

Südwestgrat

Östlich des Nanda Devi ragt auf der anderen Seite des großen Goriganga-Tales der Kumaon-Himalaya empor. Diese Region gehört zwar noch zum Garhwal-Himalaya, doch den Bergen hier hat man nie soviel Aufmerksamkeit geschenkt wie ihren berühmteren Nachbarn im Westen. Sie zeichnet sich durch einsam gelegene Dörfer, üppig bewaldete Täler, blühende Almmatten und etliche attraktive Gipfel aus. Der höchste Berg mit 6904 m besitzt eine Gipfelpyramide von erhabener Schönheit. Es ist der Panch Chuli II. »Chuli« bedeutet Herd, und im Mahabharata, dem großen Hindu-Epos, heißt es, daß sich die fünf (panch) Pandava-Brüder an diesen chulis zu ihrem letzten Mahl auf Erden niederließen, bevor sie zum Himmel auffuhren.

Für die irdischen Zwecke der Bergsteiger sind die fünf Gipfel von links nach rechts durchnumeriert. Nummer II bildet den krönenden Höhepunkt, der aus diesem Massiv stolz emporragt. Berichte über die ersten Versuche, auf beschwerlichen Anmarschwegen zum Panch Chuli II vorzudringen, lesen sich wie eine Prominentenliste der europäischen und indischen Bergsteigerzunft. Hugh Ruttledge, der später auf dem Everest zu Ruhm und Ehren gelangte, machte 1929 den ersten Vorstoß vom Sona-Tal nach Osten. Später folgte die schottische Himalaya-Expedition von 1950 unter Gill Murray. 1951 fanden Heinrich Harrer und Frank Thomas eine Route durch die Hitze des tiefen Goriganga-Tals hinauf in das Balati-Tal, und weiter durch das Labyrinth der Eisbrüche am Uttari-Balati-Gletscher bis zum Balati-Plateau. Dies sollte später auch die Route der Erstbesteigung werden, der aber

noch die Versuche von P.N. Nikore, D.D. Joshi, A.K. Choudhary und Hukam Singh vorausgingen. Erst 1973 erreichte die Mannschaft der indisch-tibetischen Grenzpolizei unter Mahendra Singh den Gipfel über den Südwestgrat.

Neunzehn Jahre danach wurde der Panch Chuli II erneut bestiegen, und zwar über zwei neue Routen von Osten her. Vom Sona-Gletscher führte Captain N.B. Gurung ein Gurkha-Regiment über den Nordostgrat zum Erfolg, und das Kumaon-Naga-Regiment unter Colonel Suraj Bhan Dalal erkletterte den Nordgrat vom Meola-Gletscher aus. Nach siebenundzwanzig Jahren erhielten 1992 auch Ausländer wieder die Genehmigung, das Gebiet zu erkunden. Chris Bonington und Harish Kapadia leiteten eine indisch-britische Expedition mit dem Ziel, möglichst viele Routen auf der Westseite des Massivs zu klettern.

Die Expedition von 1992 hätte fast mit einer Katastrophe geendet, als Stephen Venables 80 m tief stürzte und sich beide Beine brach, weil sich eine Abseilverankerung gelöst hatte. Er befand sich mit Dick Renshaw, Victor Saunders und Stephen Sustad auf dem Abstieg nach ihrer Erstbesteigung des Panch Chuli V (6434 m), einem der Berge am Kopf des bis dahin unberührten Panch-Chuli-Gletschers. Der Unfall passierte am letzten Tag der Expedition, als der Mannschaft praktisch schon die Verpflegung ausgegangen war, und das in dieser Abgeschiedenheit am

Rechts: Stephen Sustad oberhalb des Uttari-Balati-Gletschers am dritten Tag der Menaka-Rajramba-Überschreitung. Der Panch Chuli II überragt alle umliegenden Gipfel. *(Stephen Venables)*

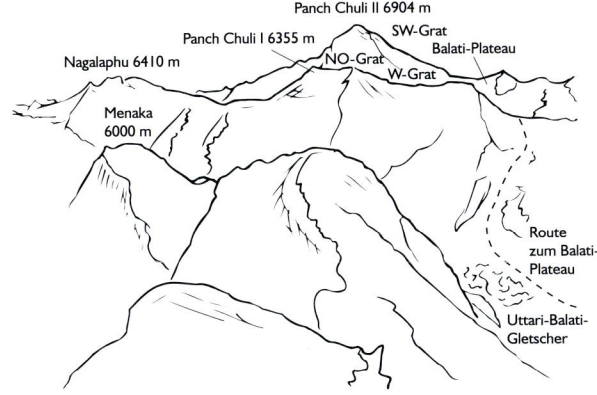

Ende eines bis dahin unerforschten Tals. Dies zeigt einmal mehr, welchen Gefahren Teams im Alpinstil ausgesetzt sein können. Dank der besonderen Unterstützung am Berg durch Bonington, der indischen Teilnehmer unten im Dorf Munsiari und der ausgezeichneten Hubschrauberpiloten, welche die indische Luftwaffe zur Verfügung gestellt hatte, konnte Venables glücklicherweise nur vier Tage nach dem Unfall ausgeflogen werden.

Harish Kapadia, Monesh Devjani und Muslim Contractor gelang die Erstbesteigung des Panchali Chuli (5220 m), der sich am Rande desselben Talbeckens befindet. Vorausgegangen war jedoch das hauptsächliche Anliegen dieser Expedition, die Begehung des zuvor erkundeten Uttari-Balati-Gletschers. Angesichts des Wirrwarrs der drei Eisbrüche, die man überwinden muß, um auf etwa 4800 m die breiten Hänge des oberen Gletschers zu erreichen, bietet sich dieser Gletscher als Zustiegsroute nicht gerade an. 1992 haben Chris Bonington und Graham Little die schlanke Spitze des Sahadev East bestiegen, während Renshaw, Saunders, Sustad und Venables eine ausgedehnte Gratüberschreitung des Rajrambha (6537 m) durchführten, bei der sie auch noch den unbestiegenen Menaka mitnahmen. Aber ihr Hauptziel war der Südwestgrat des Panch Chuli II.

Vom oberen Becken des Uttari-Balati-Gletschers sind noch 1000 Höhenmeter über die schräg ansteigende Gletscherrampe bis zum Balati-Plateau zu bewältigen. Der anscheinend naheliegende Anmarsch über den Dakshini-Balati-Gletscher ist noch komplizierter. Nachdem man das Spaltengewirr auf dem Plateau überwunden hat, erreicht man endlich die so schwer zugängliche Gipfelpyramide. 1992 kletterten Bonington und Little über den abgeflachten Eissporn des Westgrats, was Harrer 1951 erstmals versucht hatte. Muslim Contractor, Monesh Devjani und Pasang Bodh wiederholten unterdessen die Grenzpolizei-Route über den Südwestgrat, aber ohne den Aufwand an Fixseilen für eine umfangreiche militärische Mannschaft.

Wie so viele schöne und elegante Schneegrate entpuppt sich der Südwestgrat aus der Nähe leider als Eisgrat, auf dem nur eine dünne Schneedecke liegt. Zudem steigt er in jener unangenehmen Neigung an, die zum Gehen zu steil und zum Klettern mit den Frontalzacken der Steigeisen zu flach ist; deshalb kommen einem die 800 Höhenmeter vom Sattel am Fuß des Grates erstaunlich lang vor. Der Reiz der Route liegt nicht so sehr in der Kletterei an sich, sondern im Verlauf dieser klassischen Linie auf den wohlgeformten Gipfel zwischen Nepal im Osten, Tibet im Norden und der Nanda-Devi-Kette im Westen.

Rechts: Provisorisches Basislager im Pyunshani-Tal, wo sich 1992 die indisch-britische Mannschaft erholt, nachdem sie sich auf einem langen Tagesmarsch hungrig durch den Dschungel gekämpft hat. Die Expeditionsleiter, Chris Bonington und Harish Kapadia, beratschlagen, während Victor Saunders und Stephen Sustad die restliche Verpflegung für den Versuch am Panch Chuli V aufteilen. *(Stephen Venables)*

Unten: Blick vom Bainti-Sattel auf die Südwand des Panch Chuli II. Rechts der Panch Chuli III; der Panch Chuli IV ist gerade noch ganz rechts zu sehen. Diese beiden Gipfel blieben jedoch auch während der Expedition im Jahr 1992 unbestiegen. *(Monesh Devjani)*

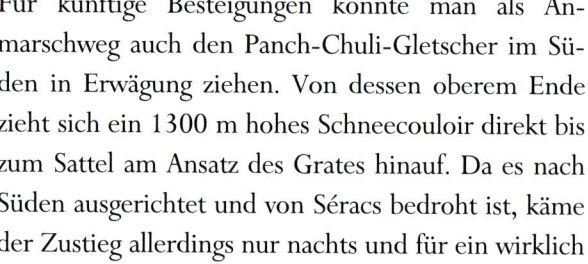

Für künftige Besteigungen könnte man als Anmarschweg auch den Panch-Chuli-Gletscher im Süden in Erwägung ziehen. Von dessen oberem Ende zieht sich ein 1300 m hohes Schneecouloir direkt bis zum Sattel am Ansatz des Grates hinauf. Da es nach Süden ausgerichtet und von Séracs bedroht ist, käme der Zustieg allerdings nur nachts und für ein wirklich gutes Team in Frage. Wer also an dem langen Anmarsch über den Uttari-Balati-Gletscher keinen Gefallen findet, für den könnte dies die geeignetere Route sein. Sie hat auch den Vorteil, daß man das Basislager im Kessel des Panch-Chuli-Gletschers aufschlagen kann, am oberen Ende des Pyunshani-Tals, das schöne Klettermöglichkeiten bietet, nicht zuletzt die Erstbesteigung des Panch Chuli III oder IV. Die größte Herausforderung aber bietet eine Überschreitung aller fünf Chulis in einem Zug im Alpinstil. Es gibt noch viel zu tun in diesem so herrlich grünen Winkel des Himalaya.

Rechts: Der normale Anmarschweg zum Panch Chuli II über die eingerahmten Eisbrüche des Uttari-Balati-Gletschers. Die von Heinrich Harrer 1951 erschlossene Route umgeht alle drei Eisbrüche auf der linken Seite. *(Stephen Venables)*

Rechte Seite: Der Telkot (6102 m) bei Sonnenuntergang vom Panch Chuli V aus gesehen. Hinter dem Telkot liegen der Nagling (links) und der Bainti (rechts). Die Erstbesteigung dieser drei Gipfel steht auch nach der Expedition von 1992 noch aus.

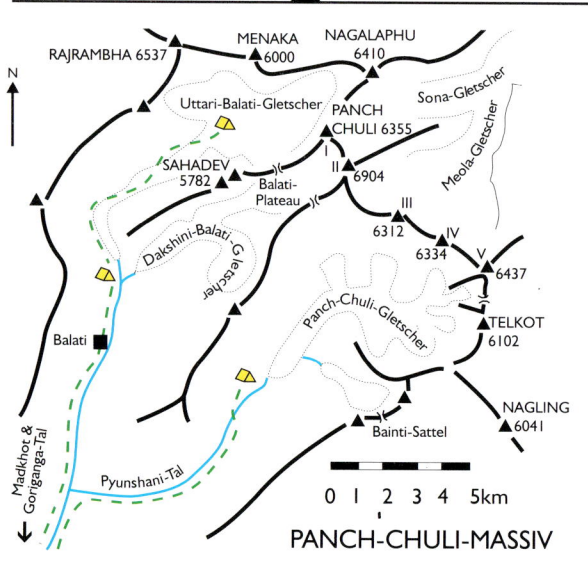

PANCH-CHULI-MASSIV

KURZINFORMATIONEN

Name	Panch Chuli II
Höhe	6904 m
Lage	Östlicher Kumaon-Himalaya, Garhwal, Indien
Route	Südwestgrat: 800 m hoher Schnee-/Eisgrat mit kompliziertem Anmarsch über den Gletscher
Erstbesteigung des Gipfels	26. Mai 1973. 18 Teilnehmer einer Expedition der indisch-tibetischen Grenzpolizei unter Mahendra Singh erreichten den Gipfel.
Erstbegehung der Route	Wie oben
Erstbegehung der Route im Alpinstil	Im Juni 1992 wiederholten Muslim Contractor, Monesh Devjani und Pasang Bodh die Route vom Balati-Plateau aus, zu dem sie sich mit Unterstützung von Trägern vorgearbeitet hatten.
Höhe des Basislagers	Auf 3200 m am Tor des Uttari-Balati-Gletschers, oder günstiger einen Kilometer talauswärts, wo man vor instabilen Felsbrocken sicher ist. Da dieses Basislager sehr weit unten liegt, braucht man unbedingt ein gut ausgestattetes vorgeschobenes Basislager auf dem oberen Gletscher. Für die Südwand des Panch Chuli II und die Westflanken von Panch Chuli II, IV und V gibt es wunderschöne Plätze für Basislager unter- und oberhalb des Tors des Panch-Chuli-Gletschers.
Anfahrtsmöglichkeit bis	Madkhot, einem heißen, staubigen Dorf am unteren Ende des Balati-Tals. Munsiari, hoch oben am Westufer des Goriganga, ist Verwaltungszentrum mit Basar.
Anmarsch	3 Tage mit Trägern. Auch in einem sehr langen Tag machbar.
Jahreszeit	Im Frühjahr bietet der Mai die besten Bedingungen, jedoch häufig mit Schneefällen am Nachmittag. In einem guten Jahr ist das Wetter im Herbst stabiler, dafür kann der Schnee schlechter sein.
Genehmigung	Indian Mountaineering Foundation, Neu-Delhi. Auflage der Beteiligung indischer Mannschaftsmitglieder ist in diesem Gebiet möglich.
Erfolgsrate	Die Route wurde erst nach sieben Versuchen von Westen erfolgreich begangen. Modernere Expeditionen, die mit weniger Gepäck schneller vorankommen und bessere Informationen über die Route haben, müßten weit erfolgreicher sein.
Literatur	Den Versuch von 1951 von der Ostseite beschreibt W.H. Murray in seinem anschaulichen Bericht *The Scottish Himalayan Expedition* (Dent, 1951). Über die Erkundung durch Harrer von Norden wird kurz berichtet im *HJ* 18, über die Erstbesteigung von 1973 im *Himalayan Club Newsletter* 29. Einen Bericht über die Expedition von 1992 enthält das *HJ* 49, die auch Victor Saunders mit der ihm eigenen Sichtweise in *No Place to Fall* (Hodder & Stoughton, 1994) beschrieben hat.

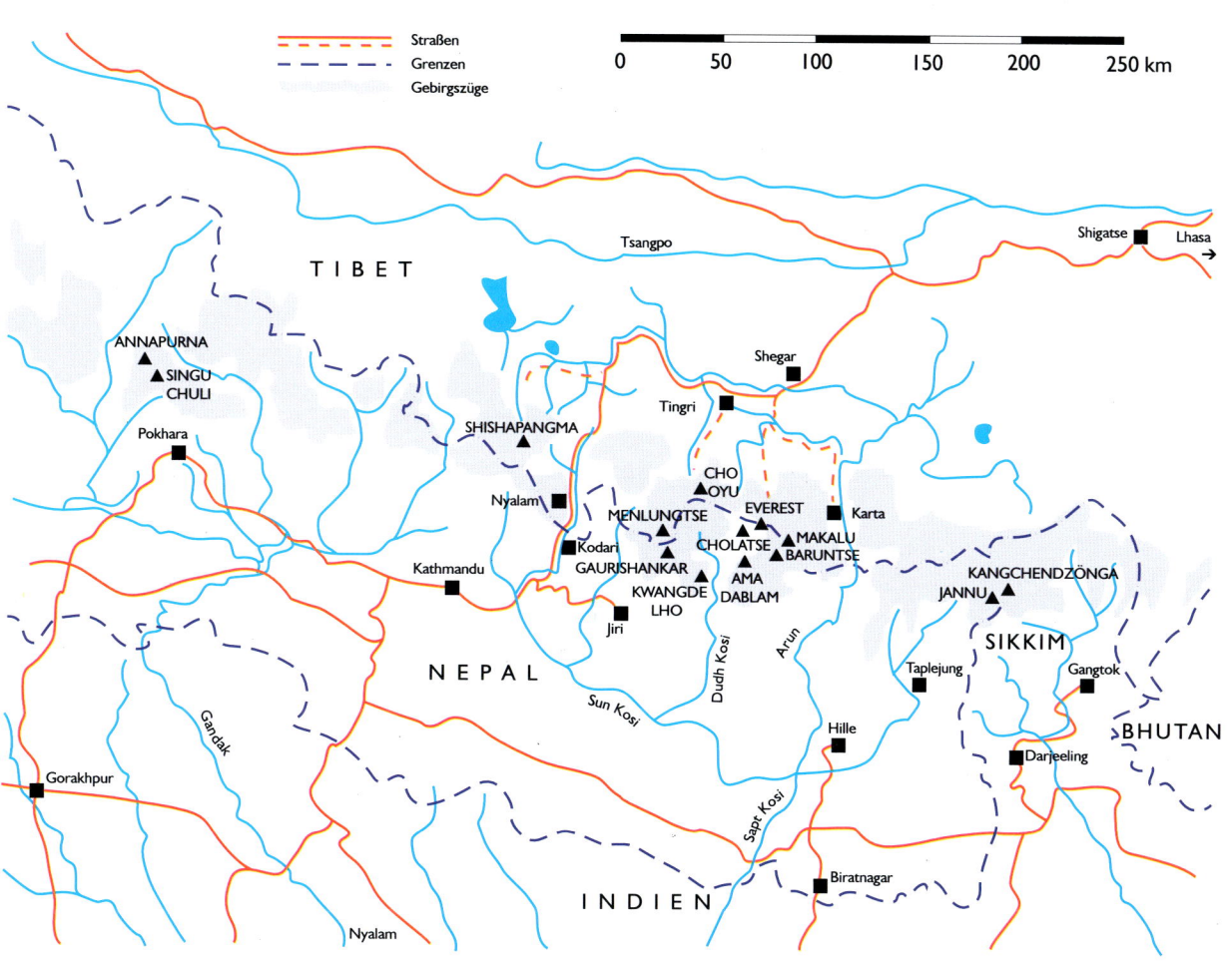

Legende (Karte)

Straßen
Grenzen
Gebirgszüge

0   50   100   150   200   250 km

TIBET

Tsangpo

Shigatse   Lhasa →

ANNAPURNA

▲ SINGU
CHULI

Pokhara

Shegar

SHISHAPANGMA

Tingri

Nyalam

CHO
OYU

MENLUNGTSE   EVEREST   Karta

Kodari   CHOLATSE   MAKALU
GAURISHANKAR   BARUNTSE

Kathmandu   KWANGDE   AMA
LHO   DABLAM

KANGCHENDZÖNGA

Jiri   JANNU

SIKKIM

NEPAL

Sun Kosi   Taplejung   Gangtok

Gandak   Dudh Kosi   Arun

Hille   BHUTAN

Gorakhpur   Darjeeling

Sapt Kosi

Biratnagar

Nyalam   **INDIEN**

Ein junger »kharka-wallah«
(Schafhüter) weidet seine Herde
auf den Wiesen von Korchon
unterhalb der Südwand des
Machapuchare.
(*John Cleare/Mountain Camera*)

▲

NEPAL UND
TIBET

Karten

SINGU CHULI 6501 m

Südgrat / Westwand

Das Annapurna-Massiv wird von mehr Trekkern besucht als irgendeine andere Gebirgsregion Nepals. Das Marktstädtchen Pokhara mit seinem berühmten Phewa-See floriert durch den Tourismus und ist Anziehungspunkt für genauso viele Reisende wie die Strände von Mali oder Goa. Bemerkenswert ist jedoch, daß bis 1949, der beginnenden Öffnung des Landesinneren durch die Regierung Nepals, kein westlicher Ausländer dieses Bergparadies besucht hat. Die französische Expedition von Maurice Herzog fand im Jahre 1950 eine Anstiegsroute auf die Annapurna I von Norden und bestieg damit den ersten Achttausender. Fünf Jahre später kam Jimmy Roberts, ein britischer Gurkha-Offizier, nach Pokhara, um die Südseite zu erkunden. Roberts hatte jahrelang in Nordindien in Sichtweite der Annapurna gedient. Er hatte die Gurung und andere nepalesische Volksgruppen in seinem Gurkha-Regiment befehligt. Nun konnte er ihr Land endlich mit eigenen Augen sehen und gleichzeitig den Reiz beim Betreten unbekannten Territoriums spüren.

1956 gelang es Roberts, eine Route durch die Schlucht des Modhi Khola in das riesige, an der Südseite der Annapurna liegende Firnbecken, den Nationalpark, zu finden. Im Jahr darauf kam er mit einer britischen Expedition unter Leitung von Wilfrid Noyce zurück, um die Besteigung des Machapuchare, auch »Fischschwanz« genannt, in Angriff zu nehmen. Vom Basislager im Nationalpark aus startete das Team einen entschlossenen Versuch, den Nordgrat zu erklettern, mußte jedoch 50 m unter dem Gipfel vor bläulich schimmerndem Gletschereis in Kombination mit schlechtem Wetter kapitulieren. Noyce drückte es später so aus: »Es schien, als ob die Göttin hier ihre unbezwingbare Grenze gezogen hätte, zumindest für uns zwei ehrbar verheiratete Freier.« Zusammen mit David Cox zog er sich durch den Schneesturm zurück, und bis heute gilt der Machapuchare, jedenfalls offiziell, als unbestiegen, da er unmittelbar nach der Expedition von 1957 gesperrt wurde.

Bevor sie den Nationalpark verließen, genehmigten sich Cox und Noyce einen wunderbaren Trostpreis: Sie erklommen einen schön geformten Gipfel, den sie Fluted Peak nannten, und der heute in der Landessprache als Singu Chuli bekannt ist. Seit Mitte der siebziger Jahre wird der Singu Chuli als Trekking-Gipfel eingestuft, was bedeutet, daß sich auch weniger geübte Trekkinggruppen gegen Zahlung einer geringen Gebühr ohne den Aufwand und die Kosten einer echten Expedition an ihm versuchen können. Die Bezeichnung »Trekking-Gip-

Oben: Der Singu Chuli oder Fluted Peak, wie er von David Cox und Wilfrid Noyce genannt wurde, die sich mit seiner Erstbesteigung trösteten, nachdem sie 1957 am Machapuchare so kurz vor ihrem Ziel umkehren mußten. *(Bill O'Connor)*

fel« ist irreführend, da der Aufstieg bei den meisten der so bezeichneten Gipfel eine ernstzunehmende Bergtour darstellt, selbst wenn man die einfachste Route wählt. Von den drei Gipfeln im Annapurna-Nationalpark ist der Hiunchuli (6331 m), der den Eingang bewacht, am schwersten zu besteigen. Der Tharpu Chuli, auch Tent Peak genannt (5500 m), bietet die wenigsten Hindernisse und wird regelmäßig von Trekkinggruppen bestiegen. Aus demselben Sporn wie der Tharpu Chuli steigt der Singu Chuli (6501 m) empor, der die südlichen und westlichen Annapurna-Gletscher voneinander trennt, doch seine Besteigung stellt insgesamt ein weitaus schwierigeres Unterfangen dar als die des Tharpu Chuli.

Cox und Noyce bestiegen den Singu Chuli über die Nordostwand und den Ostgrat – die meisten Besucher des Nationalparks werden jedoch im Basislager südlich der Annapurna bleiben, von wo aus die klassische Route über den Südgrat den wohl reizvollsten Anstieg bietet. Obwohl der Grat von Westen her zu erreichen ist, nähern sich ihm die meisten Gruppen aus östlicher Richtung, und zwar durch eine Querung unterhalb der geriffelten Südwand, die ihrerseits eine Variante zu dem schmalen und scharfkantigen Grat darstellt. Eine im Stil modernere Version bietet die Route über die Westwand, die von René Ghilini, Alex MacIntyre und John Porter im September 1982 als Teil eines äußerst gründlichen Akklimatisierungsprogramms geklettert wurde – als Vorbereitung auf ihre mutige Durchsteigung der Annapurna-Südwand im Alpinstil. Die Route ist wunderschön – über einen kombinierten Sporn mit Schwierigkeitsgrad VI, dann über Eishänge, die direkt zum Gipfel führen, einer sonderbaren, eisbedeckten Spitze, die in entrückter Höhe auf einem Schneeplateau thront.

Der Singu Chuli ist für sich allein betrachtet ein großartiger Gipfel, aber neben seinen riesigen Nachbarn, die den Nationalpark kreisförmig umschließen, wirkt er wie ein Zwerg. Viele Besucher finden jedoch an dieser Tatsache Geschmack, denn man kann die Atmosphäre hoher Gipfel wie der Annapurna I, der Gangapurna und des Tarke Kang genießen, ohne den anstrengenden Anstieg selbst unternehmen zu müs-

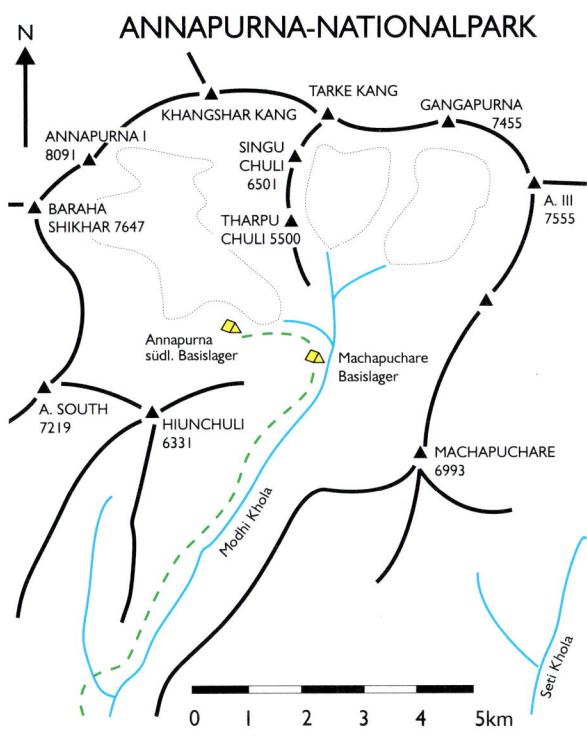

ANNAPURNA-NATIONALPARK

Oben: Einheimische Gurung-Träger in der Schlucht des Modhi Khola auf dem Weg zum Annapurna-Nationalpark. (*Bill O'Connor*)

KURZINFORMATIONEN

Name	Singu Chuli (Fluted Peak)
Höhe	6501 m
Lage	Annapurna-Massiv, Zentralnepal
Routen	Südgrat: klassischer Schnee- und Eisgrat; Westwand: kombiniertes Gelände auf dem Sporn; danach steile Eiskletterei
Erstbesteigung des Berges	David Cox und Wilfried Noyce (GB) bestiegen den Berg am 13. Juni 1952 über die Nordostwand.
Erstbegehung der Routen	Südgrat: unbekannt Westwand: René Ghilini (F) zusammen mit Alex MacIntyre (GB) und John Porter (USA)
Höhe des Basislagers	Das Basislager im Süden der Annapurna liegt auf 4250 m neben dem Annapurna-Südgletscher.
Anfahrtsmöglichkeit bis	Phedi, 8 km westlich von Pokhara, eine lange Tagesreise von Delhi
Anmarsch	Etwa 35 km in 5 Tagen
Jahreszeit	April / Mai oder September / Oktober
Genehmigung	Ministerium für Tourismus, Kathmandu, über Trekkingagentur
Erfolgsrate	Der Aufstieg zum Gipfel wurde bislang nur sehr selten bewältigt, daher sind Angaben schwer erhältlich.
Literatur	*Climbing the Fish's Tail* von Wilfrid Noyce (Heineman, 1958). *Annapurna South Face* von Chris Bonington (Cassell, 1971). *The Trekking Peaks of Nepal* von Bill O'Connor (Crowood, 1989) und *Adventure Treks Nepal* von Bill O'Connor (Crowood, 1990).

sen. Ehrgeizigeren Bergsteigern bieten beide Routen zum Gipfel des Singu Chuli – wie auch einige Klettertouren auf den Tharpu Chuli und den Glacier Dome – eine anspruchsvolle, interessante Gelegenheit, sich für einen Versuch an der gigantischen Südwand der Annapurna zu akklimatisieren.

ANNAPURNA 8091 m

Südwand

Von allen Riesenformationen, welche die Natur hervorgebracht hat, ist kaum eine so eindrucksvoll wie die 3000 m hohe Südwand der Annapurna, der Göttin der Ernte. Für einen Bergsteiger kann es nur wenige attraktivere Ziele geben.

Im Jahre 1964 erfolgte die Erstbesteigung des letzten Achttausenders, des Shishapangma; von den übrigen waren nur der Everest und der Nanga Parbat über eine zweite Route bestiegen worden. Damit ging das Goldene Zeitalter der Himalaya-Eroberung zu Ende. Gleichzeitig wurden weite Gebiete des Himalaya auf Grund politischer Spannungen zwischen den Ländern dieser Region für Expeditionen gesperrt. 1969 hob man diese Beschränkungen wieder auf, und die ausländischen Bergsteiger kamen wieder zurück. Obwohl es noch eine ganze Reihe jungfräulicher Gipfel gab, schien der Ehrgeiz von Weltklasse-Bergsteigern nun darauf ausgerichtet zu sein, den Bergriesen, die bereits über die einfachsten Routen bestiegen worden waren, jetzt neue, extrem schwierige Routen abzuringen. Die Südwestwand des Everest, die schließlich im Jahre 1975 bezwungen wurde, stellte eine offenkundige Herausforderung dar. Zuvor wurde 1970 der erste große Erfolg erzielt, als Japaner den langen Südostgrat des Makalu überkletterten, eine österreichisch-deutsche Expedition die hohe Rupalflanke am Nanga Parbat durchstieg und ein britisches Team die Annapurna-Südwand erkletterte.

Die Expedition zur Südwand der Annapurna wurde von Chris Bonington geleitet, und Don Whillans erreichte den Gipfel zusammen mit Doug Haston, einer Kultfigur im britischen Alpinismus. Ihr grandioser Gipfelerfolg bildete den Höhepunkt der wochenlangen Anstrengungen eines Teams von acht Bergsteigern mit Sherpas als Hochträgern, die sechs Lager entlang einer durchgehenden Linie von Fixseilen einrichteten und versorgten. Die Route führte über den linken der drei Sporne der Wand. Der mittlere Eisgrat und der oberste Felsriegel stellten zwei der schwersten Kletterstellen dar, die bis dahin in dieser Höhe bewältigt worden waren.

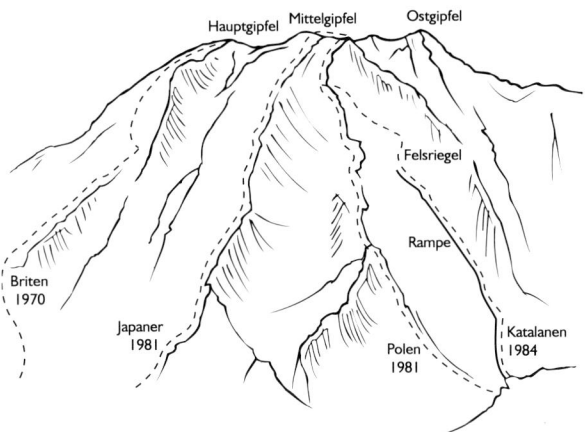

Linke Seite: Die phantastische Südwand der Annapurna. Im Mai 1970 wurde sie als erste der großen Himalaya-Wände durchstiegen. Noch heute gilt sie als Prüfstein für die ehrgeizigsten Bergsteiger im Himalaya. (*Enric Lucas*)

Erst elf Jahre später wurde diese Route erneut begangen, diesmal von zwei Japanern. 1987 konnten die Japaner erneut einen Erfolg verbuchen, als vier Kletterern am 20. Dezember die erste Winterbesteigung des Gipfels gelang. Seitdem hat es bereits einige Wiederholungen dieser Route gegeben, aber noch keine ohne Fixseile. Die beiden anderen vorspringenden Sporne wurden im Jahre 1981 bestiegen – der rechte im Frühling von Ryzsard Szafirskis Polnischer Expedition, und der mittlere im Herbst, wiederum von Japanern. Beide Expeditionen folgten dem Beispiel der Briten, indem sie die Wand mit großen Gruppen belagerten.

Jeder der drei Sporne bietet eine großartige Route. Bis heute hat noch niemand versucht, eine von ihnen im Alpinstil zu klettern. Insbesondere auf der Briten- und der Polenroute mit ihren langen Abschnitten auf stark gewundenen Firn- und Eisgraten wäre ein schneller Aufstieg mit ungesichertem Abstieg sehr schwierig. Statt dessen haben sich die Verfechter des moderneren Stils den riesigen offenen Hängen und Senken an den Seiten der Sporne zugewandt – einem einfacheren Terrain, das einen schnelleren Aufstieg erlaubt. Der Preis hierfür liegt jedoch in der höheren Lawinen- und Steinschlaggefahr. 1992 gerieten Pierre Béghin und Christophe Lafaille im riesigen Trichter zwischen der Briten- und der Japaner-Route in einen Sturm und wurden zur Umkehr gezwungen. Bereits kurz nach Beginn des Abstiegs löste sich eine Abseilverankerung, Béghin stürzte in den Tod. Lafaille mußte seinen verzweifelten Rückzug allein bewältigen und kämpfte sich mit nur zehn Metern Seil durch wiederholten Steinschlag nach unten. 1982 kam in derselben Wand ein anderer Vorreiter des Alpinstils, Alex MacIntyre, durch Steinschlag ums Leben. Er hatte sich einen Weg über eine große, geschwungene Rampe zurechtgelegt, der rechts der Polenroute hinaufführte. In dem ihm eigenen kompromißlosen Stil hatte er nur ein Minimum an Ausrüstung mitgenommen. Als er mit René Ghilini in 7150 m Höhe einen steilen Felsriegel erreichte, mußten sie sich geschlagen geben. Beim Abstieg wurde MacIntyre von einem einzelnen Felsbrocken getroffen und starb. Im August 1984 kamen zwei Katalanen, inspiriert von MacIntyres Stil und Route, im Annapurna-National-park mit dem festen Entschluß an, die Route vollständig zu begehen. An der üblichen Stelle auf 4250 m errichteten sie ihr Basislager mit nur drei Zelten und einem Kochunterstand für sie selbst, ihren Verbindungsoffizier, den Koch und zwei Freundinnen aus Barcelona! Nachdem sie sich zunächst wie schon MacIntyre und Ghilini auf dem Fluted Peak und dem Tent Peak akklimatisiert hatten, durchstiegen sie Ende September innerhalb von sechs Tagen die Wand und erreichten am 3. Oktober den Gipfel. Die Route war extrem schwer, bis V+/A2, mit 80° steilem Eis. In nur einem Tag seilten sich Bohigas und Lucas über den Sporn der Polenroute ab; damit war ihnen eine ganz großartige Leistung gelungen. Wir haben ihre Route als beispielhaftes Bravourstück für extremen Alpinstil in dieses Buch aufgenommen.

Die Route war wirklich genau ausgeklügelt. Sie führte über eine nach links gebogene Rampe, welche die offenen Hänge rechts vom Sporn der Polenroute durchschneidet und somit dessen komplizierte, zeit-aufwendige und messerscharfe Grate umgeht. In diesem ersten, zweifellos gefährlichen Teil der Katala-nen-Route hängt alles davon ab, daß man rasch vorankommt. Bezüglich der Steinschlaggefahr in die-sem Abschnitt äußerte Lucas, daß er und Bohigas gerade deswegen keinen Fuß in die Wand setzten, bis sie hundertprozentig bereit waren, sie »schnur-stracks«, d.h. schnell, zu durchsteigen. Nach einem Biwak am Bergschrund auf 5800 m Höhe stiegen sie

Rechts: Eines der letzten Fotos von Alex MacIntyre, der in seinem Engagement für den Alpinstil seine Ausrüstung auf das absolut not-wendige Minimum beschränkte. Mit nur einer Eisschraube und drei Felshaken mußte er sich 1982 hier zusammen mit René Ghilini an-gesichts der Schwierigkeiten des kritischen Felsriegels auf 7150 m geschlagen geben. Beim Abstieg über die exponierte untere Rampe wurde MacIntyre durch einen herabstürzenden Stein getötet.
(René Ghilini)

um zehn Uhr abends in die Wand. Den ersten Abschnitt, den sie mit der Nordwand der Droites verglichen, kletterten sie nicht angeseilt, um schneller voranzukommen; kurz nach Tagesanbruch hatten sie eine Höhe von 6800 m erreicht, wo der Steinschlag nachließ. Lucas meinte trocken zu der erst einmal

bei ihnen war der glatte Fels häufiger von Eis überzogen. Trotzdem beurteilten sie die Stufe, die sie am Morgen des zweiten Tages angingen, als extrem schwer. Obwohl sie nun ohne ihre 25 kg schweren Rucksäcke kletterten, konnten sie diese Schwierigkeiten nur nach drei Stürzen überwinden und brauchten

ihnen schützte. Die Route mündet an dieser Stelle in die Polen-Route, die den oberen Felsriegel wohl an seiner schwächsten Stelle überwindet. Trotzdem sind hier 160 m im Granit mit Schwierigkeiten bis V+ zu klettern, bis man oberhalb in einfacheres Gelände gelangt.

Links: Dank einer dickeren Eisschicht auf dem Fels und einem besser bestückten Hakengurt konnten Lucas und Bohigas den Felsriegel bezwingen. Beide stürzten im Vorstieg und benötigten einen ganzen Tag, um zwei 50-Meter-Seillängen zu überwinden. *(Nil Bohigas)*
Oben: Am nächsten Morgen bereitet sich Lucas auf den Aufbruch vom Biwak auf 7300 m und einen harten Tag Arbeit im riesigen mittleren Eisfeld vor. *(Nil Bohigas)*

überstandenen Gefahr: »Es kamen zwar keine riesigen Brocken, aber ziemlich viele; wie Regenschauer, nur halt gefährlich.«
Ab der Stelle, an der die Rampe einen Bogen nach links macht, wird die Route sicherer; beim Erreichen des Felsriegels aber sehr bald auch viel schwieriger. Das Vorhaben von Ghilini und MacIntyre wurde durch den steilen, kompakten Fels vereitelt. Die Katalanen hatten etwas mehr an Ausrüstung mit, und

einen ganzen Tag für zwei 50-Meter-Seillängen. Sie bewerteten die Felsstellen als V+ und A2; das Eis hatte eine Neigung von mindestens 80°.
Oberhalb des Felsriegels führt die Route, durchgehend auf Eis, von 7200 auf 7600 m zu einem riesigen Quergang nach links unterhalb eines weiteren, 200 m hohen Felsriegels aus Granit. Die Katalanen richteten ihr viertes Biwak auf 7460 m Höhe unter einem Sérac ein, der sie vor Steinschlag aus dem Granitriegel über

Ihr fünftes Biwak bezogen die Katalanen in der Wand oberhalb dieses Riegels, von wo sie, nur noch leicht bepackt, in fünf Stunden den Gipfelgrat zwischen dem Mittel- und Ostgipfel erreichten. Kurz nach Mittag standen sie auf dem Mittelgipfel der Annapurna, von wo sie nach eineinhalb Stunden wieder zu ihrem obersten Biwak auf 7800 m abstiegen.
Die Katalanen waren auf ihren Abstieg gut vorbereitet. In nur sechzehn Stunden seilten sie sich über den

Oben: Am vierten Tag gelangten die Katalanen zum oberen Teil des Sporns der Polen-Route. Hier klettert Lucas eine spektakuläre Passage über den oberen Felsriegel auf ca. 7700 m Höhe, während sich über dem Nationalpark, 3000 m unter ihm, Wolken zusammenbrauen. *(Nil Bohigas)*

Sporn der Polenroute und die Hänge unmittelbar rechts davon bis zum Fuß der Wand ab! Hierfür zogen sie ein 80 m langes 7-mm-Seil aus ihren Rucksäcken, um es mit ihrem 80 m langen 8-mm-Seil doppelt zu nehmen, das sie beim Aufstieg als Zwillingsseil verwendet hatten. Zum Einrichten der Abseilstellen verbrauchten sie ihr gesamtes Material, das sie bis auf 7800 m geschleppt hatten. Das letzte Stück seilten sie sich an ihrem letzten Felshaken ab! Ihr Abstieg war sehr schnell, wagemutig und relativ sicher.

Es gibt nur wenige machbare Abstiegsalternativen, wenn man zum Nationalpark zurück will. Der beste Abstieg nach Norden führt wohl über den Sporn der niederländischen Route von 1977 links der ursprünglichen Route. Dafür entschieden sich auch die Schweizer Erhard Loretan und Norbert Joos, die drei Wochen nach den Katalanen erstmals den Ost-, Mittel- und dann den Hauptgipfel überschritten. Obwohl die Katalanen nicht den Hauptgipfel erreichten, darf ihre Leistung doch angesichts ihrer Zielset-

Rechts: Enric Lucas (links) und Nil Bohigas kurz nach ihrem brillanten Sturm auf die Annapurna. *(Sammlung Ken Wilson)*

Unten: Lucas verständigt vom Mittelgipfel der Annapurna per Funk die Freundinnen im Basislager. Links hinter ihm am Horizont liegt 70 km östlich der Manaslu. Ganz rechts ist der unverwechselbare »Fischschwanz« des Machapuchare zu sehen, der den Eingang des Nationalparks bewacht. Das Team von 1957, das nur aus drei Bergsteigern bestand und nur begrenzt Hilfe von Sherpas beanspruchte, schaffte es fast, den schwierigen Nordgrat auf der linken Seite zu bezwingen. Seitdem ist der Berg für Expeditionen gesperrt. *(Nil Bohigas)*

KURZINFORMATIONEN

Name	Annapurna I
Höhe	8091 m
Lage	Annapurna-Massiv, Zentralnepal
Route	Südwand (Katalanen-Route): 2700 Höhenmeter meist in steilem Schnee und Eis, jedoch auch mit extrem schwierigen Felspassagen (V+/A2, mit 80° steilem Eis auf 7200 m und V+ auf 7800 m). Wenn man einmal in die Route eingestiegen ist, gestaltet sich ein Abstieg vor Erreichen der Polen-Route sehr schwierig und gefährlich.
Erstbesteigung des Gipfels	Maurice Herzog und Louis Lachenal (F) erreichten den Gipfel am 3. Juni 1950.
Erstbegehung der Route	Nil Bohigas und Enric Lucas (SPA) vom 27. September bis 3. Oktober 1984
Höhe des Basislagers	4250 m, auf grünen Wiesen über dem Südrand des Dakshini-Annapurna-Gletschers, ca. 3 km vom Fuß der Wand entfernt
Anfahrtsmöglichkeit bis	Suikhet, eine Stunde nordwestlich von Pokhara
Anmarsch	Etwa 50 km, 5 Tage
Jahreszeit	Die Südwand wurde im Frühling, im Herbst und im Winter durchstiegen, über die katalanische Route bislang jedoch nur im Herbst.
Genehmigung	Ministerium für Tourismus, Kathmandu, über Trekkingagentur
Erfolgsrate	Nur zwei Teams haben den Aufstieg über diese Route ernsthaft versucht, wobei das erste auf 7150 m umkehrte. Steinschlaggefahr insbesondere im unteren Teil der Wand, wo Alex MacIntyre beim Abstieg 1982 den Tod fand.
Literatur	Maurice Herzogs Buch *Annapurna*, das in einer Auflage von mehreren Millionen erschienen ist, enthält eine anschauliche Beschreibung der Erstbesteigung. Ein anderer Bestseller, *Annapurna South Face* von Chris Bonington (Cassell, 1970), enthält einen detaillierten Bericht über die Erstbegehung von Süden. Eine Zusammenfassung der Polen-Route liefert das *AAJ*, 1982, während *Iwa To Yuki*, 86 & 87, eine Zusammenfassung der Japaner-Route über den Sporn enthält. Die Route der Katalanen ist Gegenstand vieler Veröffentlichungen, darunter eine Zusammenfassung im *AAJ*, 1985, und ein Artikel von Enric Lucas in *Mountain 102*.

zung als absolutes Meisterstück angesehen werden. Wie bei der Westwand des Gasherbrum IV und der Ostwand des Dhaulagiri kam es hier auf die Bewältigung der Wand und nicht auf das Erreichen des Gipfels an. Die Route der Katalanen ist ein Beispiel für die verwegene Kühnheit des extremen Alpinstils. Nur eine sehr gut trainierte, fähige Gruppe kann dies halbwegs sicher noch einmal wagen, und selbst der schnellste Kletterer wird hier immer dem Steinschlag ausgesetzt bleiben, was durch die Berichte der

Katalanen über die Gefahren im ersten und zweiten Eisfeld und durch den Tod von Alex MacIntyre bestätigt wird.

Aus der Südwand der Annapurna blickt man auf eine phantastische Berglandschaft, insbesondere auf die »Fischschwanz-Silhouette« des Machapuchare und die stille Erhabenheit des Annapurna-Nationalparks. Sämtliche Routen auf den Berg sind geschichtsträchtig, denn es hat hier drei epochale Besteigungen gegeben: 1950 erreichten die Franzosen durch die

Nordostwand den ersten Achttausender; 1970 durchstiegen Briten mit der Südwand die erste große Himalaya-Wand; und schließlich schafften diese beiden Katalanen 1984 mit ihrer Route eine eindrucksvolle Demonstration erfolgreichen Alpinstils in extremem Gelände und großer Höhe.

GAURISHANKAR 7134 m

Westwand

Die ersten Forscher glaubten, dies sei der höchste Berg der Welt. Wer heute auf dem Flughafen von Kathmandu landet und sieht, wie sich sein Doppelgipfel über dem Tal erhebt, kann diesen Fehler nachvollziehen. Der Gaurishankar ist ein majestätischer, heiliger Berg. Die buddhistischen Sherpas, die von Solo Khumbu aus nur den Südgipfel sehen, nennen den Berg Jomo Tseringma. Die in den tiefergelegenen Tälern lebenden Hindus haben eine gute Sicht auf beide Gipfel. Bei ihnen heißt der höhere Nordgipfel Shankar – ein anderer Name für Shiva, den Gott der Schöpfung und der Zerstörung – und der Südgipfel Gauri – die Goldene Göttin, eine der vielen Namen für Shivas Gefährtin, die auch Parvati, Nanda oder Durga genannt wird.

Obwohl der Gaurishankar heilig ist, erhielten ausländische Kletterer Ende der fünfziger und Anfang der sechziger Jahre die Erlaubnis zur Besteigung. Raymond Lambert, der 1952 auf der tibetischen Seite einen illegalen Versuch unternahm und somit beide Seiten des Berges kannte, erklärte den Berg für unbesteigbar. Auf Grund dieser unwiderstehlichen Herausforderung versuchte 1959 eine japanische Expedition die Erstbesteigung; 1964 legte das britische Team von Dennis Gray eine Route aus dem Tal des Bhote Kosi durch den Urwald der Rongshar-Schlucht zum Nordwestgrat. Die Kletterer querten zur nördlichen, tibetischen Seite des Grats, wo sie in 7000 m Höhe zum Rückzug gezwungen waren, nachdem Lawinen ihre Fixseile weggefegt hatten. Danach wurden die Grenzen Nepals für Bergsteiger geschlossen. Als sich die Türen 1970 wieder öffneten,

lag der Gaurishankar noch immer im Sperrgebiet. Der Berg wurde erst 1979 wieder freigegeben und als einer der attraktivsten unbestiegenen Gipfel ausschließlich für Expeditionen reserviert, an denen auch Nepalesen teilnahmen.

Dennis Gray bewarb sich um eine Genehmigung, mußte jedoch später die Führung einer Herbst-Expedition an seinen Kollegen Peter Boardman abgeben. Inzwischen war der Amerikaner Al Read, Direktor von Mountain Travel Nepal, bereits einen Schritt weitergekommen und hatte eine Genehmigung für das Frühjahr erhalten. Seine Expedition unter der Führung des berühmten Sherpa Pertemba durfte den ersten Besteigungsversuch unternehmen. Von Grays Pfad durch den Urwald zum Chumal Chu hinauf, der in vielen Windungen von der Rongshar-Schlucht auf einen Paß mit Blick zum Tseringma-Gletscher führte, waren kaum noch Spuren übriggeblieben. Trotz eines vorausgegangenen Erkundungsflugs waren alle im Team ergriffen von der Aussicht, die sich vom Paß aus bot. Links vor ihnen lag ihr ursprüngliches Ziel, der Nordwestgrat, der als Teil von Tibet angesehen wurde und dessen Besteigung von der nepalesischen Regierung untersagt worden war. Vom Südgipfel nach rechts strich über 3 km die teilweise messerscharfe Schneide des Südwestgrates ab; den Übergang zum Shankar markiert ein abenteuerlicher Zackengrat. Dazwischen lag die einzige andere Aufstiegsmöglichkeit – die Westwand. Gray hatte sie als einen »neuntausend Fuß (2800 m) tiefen, lawinengefährdeten Wandabbruch mit einer unglaublichen Neigung« und »eine Kletter-Herausforderung für viele Genera-

tionen« beschrieben. Als dann, fünfzehn Jahre später, der junge Pertemba vor dieser Wand stand, glaubte er, der Gaurishankar würde ihm den Tod bringen.

Weder Pertemba noch einer seiner nepalesischen oder amerikanischen Gefährten mußte sterben. Zusammen bewältigten sie die technisch wohl schwerste Erstbesteigung, die bis heute im Himalaya unternommen wurde. Nur einen Monat nachdem sie im Basislager angekommen waren, hatten ein Amerikaner und ein Sherpa die Westwand durchklettert und standen auf dem höchsten Gipfel des Gaurishankar. Für Peter Boardman blieb jetzt als Alternative noch der Südwestgrat. Auch sie waren trotz der spektakulären Schwierigkeiten erfolgreich. Sie setzten in begrenztem Umfang Fixseile ein, die sie immer wieder entfernten und weiter oben wieder verwendeten, um sich so die bizarre Kantenschneide hinaufzuarbeiten. Von dort starteten sie einen Blitzanstieg im Alpinstil zum Gipfel. Nach neun schwierigen Seillängen in kombiniertem Gelände durch die Gipfelwand erreichten sie an einem bitterkalten 8. November ein Schneeplateau, wo sie ihr Biwak einrichteten. In den Morgenstunden des folgenden Tages stiegen Peter Boardman, Tim Leach, Guy Neithardt und Pemba Lama über den letzten Schneehang zum Südgipfel. In ihrem erschöpften Zustand waren sie nicht mehr in der Lage, über den Kamm auch noch zum Nordgipfel zu steigen, wofür sie nach ihrer Schätzung noch einmal drei bis vier Tage benötigt hätten.

Rechts: Die Westwand des Gaurishankar-Hauptgipfels im Mondlicht. *(Bill O'Connor)*

Die Südwestgrat-Route ist bisher noch nicht wieder in ganzer Länge begangen worden, aber 1985 kletterte ein slowenisches Team, das erstmals die Südwand bewältigt hatte, den oberen Teil weiter. 1983 wurde auch der Südostgrat an der tibetischen Grenze von einem japanischen Team unter der Führung von Michio Yusua bestiegen. Die chinesischen Behörden haben bisher noch keine Genehmigung für einen Versuch von der tibetischen Seite her erteilt, die mindestens genauso schwierig scheint wie die nepalesische Flanke. Die schönste, direkteste und wahrscheinlich auch die im Alpinstil am ehesten realisierbare unter den bisher von Nepal aus gekletterten Routen ist die Westwand.

Der Schlüssel zu dieser Route lag in der langen Firn- und Eisrippe in Wandmitte. Von Lager 1 in einer Höhe von 5150 m führten Felsplatten und Eisrinnen zur Rippe auf 5500 m. Auf etwa 6000 m wurde in einer Spalte auf halber Höhe der Rippe ein zweites Lager angelegt, von wo der Aufstieg sich ähnlich fortsetzte bis auf 6350 m. Hier, kurz bevor die Rippe an die oberen Felswände stößt, querten John Roskelley und Pertemba nach links und tasteten sich mit Steigeisen, auf glatten Platten teilweise mit Seilzug, über etwa 250 m zu einer Nische unterhalb einer steilen Eisrinne. Durch diese kletterten sie ca. 150 m

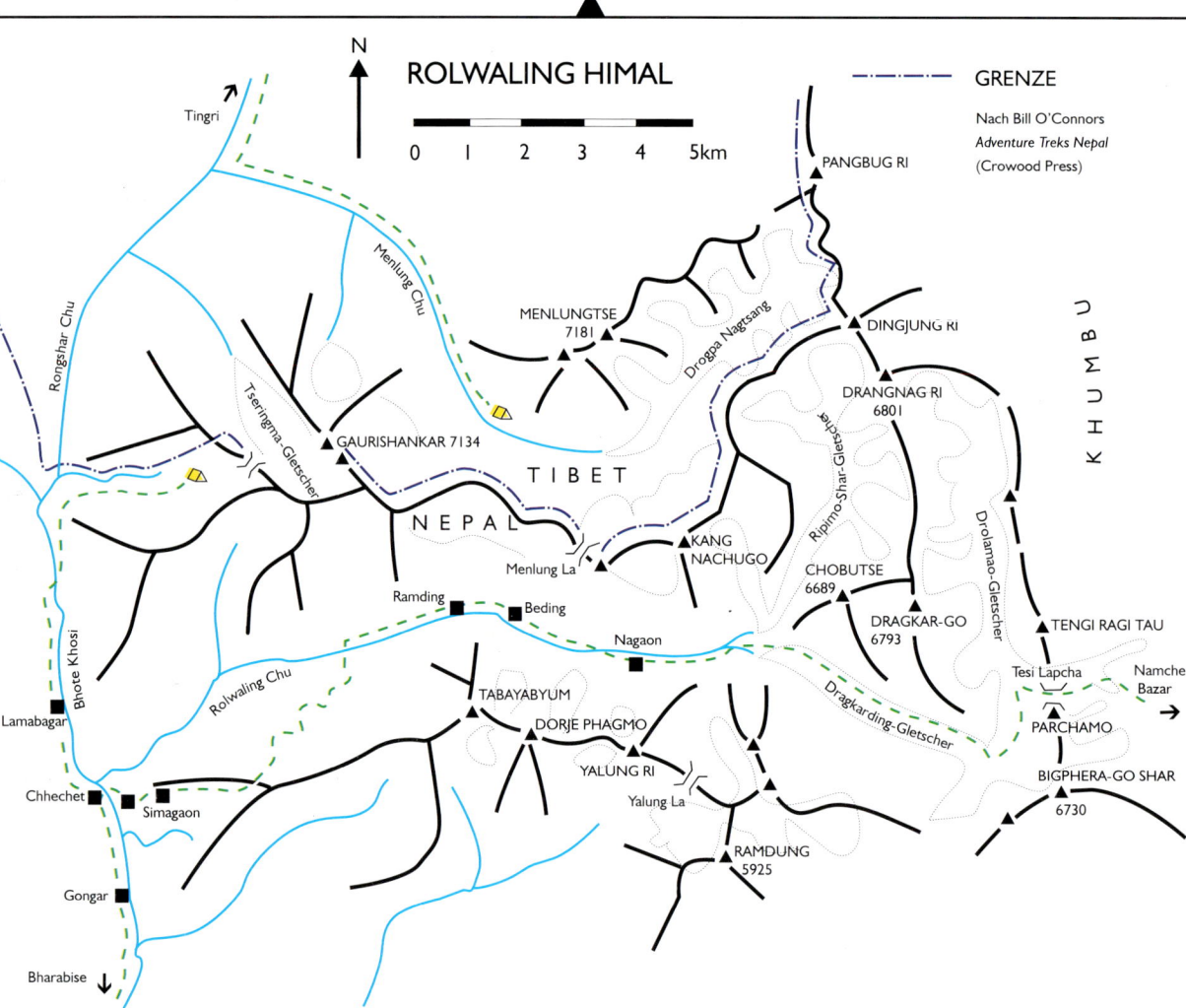

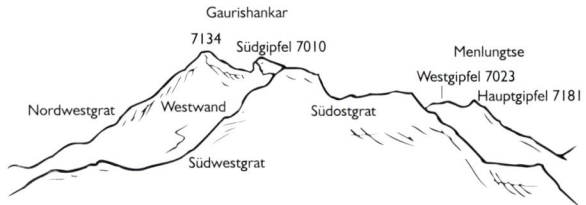

Rechts: Der heilige Doppelgipfel des Gaurishankar von Südwesten, rechts schaut der Menlungtse in Tibet hervor. (Al Read)

hinauf, bis sie in etwa 6500 m Höhe links ein Plattförmchen von einem halben Quadratmeter Größe erreichten – Lager 3!

Von diesem unbequemen Hochsitz aus versicherten Roskelley und Kim Schmitz den nächsten Abschnitt. Als Schlüsselstelle entpuppte sich hier ein gerade einen Meter breiter, vereister Streifen, der teilweise

senkrecht abfiel und in künstlicher Kletterei über einen Felsgürtel zu einem Eisfeld führte, das mit einer Breite von 200 m vom oberen Felsband herabhing. Der Sherpa Dorje begleitete Roskelley auf der Kletterei über dieses letzte Felsband, dessen Krönung ein Überhang bildet, den sie an mehrmals geschlagenen und gleich wieder entfernten Haken überwanden

(A3) – abenteuerlich über dem 2500 m tiefen Abgrund schwebend. Jetzt waren nur noch ein Schneefeld und einige hundert Meter über den Nordwestgrat zum Gipfel zu klettern, ehe sie diese großartige Erstbesteigung geschafft hatten.

Der Aufstieg von 1979 lief im Stile einer Belagerung mit Fixseilen ab, die fast bis zum Gipfel reichten. Auf Grund der begrenzten Erfahrung einiger Mitglieder des Teams in technischer Kletterei war dies damals die beste Taktik. Fünf Jahre später kletterte ein anderer Amerikaner, Wyman Culbreth, mit dem Sherpa Ang Kami eine Variante in einem saubereren Stil. Die beiden brachten ihre Vorräte nach und nach auf die Rippe und legten schließlich ihr Lager 3 an der Stelle an, wo das Team von 1979 nach links gequert war. Wyman und Ang Kami kletterten von hier die

Links: Kim Schmitz im Lager 3 (6500 m). Er verbrachte mit John Roskelley während ihrer Vorbereitung der oberen Wand vier Nächte auf diesem gefährlichen Hochsitz. (*John Roskelley*)

Unten: Luftaufnahme mit Detailansicht der Wand, klettertechnisch vermutlich die schwerste Route, die je für eine Erstbesteigung an einem hohen Himalayagipfel gewählt wurde. (*Al Read*)

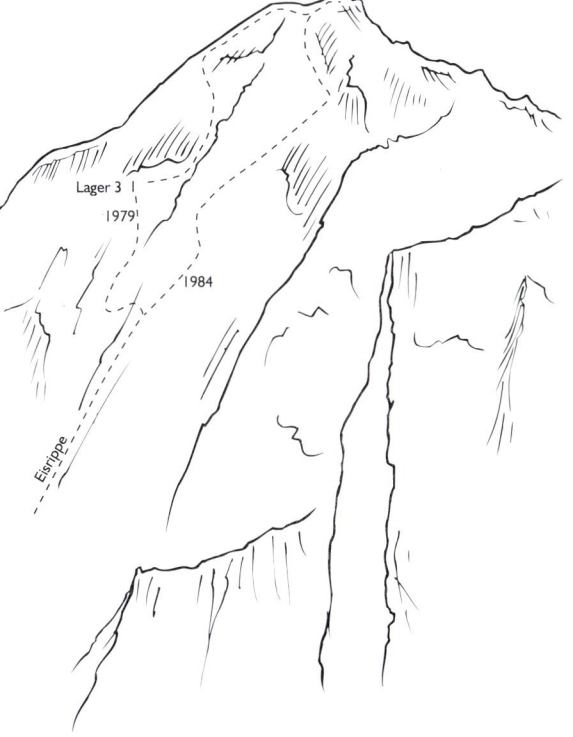

drei Uhr. Am selben Tag stieg Ang Kami erneut hinauf, um die für den Abstieg in der vorherigen Nacht verwendeten Seile zu entfernen – eine beachtliche Anstrengung –, bevor die beiden ihren Rückweg zum Basislager fortsetzten.

Im Januar 1986 wiederholte Ang Kami diese Route, als er mit dem Südkoreaner Choi Han-Jo die erste Winterbesteigung des Gaurishankar unternahm. Die ursprüngliche Route auf der linken Seite wurde noch nicht wiederholt. Die beiden Routen dürften sehr ähnlich sein, mit anhaltenden Schwierigkeiten in sehr

Oben: Die Gruppe genießt einen strahlenden Morgen auf dem Ramdung (5925 m), einem beliebten Trekking-Gipfel oberhalb des Rolwaling-Tals. Der Gaurishankar ragt am Horizont empor. Der Südwestgrat auf den schneebedeckten Gauri ist links im Profil zu sehen. Rechts im Bild der höhere Nordgipfel, der Shankar, mit der noch undurchstiegenen, schattigen Ostwand, die nach Tibet hin abfällt. *(Glenn Rowley)*

Rechts oben: Chris Bonington mit seinen bewährten Trägern in der Rongshar-Schlucht während des Anmarsches zum Menlungtse im Jahre 1987. Er hat schon weit über 20 Jahre Erfahrung mit Expeditionen im Himalaya. *(Sammlung Chris Bonington)*

Gipfelwand etwa 250 m direkt nach oben und querten dann ein langes Stück ansteigend nach rechts über den oberen Teil eines großen Eisfelds zu einer senkrechten, kombinierten Rinne, die sich durch das breite, darüberliegende Felsband zog. Da es oberhalb von Lager 3 keine Biwakplätze gab, legten sie in diesem oberen Abschnitt Fixseile bis in die Hälfte des Felsriegels, bevor sie zum Übernachten ins Lager 3 zurückkehrten. Dann stiegen sie in einer sehr langen Tagesetappe an den Seilen wieder auf und kletterten 200 m weiter über hartes Wassereis mit einer Neigung von 80°, das in Firn überging, und erreichten schließlich um halb sieben Uhr abends den Gipfel. Nach zahllosen Abseilmanövern in der Dunkelheit erreichten sie Lager 3 am nächsten Morgen um halb

steilem Eis und Granit. Die rechte Variante quert direkt unterhalb des Hängegletschers. Der untere Eisabbruch dieses Gletschers liegt auf Fels und bedroht die ganze rechte Seite der Wand. Es ist schwer zu beurteilen, wie gefährlich das tatsächlich ist, aber es ist bezeichnend, daß Roskelley, der als Sicherheitsfanatiker bekannt war, die linke Route gewählt hat. Die Ideallinie würde vielleicht vom oberen Ende der Eisrippe entlang der Route von Culbreth und Kami bis zu einer Felsrippe weiter oben verlaufen und dann diagonal nach links den letzten Felsriegel der Route von 1979 erreichen. Dabei wären zwar einige noch schwierigere Seillängen zu klettern, wegen der direkten Linie wäre der Abstieg dafür leichter und sicherer.

KURZINFORMATIONEN

Name	Gaurishankar
Höhe	7134 m
Lage	Rolwaling Himal, Ostnepal
Route	Westwand: 2800 Höhenmeter vom Tseringma-Gletscher über die mittlere Firn-/Eisrippe auf ca. 6300 m, wo die ursprüngliche Route nach links quert, während die Variante von 1984 gerade nach oben weiterverläuft und dann nach rechts quert. Eis bis 90°, kombiniertes Gelände, A3. Solider Granit. Abstieg über dieselbe Route.
Erstbesteigung des Gipfels	Sherpa Dorje (NEP) und John Roskelly (USA) am 8. Mai 1979
Erstbegehung der Route	Wie oben
Erstbegehung im Alpenstil	Rechtsseitige Variante von Sherpa Ang Kami (NEP) und Wyman Culbreth (USA) mit einem Hochträger und immer wieder entfernten Fixseilen; sie erreichten den Gipfel am 16. Mai 1984.
Höhe des Basislagers	4900 m an der Zunge des kleinen Gletschers auf dem Gipfel des Chumal Chu. Von hier einen Grat überqueren und zum Tseringma-Gletscher auf 5200 m absteigen
Anfahrtsmöglichkeit bis	Charikot, auf der Straße nach Jiri, etwa 6 Stunden von Kathmandu
Anmarsch	7 oder 8 Tage, zunächst den Bhote Kosi hinauf, dann die Rongshar-Schlucht hinauf, durch Lamabagar und Bom, dann nach Osten, durch den dichten Dschungel des Chumal Chu
Jahreszeit	Die beiden ersten Besteigungen der Wand erfolgten im Frühjahr (angenehmere Temperaturen). Jedoch steigen die Temperaturen ab Mitte Mai weiter an, und die Wand liegt täglich länger in der Sonne, wodurch sich das Risiko von Eis- und Steinschlag erhöht. Der Herbst bietet wohl die sichersten Bedingungen, ab Ende Oktober könnte kalter Wind den Aufenthalt im oberen Teil der Wand sehr unbehaglich machen.
Genehmigung	Ministerium für Tourismus, Kathmandu, über eine Trekkingagentur. An allen Expeditionen müssen auch nepalesische Bergsteiger teilnehmen.
Erfolgsrate	Alle drei Versuche über die ursprüngliche Route und ihre Variante waren erfolgreich.
Literatur	Die erste konzertierte Aktion von 1964 wird von Dennis Gray in *Rope Boy* (Gollancz, 1970) sowie von Don Whillan in *Portrait of a Mountaineer* (bei Alick Ormerod, Penguin, 1973) beschrieben. Peter Boardmans *Sacred Summits* (Hodder & Stoughton, 1982) schildert plastisch die Erstbesteigung des Südgipfels über den spektakulären Westgrat. Die Westwand wird detailliert im Artikel von Al Read im *AAJ*, 1980, und im Beitrag von Wyman Culbreth im *AAJ*, 1985, beschrieben.

▲

MENLUNGTSE 7181 m

Westwand / Südostwand

Der Menlungtse ist einer der auffallendsten Gipfel im Himalaya. Man müßte ihn eher als Massiv bezeichnen, da er zwei Gipfel aufweist, die 1,5 km voneinander entfernt und durch einen breiten, bis auf etwa 6700 m absinkenden Sattel verbunden sind. Er erhebt sich im Norden der zentralen Himalaya-Kette, in Tibet, isoliert wie eine massive Insel aus Granit an den Quellflüssen des Rongshar. Gewaltige Séracgürtel, messerscharfe Grate und steile Felsen verleihen ihm seit jeher den Nimbus des unerreichbaren Gipfels.

Dieses natürliche Bollwerk und die bis vor kurzem politisch bedingte Abgeschiedenheit in Tibet erhielten dem Menlungtse lange seine Jungfräulichkeit. Während der fünfziger Jahre schlichen sich einige Kletterer über die Grenze nach Tibet, darunter Raymond Lambert und Eric Shipton, der von diesem Gipfel fasziniert war und ihm seinen inoffiziellen Namen gab, Menlungtse. Chris Bonington gelang es schließlich, den chinesischen Bergsteigerverband zu überreden, ihm eine Genehmigung für einen offiziellen Versuch zu erteilen. 1987 ging er mit Jim Fotheringham und den Norwegern Björn Myrer Lund und Odd Eliassen den einladenden Sporn am südlichen Ende der Westwand an, scheiterte jedoch auf Grund miserablen

Oben: Blick vom Südgipfel des Gaurishankar auf die Eisflanken des Menlungtse und die Khumbu-Achttausender; das Bild wurde bei der Erstbesteigung des Gaurishankar aufgenommen. *(Peter Boardman)*

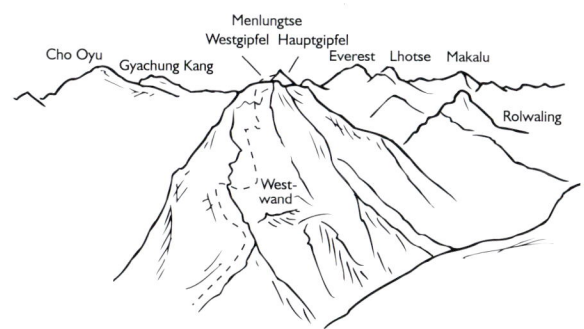

Wetters und enormer Schwierigkeiten schon im oberen Teil der Rippe unterhalb der senkrechten Gipfelwand. Ein Jahr später leitete er eine zweite Expedition zum Ostgrat, der in einer wunderschön direkten Linie zum Hauptgipfel führt. Nach genauerer Betrachtung des wächtengekrönten Grates entschied sich das Team jedoch für eine neue Route in der Westwand. Hier waren sie erfolgreich, und nach drei Tagen erreichten Andy Fanshawe und Alan Hinkes den Westgipfel im reinsten Alpinstil. 1990 machte sich ein starkes Team, Greg Child, Jeff Duenwald, John Roskelley und Jim Wickwire, erneut an den Ostgrat, den Roskelley bereits elf Jahre zuvor vom Gaurishankar aus studiert hatte. Die Zweifel der Mannschaft von Chris Bonington an der Route stellten sich als gerechtfertigt heraus, als Child und Roskelley in einer Höhe von 6460 m durch grundlosen Schnee auf ausladenden Wächten zur Umkehr gezwungen wurden. Amerikaner und Briten verwarfen die einfachste, direkte Route durch die Südostwand zum Hauptgipfel. Nicht ohne Grund, denn diese 2000 m hohe Eiswand wird von oben durch einsturzbereite Séracs und Steinschlag bedroht und erscheint äußerst gefährlich. Für ein wirklich schnelles Team sind diese Risiken jedoch nicht unbedingt allzu groß. 1992 eroberte eine der weltbesten Seilschaften die Wand im Sturm. Die Slowenen Marko Prezelj und Andrej Stremfelj hatten nur ein Jahr zuvor den Kangchendzönga-Südgrat wagemutig im Alpinstil erstiegen. Nicht weniger gewagt war ihre

Tour am Menlungtse. Am frühen Morgen des 22. Oktober kletterten sie in genau fünfeinhalb Stunden von 5150 m auf 6150 m, wo sie den Aufstieg unterbrechen und in einer Höhle vor herabstürzenden Stein- und Eisbrocken Schutz suchen mußten. Am folgenden Tag brachen sie um halb acht Uhr morgens auf und erreichten um halb sieben Uhr abends den Hauptgipfel. Sie stiegen in der Dunkelheit ab und gelangten morgens um zwei Uhr zum Biwak. Nach einer Rast setzten sie den Abstieg fort und erreichten nach insgesamt gut 53 Stunden, von denen sie 38 Stunden geklettert waren, den Wandfuß.

Eine Wiederholung der Südostwand ist zwar durchaus im Bereich des Möglichen, aber künftige Anwärter sollten sich im klaren darüber sein, daß die Risiken der Route nur durch einen extrem schnellen Aufstieg verringert werden konnten. Darüber hinaus hat wohl auch die kühle Witterung im Oktober die Route der Slowenen etwas sicherer werden lassen, als dies im

Oben: Der Menlungtse von Südosten. Der Erstbesteigungsversuch von 1987 erfolgte über den linken Grat, der zum Westgipfel führt. Amerikaner versuchten 1990 den schönen, aber mit ausladenden Wächten reich versehenen Ostgrat rechts. Der Hauptgipfel wurde 1991 von den Slowenen Prezelj und Stremfelj durch die Südostwand erreicht – kühn und rasant, wie es für sie typisch ist. *(Dave Bamford)*

Rechts: Andrej Stremfelj, Meister des Alpinstils, steigt schnell und mit leichtem Gepäck die Südostwand hinauf. Kurz oberhalb der gewaltigen Séracs mußten er und Prezelj anhalten, um vor Eis- und Steinschlag Schutz zu suchen, bevor sie am nächsten Tag den Aufstieg fortsetzen konnten. *(Marko Prezelj)*

Tibet. Von Tingri auf der tibetischen Hochebene führt ein schmaler, nur wenige Wochen im Jahr benutzbarer Feldweg über den Fusi La (5200 m) westlich von Nangpa La und durch die Rongshar-Schlucht hinunter zum Sherpa-Dorf Changbujiang, das sich nur 10 km nördlich der nepalesischen Grenze befindet. Diese Straße wurde von den Chinesen gebaut, um im Dorf eine Garnison und ein Verwaltungszentrum einzurichten. Unglücklicherweise führte dies zur Abholzung der Wälder oberhalb des Rongshar Chu bis hin zur baumlosen tibetischen Hochebene, wo die Nachfrage nach Baumaterial von Jahr zu Jahr steigt. Von hier führt ein von Rhododendren, Bambus und Nadelwald gesäumter Weg entlang des Menlung Chu zum Fuß des Berges hinauf.

Das Foto auf Seite 141, vom Südgipfel des Gaurishankar aufgenommen, zeigt den Menlungtse-Westgipfel von Südwesten; der Hauptgipfel ist hinter dem weniger markanten Westgipfel gerade noch sichtbar.

Frühjahr der Fall wäre. Außerdem braucht man sicher auch eine ordentliche Portion Schneid, um die Wand im kompromißlosen Stil der Slowenen zu wiederholen.

Trotzdem bietet die Westwand sicherlich eine attraktivere und nicht ganz so elitäre Route.. Wenden wir uns also zunächst noch dem Anmarsch zu, bevor wir diesen Weg beschreiben. Einen Großteil seines Charmes verdankt der Menlungtse seiner abgeschiedenen Lage. Der Anmarsch zum Basislager auf den Wiesen zwischen Menlungtse und Gaurishankar in einer Höhe von 4400 m ist einer der schönsten in

Oben: 23. Oktober 1991, abends um halb sieben: Andrej Stremfelj mit der slowenischen Fahne auf dem schwer erreichbaren Gipfel des Menlungtse. Links hinter ihm die Westwand des Cho Oyu, die ein Jahr zuvor von Kurtyka, Loretan und Troillet bestiegen wurde; rechts reihen sich Everest, Lhotse und Makalu aneinander. *(Marko Prezelj)*
Rechts: Andy Fanshawe eilt am 23. Mai 1988 kurz vor Sonnenuntergang mit großen Schritten über den letzten Grataufschwung zum Westgipfel. Fanshawe und Hinkes, die ohne Biwakausrüstung unterwegs waren, beschlossen vernünftigerweise, nicht zum Hauptgipfel des Menlungtse weiterzusteigen. Statt dessen mußten sie sich in der Dunkelheit immer wieder abseilen, um ihr Lager in der Westwand spät in der Nacht zu erreichen. *(Alain Hinkes)*

Der Verlauf der Westwand-Route ist in der Anstiegsskizze auf Seite 141 eingezeichnet. Eine breite, sanft geneigte Rinne steigt aus dem Schutt auf der linken Seite des Nordwestgrats zu einer ausgeprägten, verschneiten Kuppe an. Dort seilt man 30 m nach links hinab und gelangt so zu einer weiteren schneebedeckten Rinne, die zwischen Séracs zur Gratschneide leitet. Dieser folgt man etwa zehn Seillängen bis auf einen Absatz in 5800 m Höhe – hier liegt in einer Senke ein idealer Biwakplatz. Eine breite Schneeterrasse quert nach rechts hinüber in die Wandmitte. Von dort führt die Route über Schnee, einige leichte Séracs umgehend, direkt empor zu einer breiten Spalte auf etwa 6250 m. In sechs Seillängen auf hartem, grünem Eis wird eine weitere Spaltenzone – auf 6500 m die höchste in der Wand – erreicht. Für den Abstieg sollte ein großes Sortiment Eisschrauben einkalkuliert werden. Vom äußersten südlichen Ende der Spaltenzone führt die Route in vier steilen Seillängen (65°) wieder direkt nach oben zum Einstieg in die Gipfelwand.

Die Schlüsselstelle bildet ein tiefer Kamin ganz oben in der Gipfelwand. Zu dessen unterem Ende gelangt man über eine breite Felsrippe, die sich rechts davon in etwa fünf Seillängen (IV) auf festem Granit nach unten zieht. Der Kamin mit lockerem Fels ist senkrecht (VI) und schwer zu sichern, führt aber auf 6950 m, direkt über dem letzten Gratturm zum Gipfelgrat. Auf der schneebedeckten Nordostseite des Grates geht es die letzten Meter hinauf zum Westgipfel in 7023 m Höhe.

Andy Fanshawe und Alan Hinkes erreichen den Westgipfel bei Sonnenuntergang. Da sie die Biwakausrüstung unten in der Spaltenzone zurückgelassen hatten, verzichteten sie auf den Hauptgipfel, der sich als spitzer, vereister Turm hinter dem Sattel erhebt. Der Rückweg hätte wahrscheinlich einen ganzen Tag gedauert. Sollten weitere Anwärter die Biwakausrüstung über den Westgipfel tragen, könnte dies die beste Route zum Hauptgipfel sein. Sie besitzt zwar nicht ganz die Eleganz der direkten Slowenier-Route, ist aber wahrscheinlich sicherer und verfügt darüber hinaus über den Reiz jener phantastischen kombinierten Seillängen und einige genußreiche Felskletterstellen im Granit der Gipfelwand. Unabhängig von der gewählten Route wird der Menlungtse für die Kletterer immer ein schwierig zu besteigender Gipfel sein und eine Herausforderung bleiben.

KURZINFORMATIONEN

Name	Menlungtse (Jobu Garu)
Höhe	Hauptgipfel: 7181 m; Westgipfel: 7023 m
Lage	Rolwaling Himal, Tibet
Route	Westwand des Menlungtse-Westgipfels: Etwa 2000 Höhenmeter meist in Eis und Schnee, auf den oberen 300 m der Gipfelwand aber steile Felskletterei (bis VI).
Erstbesteigung des Hauptgipfels	22. – 23. Oktober 1992 durch Marko Prezelj und Andrej Stremfelj (SLO) über die Südostwand: 2000 m hohe Eiswand, meist 50° bis 60°, in einer Rinne durch den schwarzen Felsriegel auf etwa 6400 m bis 75° ansteigend
Erstbegehung der Route	Andy Fanshawe und Alan Hinkes erreichten den Westgipfel am 23. Mai 1988 nach dreitägiger Kletterei. Die Route war bereits bis zur Gipfelwand erkundet.
Höhe des Basislagers	4400 m bei Palbugthang auf Wiesen, 3 km vom Tor des Drogpa-Nagtsang-Gletschers entfernt
Anfahrtsmöglichkeit	Je nachdem, wie weit die Lastwagen auf dem sehr holprigen Weg südlich von Tingri fahren können. Im Sommer und Herbst kann man möglicherweise bis nach Changbujiang fahren. Im Frühling muß man den Fusi La zu Fuß überqueren.
Anmarsch	8 bis 9 Tage mit Überquerung des Fusi La 5 bis 6 Tage von Changbujiang aus
Jahreszeit	Der Menlungtse scheint mehr als nur seinen Anteil an schlechtem Wetter im Frühling abzubekommen. Im Herbst bestehen wahrscheinlich bessere Aussichten auf günstiges Wetter.
Genehmigung	China-Tibet-Mountaineering Association, Lhasa, oder über ein Agentur
Erfolgsrate	Bis 1995 fanden vier Expeditionen statt, die jeweils eine andere Route nahmen. Zwei waren erfolgreich.
Literatur	Die britischen Expeditionen sind außer in den üblichen Zeitschriften auch in *Mountaineer* von Chris Bonington (Diadem/Sierra Club, 1989) dokumentiert. Die Westwandroute wurde in *Coming Through* von Andy Fanshawe (Hodder & Stoughton, 1990) beschrieben. In *Last Days* von John Roskelley (Stackpole Books/Hodder & Stoughton, 1992) werden die Jagd nach Yetis und die Bedingungen am Südostgrat ironisch beschrieben.

Links: Alan Hinkes in einer der Schlüsselstellen der dramatischen Gipfelwand aus Granit. (*Andy Fanshawe*)

Linke Seite: Ganz links außen ist die Westwand des Menlungtse zu sehen. Die Route von 1988 führt von links an der erkennbaren Gletscherterrasse entlang, dann diagonal das steile Eisfeld hoch, durch den letzten Felsriegel etwa in dessen Mitte und folgt schließlich dem Grat direkt zum Westgipfel. (*Andy Fanshawe*)

SHISHAPANGMA 8046 m

Südwand

Der Shishapangma ist der höchste Gipfel, der sich ganz auf chinesischem Territorium befindet, gleichzeitig aber auch der Achttausender, der am nächsten bei Kathmandu, der Hauptstadt Nepals, liegt, und der einzige, den man von der Stadt aus sehen kann. Auf Grund der einschneidenden Reisebeschränkungen, die während der fünfziger Jahre in Tibet galten, wurde der Shishapangma erst als letzter Achttausender bestiegen. Bei der Erstbesteigung 1964 erreichten zehn chinesische Bergsteiger unter der Leitung von Hsu Ching den Gipfel über die Nordwestwand und den Nordgrat. Dies scheint zunächst ein recht großes Gipfelteam zu sein, bis man sich vergegenwärtigt, daß insgesamt 206 Personen an der Expedition teilnahmen. Für ausländische Teams öffnete sich das Land erst 1980. In diesem und dem darauffolgenden Jahr wurden weitere fünf Besteigungen durchgeführt, alle mehr oder weniger entlang der ursprünglichen Route. Nach wie vor ist der Shishapangma als wohl leichtester Achttausender sehr beliebt und wird oft bestiegen.

Der tibetische Name Shishapangma bedeutet »der Bereich (shisha) oberhalb der grasbewachsenen Ebene« und beschreibt genau das Bild, das sich beim Anmarsch von Norden darbietet. Der leichte Zugang macht sicherlich einen Teil seines Reizes aus. Man kann mit Jeeps und Lastwagen zum Basislager in 5000 m Höhe fahren;

von dort aus können die Lasten mit Yaks bis auf 5800 m transportiert werden. Der Cho Oyu, wenige Autostunden südlich von Tingri, liegt ähnlich günstig, weshalb viele Expeditionen beide Berge innerhalb einer Saison besteigen. Sobald sie sich am Cho Oyu akklimatisiert haben, verbringen viele weniger als eine Woche am Shishapangma, in der sie tatsächlich seine Besteigung schaffen.

Die Südwand ist zwar steil und weniger leicht zugänglich, aber kurz und angenehm im Vergleich zu den meisten anderen hohen Bergen. Von der Brücke der Freundschaft an der nepalesischen Grenze kommend erreicht man in Nyalam nach fünfstündiger Fahrt die erste Siedlung auf der tibetischen Hochebene. Dieses eintönige, staubige Dorf, das an Italo-We-

stern erinnert, ist der Ausgangspunkt des dreitägigen Anmarsches den Nyanang Phu Chu flußaufwärts. Das Tal führt zur Wiese des Basislagers gegenüber einem Plateau mit verstreuten Felsblöcken. Es liegt über dem Nordrand des Nyanang-Phu-Gletschers und dem Pemthang Karpo Ri (6830 m) gegenüber, einem der großartigen Gipfel an der nepalesischen Grenze. Ein Aufstieg von dieser Seite des Berges hat unter anderem den Vorteil, daß man auf etwa 3800 m mit dem Anmarsch beginnt, anstatt direkt bis auf 5000 m hinaufzufahren – eine erheblich bessere Akklimatisationsmöglichkeit als an der Nordseite. Dieser Anmarschweg wurde bei der sechsten Besteigung des Shishapangma im Jahr 1982 gewählt. Das von Nick Prescott geleitete Team war das erste, das den Berg im reinen Alpinstil bestieg – durch eine Wand, die Prescott vorher nur von Langtang auf der anderen Seite der Grenze gesehen hatte. Ehe Doug Scott, Alex MacIntyre und Roger Baxter-Jones den Shishapangma in Angriff nahmen, bestiegen sie Mitte Mai in drei Tagen erstmals den 7445 m hohen Pungpa Ri durch das Südwestcouloir und über den anschließenden Südwestgrat (45° Eis, IV). Dabei konnten sie sich vernünftig akklimatisieren und ihre geplante Abstiegsroute vom Shishapangma aus der Nähe begutachten. Schon am 28. Mai, nach drei Biwaks in der Südwand, erreichten sie den Gipfel des Shishapangma.

Links: Roger Baxter-Jones und Alex MacIntyre nähern sich dem oberen Teil des Verschneidungs-couloirs bei ihrer Erstbegehung der Shishapangma-Südwand im Jahre 1982. Im Hintergrund die Lantang-Gipfel an der Grenze zwischen Nepal und Tibet. *(Doug Scott)*

Linke Seite: Das alte Dorf Nyalam, Ausgangspunkt des Anmarsches zur Ost- und Süd-wand des Shishapangma. *(Stephen Venables)*

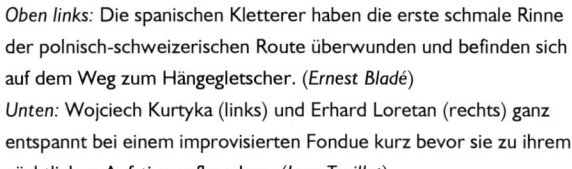

Oben links: Die spanischen Kletterer haben die erste schmale Rinne der polnisch-schweizerischen Route überwunden und befinden sich auf dem Weg zum Hängegletscher. (*Ernest Bladé*)
Unten: Wojciech Kurtyka (links) und Erhard Loretan (rechts) ganz entspannt bei einem improvisierten Fondue kurz bevor sie zu ihrem nächtlichen Aufstieg aufbrechen. (*Jean Troillet*)

Ihre Route führt auf einem ziemlich direkten Weg zu einem breiten Schnee-Couloir, dessen Ausstieg sich gleich östlich neben dem Gipfel befindet. Die Route verläuft die meiste Zeit über Schnee und Eis, vor dem abschließenden engen Couloir liegt aber ein Abschnitt mit kombiniertem Gelände im Schwierigkeitsgrad 4 der schottischen Skala. Obwohl die Wand insgesamt nicht so steil war, wie es das Team erwartet hatte, blieb ihre Route anhaltend ziemlich mühsam und bot nur wenige geeignete Biwakplätze.

Mit dieser Route und seinem gemeinsam mit Doug Scott geschriebenen Buch »The Shishapangma Expedition« hat sich der 28jährige Alex MacIntyre, der noch im selben Jahr beim Abstieg in der Annapurna-Südwand ums Leben kam, ein würdiges Denkmal gesetzt. Als hervorragender, scharfsinniger Alpinist war er mit seinen Ideen und seinem Einfallsreichtum anderen Vorbild und Inspiration – eine Kultfigur des modernen Alpinismus.

Oben rechts: Die spanische Bergsteigerin Areceli Segarra macht sich 1992 auf dem Weg zur Shishapangma-Südwand, um die polnisch-schweizerische Route zu wiederholen, die hinter ihrem Rucksack zum Hängegletscher ansteigt und dann links in das tiefe Couloir quert. Die Route der Briten von 1982 führt durch das Couloir ganz rechts außen. Die Slowenier-Route von 1990 benutzte den schwierigeren Pfeiler in der Mitte. (*Ferran Latorre*)

MacIntyre errang einige seiner größten Erfolge, zum Beispiel die Besteigung der Changabang-Südwand und der Dhaulagiri-Ostwand, gemeinsam mit dem ebenso zielstrebigen Polen Wojciech Kurtyka. Kurtyka war es, der acht Jahre später nochmals in der Südwand des Shishapangma Pionierarbeit leistete. Die Route, die er mit dem Schweizer Gespann Jean Troillet und Erhard Loretan eröffnete, führt durch ein ähnlich enges Couloir wie die Route von 1982, jedoch auf der linken Seite des Hauptgipfels. Durchgehend auf Schnee und Eis und niemals steiler als 55° ist dies die kürzeste und schnellste Aufstiegsroute zum Gipfel eines Achttausenders. Sie steuert zwar auf den Sattel zwischen West- und Mittelgipfel zu, doch 200 m unterhalb des Sattels schwenkt man am besten nach rechts und steigt durch ein Nebencouloir direkt zum Mittelgipfel. In der für sie typischen Manier kletterten Loretan und Troillet bei ihrer Erstbegehung die Wand nachts, ohne Biwakausrüstung, und erreichten den Gipfelgrat im Morgengrauen. Kurtyka war langsamer und beschloß, auf dem Abstieg in 7800 m Höhe zu biwakieren, obwohl auch er keine Ausrüstung dafür hatte. Die Nacht war »angenehm warm«.

Kurtyka kommentierte die leichte Zugänglichkeit der Route folgendermaßen: »Für einen vielbeschäftigten Mann oder eine vielbeschäftigte Frau ist dies ein traumhaftes Gelände, um einen 8000er hochzuflitzen.« »Aber«, fügte er hinzu, »hat eine so vielbeschäftigte Person auch die Sicherheit und das Durchhaltevermögen, das man für eine Unternehmung in dieser Höhe braucht?« Das Trio erreichte den Shishapangma nur zwei Wochen, nachdem es auf einer neuen Route zum Cho Oyu gestürmt war.

Es gibt noch eine dritte, schwierigere Route durch diese Wand, die 1989 von Andrej Stremfelj und seinem slowenischen Partner Pavle Kozjek erstbegangen wurde. Diese Route, die als kombinierte Tour mit IV/V im Fels und 65° im Eis eingestuft wird, schlängelt sich als wunderbar abwechslungsreicher Weg den Pfeiler zwischen den Rinnen in der Mitte hinauf. Ihre Erstbegehung erfolgte in drei Tagen.

Der leichteste Abstieg vom Shishapangma nimmt die Normalroute auf der Nordseite. Die meisten Südwand-Begeher werden jedoch in ihr Basislager zurückkehren wollen. Kurtyka, Loretan und Troillet stiegen auf ihrer Route durch die Südwand ab. Andere Teams wählten den britischen Abstieg über den Südostgrat zum 7300 m hohen Sattel zwischen Shishapangma und Pungpa Ri. Dieser Grat weist einige messerscharfe Abschnitte auf und erfordert Vorsicht. Der lange Abstieg vom Sattel benutzt riesige 45° steile Schnee- und Eishänge, die schräg nach Westen gequert werden, um große Séraczonen zu umgehen.

Die Südwand des Shishapangma stellt eine schöne,

KURZINFORMATIONEN

Name	Shishapangma
Höhe	8046 m
Lage	Langtang Himal, Tibet
Route	Südwand: Drei Routen, jede mit 2200 Höhenmetern (50°). Die Route von 1990 verläuft vollständig auf Eis und Schnee, wohingegen die Routen von 1982 und 1989 ein unterschiedliches Maß an kombiniertem Gelände beinhalten.
Erstbesteigung des Gipfels	Am 2. Mai 1964 durch ein chinesisches Team unter der Leitung von Hsu Ching
Erstbegehung der Routen	25. – 28. Mai 1982 durch Alex MacIntyre, Roger Baxter-Jones und Doug Scott (GB) 17. – 19. Oktober 1989 durch Pavle Kozjek und Andrej Stremfelj (SLO) 2. Oktober 1990 durch Wojciech Kurtyka (POL), Jean Troillet und Erhard Loretan (CH)
Höhe des Basislagers	5400 m, über dem Nyanang-Phu-Gletscher, gegenüber dem Pemthang Karpo Ri, 6830 m
Anfahrtsmöglichkeit bis	Nyalam, 3800 m
Anmarsch	Etwa 20 km, 2 – 3 Tage
Jahreszeit	Mai oder Oktober scheinen die besten Monate zu sein. Im Mai wird die Wand trockener sein und damit die Steinschlaggefahr wahrscheinlich größer.
Genehmigung	China-Tibet-Mountaineering Association, Lhasa
Erfolgsrate	Recht hoch
Literatur	In *The Shishapangma Expedition* (Granada, 1984) berichten Scott und MacIntyre über die Erstbegehung. Weitere Artikel erschienen im *AAJ* von 1990, S. 306-7; *AAJ* von 1983, S. 35 – 39; *AAJ* von 1991, S. 14-18; und in *Mountain* 137. Zu Berichten über Versuche an der noch unbestiegenen Ostwand siehe *AAJ* von 1988 und *AJ* von 1988-90.

sportliche Alternative zum Normalweg dar. Die Route der Briten markiert einen wichtigen Meilenstein in der Geschichte des Himalaya-Bergsteigens im Alpinstil. Die polnisch-schweizerische Route gilt als leichteste Südwand-Route, wohingegen die Slowenier-Route das technisch anspruchsvollste und fesselndste Bergabenteuer vermittelt.

Links: Luke Hughes beim Aufwärmen an einem kalten Oktobermorgen in 7300 m Höhe nach der Zweitbesteigung des Pungpa Ri (7445 m). Dahinter der Südostgrat des Shishapangma mit der üblichen Abstiegsroute nach einer Südwand-Durchsteigung. Vom Sattel direkt hinter dem Zelt kann man sich auf der Südseite (links) direkt zum Fuß der Wand abseilen. (*Stephen Venables*)

John Longmuir und sein Team in 7000 m Höhe am Nordwestgrat des Cho Oyu. Zwischen den Gletscherspalten unter ihnen liegt Lager 2. Am linken Horizont befinden sich die Gipfel des Jugal und Langtang Himal, überragt von der un- durchstiegenen Ostwand des Shishapangma. (*Roger Mear*)

CHO OYU 8201 m

Nordwestgrat

Über den Nangpa La, Schlüsselstelle einer historischen Handelsroute, wird heute noch Bauholz aus den Wäldern des nepalesischen Khumbu auf die kahle tibetische Hochebene geschmuggelt. Bergsteiger, die auf ihrem Weg zum Cho Oyu oder zum Menlungtse (7181 m) von Tingri nach Süden auf diesen Paß hinauffahren, werden von den gewaltigen Dimensionen dieses tiefen Einschnitts – sicherlich eines der schönsten Plätze der Erde – ergriffen sein. Zur Rechten befindet sich der unbestiegene und wunderschöne Jobo Rap Sam (6666 m) und zur Linken der Cho Aui (7350 m), der 1986 von einer japanischen Expedition bestiegen wurde. Weiter links liegt der Cho Oyu, der höchste Gipfel in der Umgebung und der sechsthöchste der Welt.

Er wird seltener von Nepal als von Tibet aus bestiegen, da dort der Zugang viel einfacher ist. Bis zum Basislager benötigt man nur eine eintägige Anfahrt, was der Akklimatisierung jedoch nicht dienlich ist. Außerdem hatte die Änderung des Grenzverlaufs zur Folge, daß der Weg von Nepal hinauf zu den unteren Hängen des Nordwestgrats, der Route der Erstbesteiger, unnötig erschwert wurde, falls man nicht illegal den Nangpa La überquert und dann über den Gyabrag-Gletscher nach Süden zurückkehrt, wie 1954 Herbert Tichy und seine Mannschaft. Hinzu kommt auch, daß inzwischen noch viele weitere Routen auf der tibetischen Seite des Berges eröffnet wurden, drei davon mit exzellenten Klettermöglichkeiten: die 2000 m hohe Nordwand, die 1988 von einer slowenischen Gruppe durchstiegen wurde, die Polen-Route über den Westgrat (1986) und die Westwand.

Die Westwand, 1990 in nur zwei Tagen von dem nicht zu bremsenden Team Kurtyka, Troillet und Loretan erstmals durchstiegen, bietet einschließlich des Abstiegs über den Nordwestgrat eine besonders reizvolle Tour. Vom Fuß der Wand auf etwa 6200 m führt ein breites Couloir mit 45° Neigung weit in die Wand hinauf. Dann folgt ein anhaltend schwieriger kombinierter Abschnitt (IV) zwischen 7000 und 7800 m, unterbrochen von 60° steilen Schneefeldern. So gelangt man zu einer Rampe, die nach rechts zum unbestiegenen Südwestgrat auf 8100 m führt. Das Gipfelplateau betritt man ganz in der Nähe seines höchsten Punkts, was einerseits ein Segen ist, andererseits muß man es dann doch überqueren, um zum Ausgangspunkt der Abstiegsroute zu kommen.

Die Polen-Route über den Westgrat, der die linke Seite dieser Wand bildet, ist einfacher zu klettern, meist in bis zu 50° steilem Schnee und Eis. Jedoch gibt es auch einen 200 m langen Abschnitt im Fels (III), der auf 7200 m hinaufführt; hier könnte man zur Tichy-Route queren. Falls man am Westgrat bleibt – wenn sehr viel Schnee liegt, können die Hänge des Nordwestgrates lawinengefährlich sein – stößt man erst weiter oben, etwa bei 7800 m, auf diese Route.

Da der Westgrat relativ sicher ist, kann man gespannt sein, ob er sich in den kommenden Jahren zunehmender Beliebtheit erfreuen wird. Bis heute wurde diese Route nur einmal wiederholt, und zwar im Winter 1989 von Carlos Buhler und Martin Zabaleta, die sich über diesen Weg positiv äußerten.

Zur Zeit ist jedoch die ursprüngliche Route sicherlich die beliebteste. Herbert Tichy, der die Erstbesteigung leitete, war ein Vorbild im Klettern mit reduzierter Ausrüstung. Seine Geschichte hat gemessen an den modernen Entwicklungen der Kleinexpeditionen etwas besonders Ergreifendes. In erster Linie Philosoph und Reisender, in zweiter Linie Bergsteiger, bestand sein Ziel zunächst nicht allein darin, den Gipfel zu besteigen, sondern vor allem, ihn mit einem kleinen Team von Freunden zu erreichen. Doch im Verlauf der Expedition ließ er sich vom Gipfel mehr und mehr beherrschen, bis er schließlich den Verlust seiner bereits angefrorenen Finger, wenn nicht mehr, riskierte.

»Da fast alle Religionen danach streben, die Angst vor dem Tod zu überwinden und sich ihm bereitwillig zu fügen, kann ich behaupten, eine echte religiöse Erfahrung gemacht zu haben«, schrieb er. Andere würden es einfach als akuten Sauerstoffmangel bezeichnen, und nach rationalen Maßstäben war sein ausschließlich auf den Gipfel gerichtetes Streben einfach draufgängerisch. Aber, um Diemberger zu zitieren: »Jeder hat das Recht, einmal in seinem Leben etwas Verrücktes zu tun.« Tichy kam mit nur leichten bleibenden Frostschäden an seinen Fingern weitgehend ungeschoren davon. Er schrieb seine erstaunli-

che Genesung übrigens nicht der Religion zu, sondern den großen Mengen Chang (traditionelles nepalesisches Bier) und Rakshi (nepalesischer Gerstenschnaps), die er auf dem Heimweg trank.

Lieber als mit anderen Österreichern war Tichy allerdings mit seinen Sherpa-Freunden unterwegs, vor allem mit Pasang Dawa Lama, der mit Wiessner 1939 fast den Gipfel des K2 bezwungen hatte. Dies erklärt, warum nur drei Expeditionsteilnehmer aus der westlichen Welt stammten, von denen einer gar nicht selbst auf den Gipfel wollte. Die Sherpas nahmen nicht in ihrer traditionellen Rolle als Diener teil,

Erhard Loretan, gerade noch als winziger Punkt unter dem Eisriegel sichtbar, steigt den frischen Spuren des Normalweges entlang ab, nachdem er am Vortag erfolgreich eine blitzartige Erstbegehung der Westwand mit Kurtyka und Troillet unternommen hatte. (*Wojciech Kurtyka*)

sondern als gleichberechtigte Mitglieder der Bergsteigergruppe – und es war Pasang, der die Besteigung überhaupt möglich machte. Beim ersten Vorstoß trieb er die Route über den gefährlichen Eisriegel auf 6800 m voran. Als er am Rückweg von Namche Bazar, wo er Nachschub besorgt hatte, davon hörte, daß ein Schweizer Team ebenfalls den Cho Oyu besteigen wollte, setzte er alles daran, den eigenen Erfolg zu sichern. In drei Tagen legte er 50 km zurück und überwand dabei 4000 Höhenmeter, um Tichy und Sepp Jöchler auf dem Berg einzuholen und die beiden auf ihrem Weg zum Gipfel zur Eile zu drängen.

die ein zusammengebrochener Sérac hinterlassen hat. Normalerweise wird man hier Fixseile vorfinden. In einer Höhe von 7000 m geht es in geringer Neigung über den Gletscher etwas nach links zu einem steilen Hang, dessen Felsen in manchen Jahren ausapern. Über sie erreicht man die obersten schneebedeckten Hänge, die sich zum ziemlich konturlosen Gipfelplateau hinaufziehen. Erst wenn der atemberaubende Blick in die Khumbu-Region frei wird und die Handelsroute über den Nangpa La sichtbar ist, wird man erkennen, daß man den Gipfel erreicht hat.

Wir können den Cho Oyu nicht verlassen, ohne eine

KURZINFORMATIONEN

Name	Cho Oyu
Höhe	8201 m
Lage	Mahalungur Himal, Distrikt Khumbu, Tibet
Route	Nordwestgrat: 2200 Höhenmeter auf Schnee mit einem kurzen Abschnitt in steilem Eis und möglicherweise Fels
Erstbesteigung des Gipfels	Der Gipfel wurde am 19. Oktober 1954 von Herbert Tichy und Sepp Jöchler (A), sowie Pasang Dawa Lama (NEP) bestiegen. Dies ist übrigens die einzige Erstbesteigung eines Achttausenders im Herbst.
Erstbegehung der Route	Wie oben
Höhe des Basislagers	5600 m, über dem nördlichen Rand des Gyabrag-Gletschers
Anfahrtsmöglichkeit	So weit, wie Lastwagen von Tingri in Richtung Süden fahren können, meist bis auf etwa 4350 m. Nach der Monsunzeit müßte es möglich sein, bis auf 4800 m unterhalb des Fusi La hinaufzufahren.
Anmarsch	Etwa 20 km, ein Tag
Jahreszeit	Mai / Juni oder September / Oktober
Genehmigung	China-Tibet-Mountaineering Association, Lhasa
Erfolgsrate	Über 50% der Expeditionen auf allen Routen am Cho Oyu erreichen den Gipfel. Am Nordwestgrat liegt die Erfolgsrate sogar noch höher. Ende 1993 hatten über 400 Menschen den Gipfel bestiegen.
Literatur	In *Cho Oyu* berichtet Herbert Tichy (Methuen, 1957) von der Erstbesteigung. Eine hervorragende Zusammenfassung über die Expedition von 1954 findet sich in *Quest for Adventure* von Chris Bonington (Hodder & Stoughton, 1981). Zu Einzelheiten anderer Routen siehe: *AAJ* von 1987, Westgrat; *AAJ* von 1989, Nordwand; *AAJ* von 1990, Westgrat im Winter; *AAJ* von 1991, Westwand; *Mountain* 116 (Interview mit Zawada), Südostwand.

Oben: Die massige Erhebung des Cho Oyu (links der Bildmitte) aus der Nähe des Nangpa La. Die Route über den Nordwestgrat folgt der breiten, schneebedeckten Senke auf der rechten Seite. Ganz rechts ist der schön geformte Gipfel des Cho Aui (7350 m) sichtbar. Die Erstbesteigung gelang 1986 einer Expedition der japanischen Himalaya-Vereinigung über den Nordwestgrat auf der rechten Seite. *(Andy Fanshawe)*

Die gesamte Route wurde ohne Sauerstoffgeräte bewältigt und nur auf einem kurzen Abschnitt durch den Eisbruch mit Fixseilen versichert. Diese Expedition war wirklich außergewöhnlich, und Pasangs Leistung vergleichbar mit der von Hermann Buhl am Nanga Parbat im Jahr zuvor.

Die Route über den Nordwestgrat ist technisch nicht schwierig, aber lang, und sie führt noch ein gutes Stück über 8000 m hinaus. Vom Gyabrag-Gletscher steigt sie über eine Moräne und einen Felsgrat bis P 6446 an. Viele Bergsteiger legen diese Strecke in Turnschuhen zurück. Anschließend folgt man einem langen, aber einfachen Schneegrat bis zum Eisriegel. Die Verhältnisse variieren, aber in den letzten Jahren wurde der Eisriegel durch eine Bresche überwunden,

weitere Route zu erwähnen, die gewaltige Südostwand in Nepal. Die Besteigung dieser Wand im Winter 1985 war eine der großen Leistungen in der neueren Geschichte des polnischen Bergsteigens. Dabei handelte es sich nicht um ein Hinaufstürmen im Alpinstil, denn die Route über den gewaltigen Sporn in der Mitte der Wand ist lang und kompliziert, mit teilweise sehr schwierigen Kletterstellen in Fels und Eis. Außerdem verlangten die extrem winterlichen Wetterverhältnisse in dieser Höhe von Andrzej Zawadas Team die Verwendung von Fixseilen. Dennoch mußte die zweite Gipfelmannschaft mit Zygmunt Heinrich und Jerzy Kukuczka hoch oben in der Wand ungeschützt biwakieren, als sie am Ende des kurzen Wintertages Lager 5 nicht finden konnte.

Verglichen mit der Südostwand im Winter sind die kürzeren Routen auf der Nordseite des Cho Oyu recht zahm. Die relativ geringe Schwierigkeit des Nordwestgrats wird durch die Statistik verdeutlicht. Ende 1993 hatten bereits mehr als 400 Menschen auf dieser Route den Gipfel erreicht. Dennoch verloren einige auch hier ihr Leben. Der Cho Oyu ist ein hoher Berg, und wer auf seinem gewölbten Gipfelplateau von einem Wettersturz überrascht wird, dürfte auf dem Abstieg zu kämpfen haben.

EVEREST 8848 m

Direkte Nordwand

Die Erstbesteigung des Mount Everest, des höchsten Berges der Welt, liegt mehr als vierzig Jahre zurück. Viele Bergsteiger würden bei genauerem Nachfragen zugeben, daß dieser Gipfel ihr oberstes Traumziel ist. Selbst jene, die Gipfelsammler verachten, können seine Anziehungskraft nicht leugnen. Sie ist so stark, daß es einigen Bergsteigern auch gar nichts ausmacht, den Berg und seine Lagerplätze mit Müll zu verunstalten, der niemals verrottet.

Eine solche Entweihung und Mißachtung des Berges war leider unausweichlich, glaubten doch viele Bergsteiger, sie müßten, um diesen Gipfel zu »erobern«, seine Grate und Flanken mit Kilometern von Fixseilen verkabeln. Inzwischen betrachten jedoch viele einen solchen Belagerungsstil als überholt und nicht akzeptabel. Den heutigen Alpinisten, die Gipfel jeglicher Höhe besteigen, geht es nicht darum, den Berg auf diese Weise zu erniedrigen, sondern sich selbst zu erheben und ihn auf eine umweltbewußte Weise, ohne großen Aufwand an Ausrüstung, zu erklettern.

Der Everest hat jede Phase der Entwicklung des Himalaya-Bergsteigens erlebt. Außergewöhnlich sind dabei die Leistungen, die bei seinen Besteigungen immer wieder vollbracht wurden. Ihre Geschichte ist zur Genüge bekannt: Sieben entschlossene Versuche in den zwanziger und dreißiger Jahren führten mit einem Minimum an technischen Hilfsmitteln auf über 8500 m am Nordgrat hinauf; die erste nachgewiesene Besteigung erfolgte schließlich 1953 von Nepal aus; zehn Jahre später die phantastische Überschreitung durch Tom Hornbein und Willi Unsoeld; 1975 die erfolgreiche Durchsteigung der Südwestwand; die

Oben: Das Kloster von Rongbuk, seit 1921 Ausgangspunkt für Everest-Expeditionen, erholt sich langsam von den Zerstörungen der Kulturrevolution. Hier helfen Lamas dem Sherpa Pasang Norbu, Gebetsfähnchen zum Schutz des Basislagers anzufertigen. (*Ed Webster*)

Rechte Seite: Die Everest-Nordwand im Abendlicht: Bei diesen Bedingungen im Frühjahr ist der Fels größtenteils ausgeapert. Das Japaner-Couloir ist nur als dünne weiße Linie erkennbar, die sich durch die unteren Felsen schlängelt. Über dem mittleren Schneefeld ist das Hornbein-Couloir als tiefer Einschnitt erkennbar, der sich gleich rechts neben dem Gipfel abzeichnet. (*Ed Webster*)

erste Besteigung ohne Sauerstoff im Jahre 1978 durch Peter Habeler und Reinhold Messner. Zwei Jahre später gelang Messner von Norden aus in nur drei Tagen der Gipfel im Alleingang. Damit demonstrierte er, daß ein schneller Aufstieg möglich ist, wenn man die richtigen Verhältnisse vorfindet. Messner wählte eine ruhige Periode am Ende der Monsunzeit aus, als eine hohe, gut gesetzte Schneedecke zügiges Vorankommen ermöglichte. Er nahm die Vorkriegsroute bis auf 7800 m Höhe und querte dann durch die Nordwand zum Großen Couloir, um von dort zur Gipfelpyramide zu gelangen. Im gleichen Jahr hatte vor ihm ein japanisches Team mit üppigem Einsatz von Fixseilen eine Route vorangetrieben, die auf der rechten Seite der Nordwand direkt nach oben zum Hornbein-Couloir führt. Nach Messner bekräftigten weitere Besteigungen, vor allem die der Australier über das »White Limbo« von 1984, daß man bei guten Schneeverhältnissen schnell auf den Gipfel kommen kann. Dies bewiesen 1986 ganz deutlich zwei der weltbesten extremen Kletterer im Himalaya. Vor allen anderen in diesem Buch beschriebenen Touren war ihre Leistung ein Beispiel für den Alpinstil in seiner natürlichsten und ausgeprägtesten Form, passenderweise auch noch auf dem höchsten Gipfel der Welt demonstriert.

So schnell wie die Besteigung ist auch die Geschichte erzählt. Erhard Loretan und Jean Troillet (CH) durchquerten gemeinsam mit Pierre Béghin (F) Tibet und näherten sich 1986 in der Monsunzeit der Nordwand des Everest. Sie errichteten ihr vorgeschobenes Basislager in einer Höhe von 5850 m auf dem

Rongbuk-Gletscher. Dort verbrachten sie fünf Wochen, in denen sie nur zweimal auf benachbarten Bergen bis in eine Höhe von 6500 m stiegen, um sich zu akklimatisieren. Am 28. August machten sie sich um zehn Uhr abends vom vorgeschobenen Basislager zum Fuß des Japaner-Couloirs auf. Sie kletterten die ganze Nacht, bis sie um elf Uhr morgens eine Höhe von 7800 m erreicht hatten. Hier entspannten sie sich während der nächsten zehn Stunden im warmen

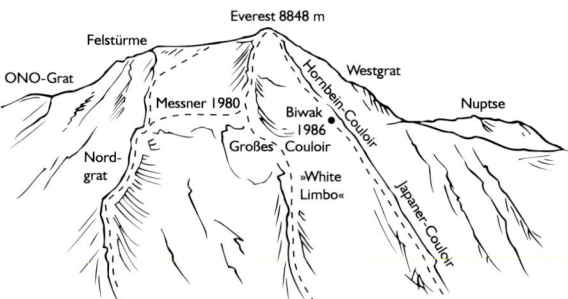

Oben links: 1986 war Pierre Béghin zu erschöpft und durchgefroren, um mit Loretan und Troillet Schritt zu halten. 1987 kehrte er zur Nordwand zurück und nahm dieses Foto von Luis Barcenas, seinem spanischen Begleiter, beim Einstig in das Hornbein-Couloir auf. Die beiden mußten die Besteigung auf 8700 m abbrechen. *(Pierre Béghin)*

Oben rechts: Die Everest-Nordwand aus der Vogelperspektive, am herrlichen Morgen des 28. August 1986 vom Gipfel des Changtse aufgenommen. Einen Tag später brachen Loretan und Troillet zu ihrem bemerkenswerten Aufstieg und rasanten Abstieg über die direkte Nordwand auf. Dieses Foto zeigt die schneebedeckte Wand im Spätsommer, im starken Gegensatz zum Frühjahrsfoto auf Seite 155. Bei ähnlichen Verhältnissen fanden 1980 Messners Alleingang und die australische Expedition von 1984 unter der Leitung von Tim Macartney-Snape statt, die den »White Limbo«, den direkten Anstieg zum Großen Couloir kletterte. *(Ed Webster)*

Rechte Seite: Steve Bell kämpft sich durch das Wirrwarr alter Seile an der letzten schwierigen Stufe im Hornbein-Couloir, bevor auf 8550 m die Neigung abnimmt. Dieses Foto wurde im Frühjahr aufgenommen und zeigt abermals den Unterschied zu den schneereichen Verhältnissen im Herbst, als Loretan und Troillet aufstiegen und den Abstieg mit einer Rutschpartie in Rekordzeit bewältigten. *(Andy Hughes)*

Tageslicht und schmolzen Schnee für ihre Getränke. Um neun Uhr abends stiegen sie weiter, aber auf 8000 m kehrte Béghin um. Da er die Schneehöhle nicht finden konnte, in der er seinen Schlafsack gelassen hatte, mußte er die Nacht im Freien verbringen, glücklicherweise ohne schlimme Folgen. Loretan und Troillet kletterten durch das Hornbein-Couloir weiter nach oben, konnten jedoch in 8400 m

Höhe nach fünf Stunden Kletterei ihren Weg in der Dunkelheit nicht fortsetzen und waren gezwungen, bis zum Morgengrauen zu warten. Um vier Uhr morgens waren sie wieder unterwegs und erreichten um ein Uhr mittags den Gipfel. Zur wärmsten Zeit des Tages rekelten sie sich hier 90 Minuten lang. Da ihnen die Schneebedingungen ideal erschienen, rutschten sie in nur fünf Stunden die gesamte Wand im Sitzen hinunter – drei Stunden bis zur Schneehöhle, in der

Béghin ruhte, und weitere zwei Stunden bis zum Fuß der Wand! Nach nicht einmal zwei Tagen, in denen sie auf das Dach der Welt und zurück gestiegen waren, trafen sie wieder im vorgeschobenen Basislager ein.

Sie sind unangeseilt und überwiegend nachts geklettert. Sie hatten keine Zelte, Seile oder Klettergurte mit. Sie verwendeten keine Sauerstoffgeräte und hatten nur leichte Schlafsäcke und minimale Verpflegungsrationen zu tragen. Auf 7800 m ließen sie sogar ihre Rucksäcke zurück. Es war, wie Kurtyka witzelte, »nächtliche Blöße«. Sie nahmen nichts mit hinauf und ließen nichts zurück.

Um auf dem höchsten Gipfel der Welt so deutlich Herr der Lage zu sein, braucht es mehr als nur ein wenig körperliche Fitness und Selbstvertrauen. Es erfordert ein umfassendes Verständnis der Natur und der eigenen Physis und Psyche. Bemerkenswert ist, daß sie sich nur bis auf eine Höhe von 6500 m

Der Gipfel des Everest an einem zauberhaften Oktoberabend im Jahr 1984. Zu sehen ist der obere Teil des Hornbein-Couloirs, welches das Gelbe Band durschneidet. Gleich rechts, etwa 1 cm unterhalb des Gipfels, sind gerade noch zwei winzige rote Punkte zu erkennen, Tim Macartney-Snape und Greg Mortimer, die den letzten Teil des »White Limbo« ohne Sauerstoff klettern. (*Colin Monteath/Mountain Camera*)

akklimatisierten, bevor sie ihren kühnen Aufstieg begingen, und daß sie sich dann nur sechzehn Stunden in der sogenannten »Todeszone« aufhielten. Diese Everest-Besteigung, eine der ganz wenigen im reinen Alpinstil, steht auf Grund ihrer sorgfältigen Planung und mutigen Ausführung gleichrangig neben Messners Alleingang. Bei beiden Unternehmungen wurde nur ein absolutes Minimum an Gewicht mitgeführt, um schnell voranzukommen und so den Aufenthalt in großer Höhe zu verkürzen. Messner

Oben: Jean Troillet erhält in Peking bei der Rückkehr von seinem historischen Aufstieg mit Loretan von der Bergsteigervereinigung Chinas seine offizielle Everest-Urkunde. (*Ed Webster*)

hatte jedoch immerhin eine vollständige Biwakausrüstung bei sich, einschließlich eines kleinen Zeltes. Seine Besteigung dauerte länger und war, alles in allem, wahrscheinlich schwieriger.

Als Loretan und Troillet abstiegen, startete Béghin noch einen Versuch, aber auf 8300 m entschied er, geschwächt durch die Nacht im Freien, daß die Anstrengung zu groß war, und kehrte zur Schneehöhle zurück. Im Morgengrauen stieg er in zwei Stunden bis zum Rongbuk-Gletscher ab. Eine Stunde später fegte eine gewaltige Lockerschneelawine durch das gesamte Couloir.

1987 kehrte Béghin mit einer spanischen Expedition zur Wand zurück. Links neben dem Japaner-Couloir kletterten sie eine neue Variante. In einem beherzten Versuch stiegen er und Luis Barcenas das Hornbein-Couloir hinauf und erreichten auf 8700 m den Westgrat, wo sie wegen starken Schneefalls umkehren mußten.

All diese Besteigungen wurden im August oder Anfang September durchgeführt, während kurzer Phasen beständigen Wetters am Ende der Monsunzeit. Gewöhnlich ist es zu dieser Jahreszeit wärmer, und es liegt auch mehr Schnee, wodurch sich bei guten Verhältnissen gleichzeitig die klettertechnischen Schwierigkeiten und die Steinschlaggefahr verringern. Der Nordgrat ist dafür berüchtigt, daß er sehr windexponiert liegt, aber die Route von Loretan und Troillet weiter rechts in der Wand, im Lee des Westgrats, ist normalerweise geschützter.

Die Anstiegsskizze zeigt den Verlauf der Route von Loretan und Troillet, die direkteste Linie zum Gipfel des Everest. Sie stellt eine Kombination von zwei anderen Anstiegen dar. Bis auf 7800 m Höhe folgt sie dem Verlauf einer breiten, geschwungenen Rinne, die wenig ausgeprägt über zwei Felsriegel auf etwa 6900 m und 7400 m führt. Diese Rinne benutzten die Japaner 1980, wobei sie jedoch über einen ansteigenden Quergang von der linken Seite der Wand erst im ersten Felsriegel auf sie stießen. Im Gegensatz dazu kletterten Béghin, Loretan und Troillet 1986 mehr oder weniger an ihrer rechten Seite direkt hinauf. Oberhalb von 7800 m führt die Route durch das Hornbein-Couloir, das die Amerikaner 1963 wählten. An dessen oberem Ende verläuft die Route nach rechts und trifft in etwa 8700 m Höhe auf den Westgrat.

KURZINFORMATIONEN

Name	Everest; Sagarmatha (nepalesischer Name), Chomolungma (tibetischer Name)
Höhe	8848 m
Lage	Mahalungur Himal, Distrikt Khumbu, Ostnepal / Tibet
Route	Nordwand (Variante von Loretan und Troillet): 2600 Höhenmeter vom Bergschrund aus, meist auf steilen Schneefeldern (zum Teil bis 70°), stellenweise auch kombiniertes Gelände möglich
Erstbesteigung des Gipfels	Am 29. Mai 1953 durch Edmund Hillary (NZ) und den Sherpa Tenzing Norgay (IND) als Mitglieder der von John Hurt geleiteten britischen Expedition
Erstbegehung der Route	Hornbein-Couloir: Tom Hornbein und Willi Unsoeld (USA) im Mai 1963. Japaner-Couloir / Hornbein-Couloir: Takashi Ozaki und Tsuneo Shigehiro (JAP) am 10. Mai 1980
Höhe des Basislagers	5500 m, in der Nähe des Zusammenflusses von östlichem und mittlerem Rongbuk-Gletscher
Anfahrtsmöglichkeit	Von Shegar aus kann man mit LKW über die Straße der Freundschaft bis auf einen Tagesmarsch ans Basislager herankommen.
Jahreszeit	Sowohl das Japaner- als auch das Hornbein-Couloir sind nach den Monsunschneefällen klettertechnisch leichter. Relativ warmes Wetter Ende August hat Loretan und Troillet beim Aufstieg geholfen. Sie hatten aber auch Glück, die richtige Kombination von abgesetztem Schnee und klarem Wetter anzutreffen.
Genehmigung	Chinese Mountaineering Association, Peking
Erfolgsrate	Es wurden mehrere ernsthafte Versuche unternommen, jedoch wurde diese Route nur einmal im Alpinstil geklettert.
Literatur	Eine umfangreiche Literatur zum Everest enthält *Everest* von Walt Unsworth (Oxford Illustrated Press, 1992). Zu Einzelheiten dieser Route siehe *AAJ 1981:* Japaner 1980; *AAJ 1987:* Besteigung von 1986; *AAJ 1988:* Versuch einer Variante von Béghin mit der spanischen Expedition. Siehe auch Wojciech Kurtykas Artikel »The Art of Suffering« in *Mountain 121.*

Zwischen dem Bergschrund und dem ersten Felsriegel beträgt die Neigung 50° bis 70°. Weiter oben legt sie sich auf etwa 45° zurück, bis sie im Hornbein-Couloir wieder zunimmt. Im Frühjahr gibt es mehrere heikle Felspassagen im Couloir, in der Nachmonsunzeit sind diese jedoch gewöhnlich mit Schnee bedeckt. Es verbleiben dann nur noch zwei Felspassagen am oberen Ende vor dem Ausstieg zum Westgrat.

KWANGDE LHO 6187 m

Nordwand

Im Kapitel über den Gaurishankar war bereits kurz vom Rolwaling-Tal die Rede. Seit einigen Jahren ist diese schöne Gegend wieder für Ausländer zugänglich, und sie hat sich zu einem beliebten Trekking-Gebiet entwickelt. Steigt man von Beding, also von Südosten das Tal herauf, kommt man zunächst an den Gipfeln des Ramdung und Parchamo vorbei. Letzterer ist schwierig zu besteigen und überragt den Tesi Lapcha, jenen Gletscherpaß, der das Rolwaling-Tal mit dem berühmten Khumbu-Tal verbindet. Wenn man die Steinschlaggefahr auf der Rolwaling-Seite in Kauf nimmt, bildet er den überwältigenden Höhepunkt einer reizvollen Tour.

Der Weg hinunter nach Khumbu führt direkt unter den großartigen Nordwänden des Tengkang Poche und des Kwangde vorbei. Seit 1949, als die ersten Ausländer hierher kamen, dienten diese Gipfel auf unzähligen Fotos, die vom Thyangboche gemacht wurden, als markanter Hintergrund. Der Tengkang Poche wurde nie zur Besteigung freigegeben, während die drei Gipfel des Kwangde Mitte der siebziger Jahre mit nur geringen Auflagen zu Trekking-Gipfeln erklärt wurden. Die ersten, die die neue Gelegenheit nutzten, waren die britischen Bergsteiger Roger Everett und Lindsay Griffin. Sie schlugen im Oktober 1978 im Nangpa-Dzangpo-Tal ihr Lager auf, mit dem Ziel, die vorspringende Nordostflanke des Kwangde Shar zu durchsteigen, der von Namche aus gesehen die Form eines umgedrehten Y hat. Everett und Griffin folgten dem linken Schenkel des Y, aber diesen Abschnitt könnte man über einen kleinen Gletscher im Osten umgehen. Man gelangt auch so an den Beginn der

Oben: Lindsay Griffin im hervorragenden Granit während der Erstbegehung des Kwangde-Shar-Nordostsporns im Jahr 1978. Direkt hinter ihm ist die Everest-Gruppe zu sehen. Der Ama Dablam und im Hintergund die Pyramide des Makalu beherrschen die rechte Flanke des Khumbu-Haupttales. (*Roger Everett*)

eigentlichen Kletterei am Zusammenlauf der beiden Y-Schenkel. Im Oktober 1978 lag auf dem festen grauen Granit eine dicke Schicht lockeren Pulverschnees, was schwierige kombinierte Kletterei erforderte. Im Frühjahr oder bei trockenerem Herbstwetter dürften die Felsen jedoch ziemlich ausgeapert sein. So oder so haben wir hier eine schöne Klettertour vor

uns, mit einer steilen Gipfelwand, die unmittelbar auf den vielzackigen Gipfel führt. Den besten Abstieg bietet die Südwand mit der Route der deutschen Erstbesteiger hinunter in das wenig besuchte Lumding-Tal.

Die Tour über den Nordostsporn des Kwangde Shar ist eine klassische, traditionelle Route in einer sehr

KWANGDE

Nupla 5886 Shar 6093 Lho 6187 Nup 6035 Tengkang Poche 6499 Panayo Tippa 6696

Nangpa-Dzangpo-Tal

1. Griffin/Everett   1978
2. Lowe/Breashears 1982
3. Kearney   1989

schönen Landschaft mit Blick auf Everest, Ama Dablam und Makalu. In unmittelbarer Nachbarschaft befindet sich die schwierigere dunkle und glatte Nordwand des Kwangde Lho; auch sie bietet dieses wunderbare Panorama. Im Sommer könnte sie sich ohne massiven Einsatz von Bohrhaken als unsteigbar erweisen, doch im Spätherbst 1982 bewältigten die

Breashears im AAJ: »Jeff führte ganz großartig in einer 160 Fuß langen Passage mit Wassereis über einen Felsriegel hinweg, der den Zugang zum Rest der Wand blockierte. Über den Verlauf der Route hatte es von vornherein keinen Zweifel gegeben: Der Weg über das Eis war der schnellste, leichteste und einzig mögliche. Es war ein reines Vergnügen, Jeff zur

Oben: Das großartige neue Kloster in Thyangboche, das nach einem Brand wieder aufgebaut wurde, vor der berühmten Kulisse der Kwangde-Gipfel im Süden. (*Bill O'Connor*)

Rechts: Der Spezialist in seinem Element: Jeff Lowe steigt in der Schlüsselstelle im Felsriegel der Kwangde-Lho-Nordwand vor (Dezember 1982). Das Foto zeigt deutlich, daß diese Route nur eine kurze Zeit im Jahr begehbar ist, wenn die Eisauflage durchgehend und dick genug ist. (*David Breashears*)

Amerikaner David Breashears und Jeff Lowe auf einer durchgehenden Linie von Eisrinnen und -streifen eine äußerst schwierige Route durch die 1300 m hohe Wand. Sie brachen am 28. November auf – drei Tage vor dem offiziellen Beginn der Wintersaison – und folgten zunächst dem von links gesehen zweiten von vier Eisbändern im unteren Wandteil. Die Schlüsselstelle der Wand besteht aus einem dünnen Eisstreifen, der nach rechts durch den Felsriegel in der Mitte der Wand zu den darüberliegenden Schnee- und Eisfeldern führt. Über die Leistung, die der Eis-Spezialist Lowe auf diesem Abschnitt vollbrachte, schrieb

beobachten, wie er die Schwachstellen in dieser Passage nutzte ... Seine Selbstsicherheit und ausgefeilte Technik täuschten darüber hinweg, daß das Eis auf 5600 m Höhe fast senkrecht war. Das war Jeffs

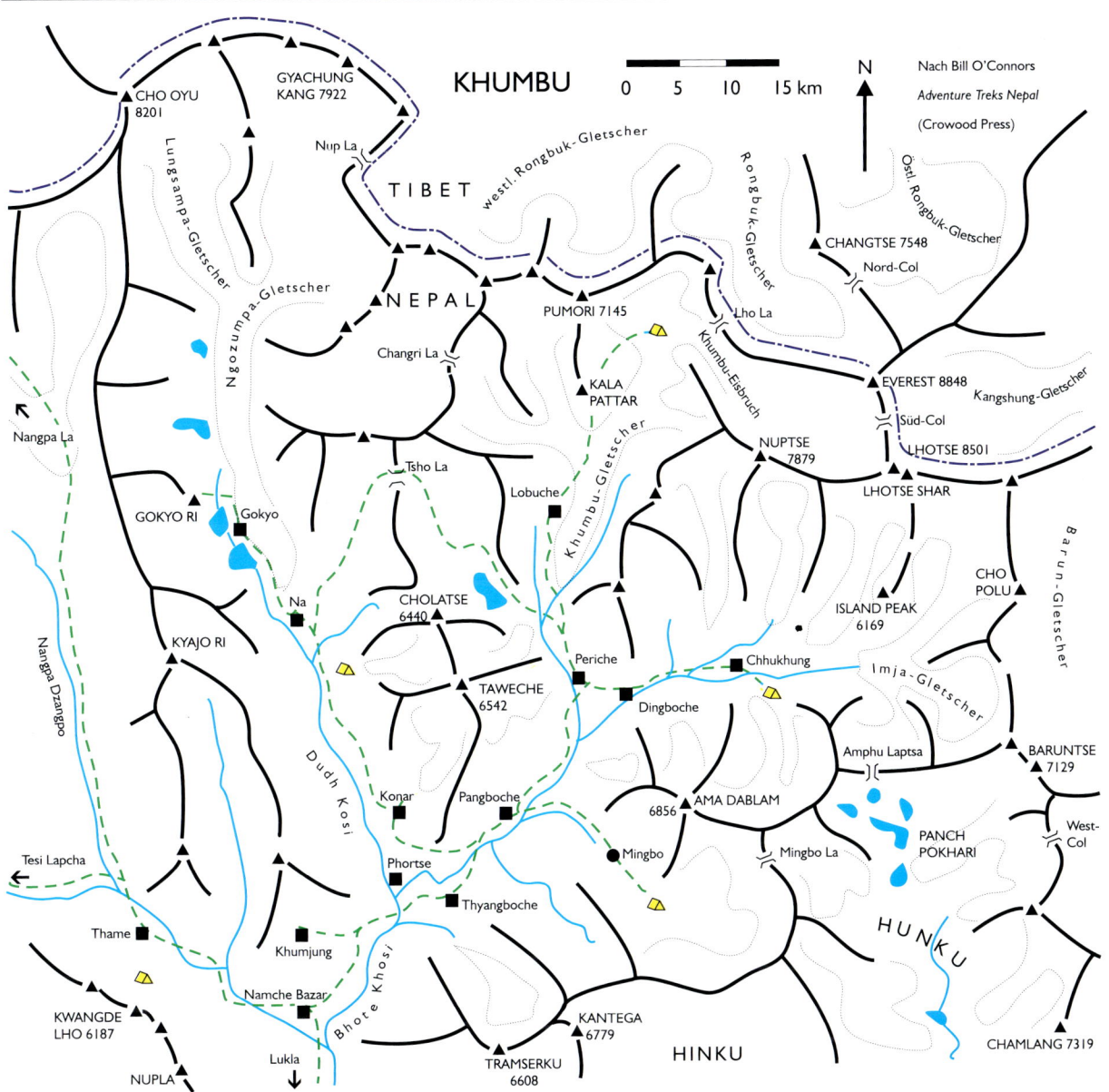

KHUMBU

0 5 10 15 km

N

Nach Bill O'Connors
Adventure Treks Nepal
(Crowood Press)

Name	Kwangde Lho
Höhe	6187 m
Lage	Rolwaling Himal, Ostnepal
Route	Nordwand: 1350 Höhenmeter; anhaltend schwierige Eiskletterei. Durchschnittliche Neigung: 65 °; viele nahezu senkrechte Passagen. Biwakplätze sind praktisch nicht vorhanden, Hängematten oder Portaledges daher sehr nützlich.
Erstbesteigung des Gipfels	Lhakpa Tenzing, Sonam Gyalzen, Shambhu Tamang und Sonam Hisi (NEP) erreichten am 17. Oktober 1975 über den Südgrat den Gipfel.
Erstbegehung der Route	28. November – 1. Dezember 1982 durch David Breashears und Jeff Lowe (USA)
Höhe des Basislagers	Auf etwa 3800 m nahe dem Dorf Hongu im Nangpa-Dzangpo-Tal
Anfahrtsmöglichkeit bis	Jiri, 10 Tagesetappen südlich; fliegt man nach Lukla, spart man eine Woche Anreise.
Anmarsch	3 Tagesetappen von Lukla aus
Jahreszeit	Winter
Genehmigung	Ministerium für Tourismus, Kathmandu, über eine Trekkingagentur. Alle Kwangde-Gipfel gelten als ein Trekking-Gipfel, für den nur eine Genehmigung erforderlich ist.
Erfolgsbilanz	Diese Route ist nur einmal begangen worden, die Wand wurde jedoch auch auf einer anderen Route weiter rechts durchstiegen. Einige Mannschaften fanden in der Wand zu wenig Eis vor.
Literatur	David Breashears beschrieb die Tour in einem Artikel im *AAJ* 1984. Die umfassendsten Informationen zu diesem Berg findet man in Bill O'Connors Buch *Trekking Peaks of Nepal* (Crowood 1989).

Traum – im Winter eine Himalaya-Nordwand mit steilem, technisch anspruchsvollem Gelände im Alpinstil zu klettern.«

Seit 1982 wurden weitere schwierige Besteigungen von Sechstausendern des Khumbu-Massivs im Spätherbst und Winter unternommen, von denen die Lowe-Roskelley-Route durch die furchterregende Nordostwand des Taweche vielleicht die bemerkenswerteste ist. Vor allem im November und Dezember ist es sehr kalt und die Luft kristallklar: ideale Bedingungen für Eiskletterein und kombinierte

Touren. Während über die allerhöchsten Gipfel eisige Winterstürme hinwegfegen, sind die niedrigeren Berge sehr viel weniger dem Wind ausgesetzt. Die Route durch die Kwangde-Lho-Nordwand belegt deutlich das hohe Niveau des Machbaren, wenngleich inzwischen einige gute Gruppen hier oben nicht mehr allzuviel Eis vorgefunden haben. Die Verhältnisse auf solchen nur kurze Zeit im Jahr begehbaren Routen variieren immer, aber bei entsprechenden Verhältnissen könnten mehrere vergleichbare Varianten möglich sein. 1985 kletterten z.B. die Spanier Angel Minoz

und Juan Antonio Lorenzo eine neue Route rechts neben der Breashears/Lowe-Route. Überhaupt bietet die ganze Kwangde-Wand viele Möglichkeiten. Eine davon ist der Nordostpfeiler des Kwangde Nup, den Alan Kearney im Alleingang bezwang – sozusagen zum Trost, nachdem er im März 1989 am Cho Oyu gescheitert war. Wer leichteres Gelände vorzieht, für den bieten die Routen auf der Südseite – besonders der Südgrat des Kwangde Lho – interessante Möglichkeiten. Sie beginnen in einem reizvollen, einsamen Tal mit einem der höchstgelegenen Bergseen der Welt. All dies zeigt, daß sogar im vielbesuchten Everest-Gebiet etwas abseits der üblichen Pfade noch Abenteuer möglich sind.

CHOLATSE 6440 m

Südwestgrat / Westrippe

Im Solo-Khumbu-Massiv haben Bergsteiger die Qual der Wahl. Neben dem Everest und seinen beiden riesigen Nachbarn Lhotse und Nuptse, die natürlich eine besondere Herausforderung darstellen, gibt es eine Vielfalt kleinerer Gipfel, deren Felswände und bizarre Eisformationen Schwierigkeiten jeder Art bieten. Und dies in einer Höhe, in der man als Bergsteiger noch fit genug ist, um die Umgebung zu genießen. Der Cholatse wurde im Frühjahr 1982 als einer der letzten von diesen Gipfeln bestiegen.

Peter Hackett leitete ein sehr starkes angloamerikanisches Team, mußte wegen Krankheit jedoch aufgeben und Vernon Clevinger, Bill O'Connor, John Roskelley

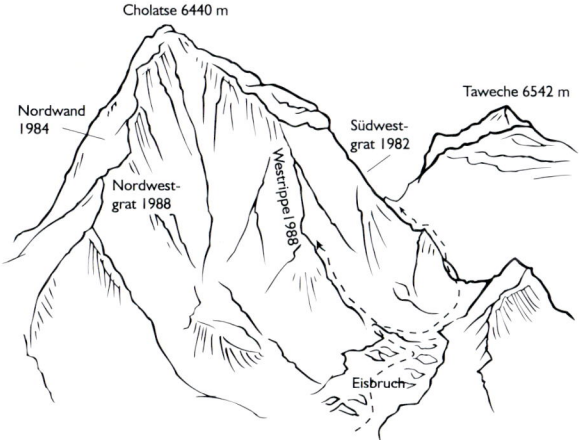

und Galen Rowell am Südwestgrat allein weitergehen lassen. Sie entschieden sich für den Anmarsch von Westen und schlugen ihr Basislager auf den Wiesen oberhalb des Dorfes Na im Gokyo-Tal auf. Um von dort aus den Grat zu erreichen, mußten sie erst einen verzwickten Eisbruch überwinden, eine Miniaturausgabe des berüchtigten Khumbu-Eisbruchs am Everest,

der sich gewunden zu einer Eisstufe und zum Sattel am Fuß des Grates hinaufschlängelt.

Am Grat herrschte zwar keine Lawinengefahr mehr, aber das Klettern erwies sich, um mit Bill O'Connors Worten zu sprechen, als »technisch schwierig auf teils festem, dunkelgrünem, teils morschem Eis, fast wie aufgeschäumt«. Am ersten Tag brachten sie eine große

Oben: Cholatse und Taweche, zwei der schönsten Gipfel des Khumbu-Massivs, aufgenommen vom Gokyo Ri. (*Ed Webster*)
Linke Seite: Ed Webster auf einem gefährlichen Biwakplatz an der Westrippe des Cholatse. Hinter ihm sind die Rolwaling-Gipfel zu sehen. Über seiner rechten Hand liegt der Tesi Lapcha, über der linken der Doppelgipfel des Menlungtse. Unten rechts sieht man die geröll-übersäte Zunge des riesigen Ngozumpa-Gletschers und die vielbesuchten türkisfarbenen Gokyo-Seen. (*Glenn Dunmire*)

und mehrere kleine Felstürme hinter sich. Am zweiten Tag, auf der messerscharfen Gratschneide selbst, stieg Roskelley vor, unbestritten der Eisspezialist der Seilschaft – Seillänge für Seillänge, wobei er häufig nach rechts in die Südostwand ausweichen mußte. Den Höhepunkt bildete eine riesige Séraczone auf dem Weg zum Gipfelplateau, in der wiederum zwei lange, sehr steile Eispassagen zu überwinden waren. Auf dem Plateau lauerten heimtückische Spalten mit messerscharfen Kanten zwischen bodenlosem Pulverschnee. Zum Schluß wartete noch eine letzte, spektakuläre Seillänge am Gipfel-Eisblock. Nach einem langen, anstrengenden Tag mußten die vier im Freien biwakieren, bevor sie sich am dritten Tag über den Grat wieder abseilten und ihre höchst lohnende Expedition auf die »letzte Jungfrau des Khumbu« beendeten.

Wie der benachbarte Taweche präsentiert sich der Cholatse von der Nordseite als kolossale Felswand. Die mittlere, lotrechte Rinne der Nordostwand des Taweche durchstiegen Roskelley und Jeff Lowe im Winter 1989.

Im April 1984 wurde die Nordwand des Cholatse von Todd Bibler, Cathy Freer, Renny Jackson und Sandy Stewart bezwungen. Sie brauchten sieben Tage, um sich in Eisrinnen einen Weg durch das Labyrinth senkrechter Granitwände zu bahnen. Der Anblick der Wand ist überwältigend, aber der Bericht der Erstbegeher im »AAJ« klang nicht ermutigend: »... teils harter Fels, Wassereis, gefährliche Schneepilze und jede Menge steiler, maroder und schwer abzusichern-der zusammengefrorener Schnee, so daß nur Firnanker als Sicherung dienen konnten.« Die Route wurde nicht wieder begangen, dürfte im Winter jedoch etwas entgegenkommender sein.

Kehren wir zur Westseite des Cholatse zurück, wo Andy Selters und Thomas Walter im Oktober 1988 innerhalb von 14 Tagen zwei neue Routen kletterten. Die ganze Westwand ist eine riesige, wenig ausgeprägte Rinne mit zahllosen Séracs und häufigen, alles verschlingenden Lawinenabgängen. Links wird sie jedoch von dem höchst eleganten Nordwestgrat

schen von drei weiteren Mannschaften wiederholt, die ihren Ruf als interessante, sichere und landschaftlich überaus reizvolle Route bestätigten.

Der Zustieg zur Westrippe passiert den gleichen Eisbruch wie der Weg zum Südwestgrat. Am oberen Ende des Bruchs zweigt man links ab und hält sich unter einem schwarzen Felsvorsprung entlang, steigt dann wieder nach rechts und durch einige Eisrinnen empor auf die Rippe. Diese zieht sich steil hinauf zu einer langen und schwierigen, stellenweise senkrechten Eisrinne, an die sich einige sehr exponierte Gratpassagen anschließen, die sehr an Routen in

KURZINFORMATIONEN

Name	Cholatse
Höhe	6440 m
Lage	Mahalangur Himal, Distrikt Khumbu, Ostnepal
Routen	Südwestgrat und Westrippe: Kletterei in steilem Schnee und Eis mit senkrechten bzw. überhängenden Séracs als Schlüsselstellen; 900 Höhenmeter (1500 m vom Anfang des Gletschers)
Erstbesteigung des Gipfels	Vernon Clevinger, John Roskelley, Galen Rowell (USA) und Bill O'Connor (GB) erreichten am 22. April 1982 über den Südwestgrat den Gipfel.
Erstbegehung der Routen	Südwestgrat: wie oben Westrippe: 7. – 10. Oktober 1988 durch Greg Collins, Andy Selters und Thomas Walter (USA)
Höhe des Basislagers	Auf ca. 4700 m oberhalb des Dorfs Na, direkt unter der Westwand des Cholatse
Anfahrts-möglichkeit bis	Jiri, 10 Tagesetappen südlich; die meisten Bergsteiger fliegen jedoch nach Lukla, um eine Woche Anreise zu sparen.
Anmarsch	4 Tagesetappen von Lukla aus
Jahreszeit	Die Erfahrung zeigt, daß beide Routen bei kälteren, schneereicheren Verhältnissen nach der Monsunzeit besser zu klettern sind als im Frühjahr.
Genehmigung	Ministerium für Tourismus, Kathmandu, über eine Trekkingagentur
Erfolgsbilanz	Bis 1993 zwei erfolgreiche Besteigungen über den Südwestgrat. Auch alle vier Versuche über die Westrippe, einschließlich des Alleingangs durch den Australier Adam Darragh, waren erfolgreich.
Literatur	Über die Erstbesteigung haben Bill O'Connor im AJ 1983 und Galen Rowell im AAJ 1983 berichtet. O'Connor geht auf sie auch in seinem ausgezeichneten Führer Adventure Treks Nepal (Crowood, 1990) ein.

Oben: Während die Höhenwinde im Oktober die Wolken über dem Everest und Lhotse jagen, herrscht auf dem großartigen Gipfel des 6440 m hohen Cholatse völlige Ruhe. (*Ed Webster*)
Linke Seite: Glenn Dunmire in der steilen Eisrinne am ersten Tag auf der Westrippe. Durch den Eisbruch darunter führt auch der Zustieg zum Südwestgrat. (*Ed Webster*)

flankiert. Über diesen führte die zweite Route von Selters und Walter; die erste, leichtere, die sie mit Greg Collins zusammen kletterten, benutzte die Westrippe rechts der Lawinenrinne und wurde inzwi-

Alaska erinnern. Die Schlüsselstelle bildet eine vertikale, 12 m hohe Eisstufe, nach der die Rippe ins Gipfelplateau mündet und auf den Südwestgrat trifft. Glenn Dunmire und Ed Webster gelang der vierte Aufstieg über die Westrippe im Oktober 1993 innerhalb von drei Tagen. Während sie hier unterwegs waren, unternahmen Freunde die zweite Besteigung der Südwestgrats, wobei sie feststellten, daß die Route auf Grund der vorzüglichen Schneeverhältnisse nach dem Monsun weniger extrem war, als die Erstbestei-

ger sie geschildert hatten. Dunmire und Webster nutzten die Spuren und Sicherungspunkte, die ihre Freunde auf dem Grat hinterlassen hatten, und stiegen nach ihrer Begehung der Westrippe über jene Route ab. Die beiden parallel verlaufenden Routen sind in ihrer Art recht ähnlich. Abgesehen von den Gefahren auf dem gemeinsamen Zustieg sind beide sicher, und ihre Kombination im Auf- und Abstieg ergibt eine ausgezeichnete Möglichkeit diesen so attraktiven Berg zu überschreiten.

AMA DABLAM 6856 m

Südwestgrat / Nordostwand

»Eine fast perfekte Klettertour auf einen fast perfekten Berg.« Mit diesen Worten beschrieb die Amerikanerin Sue Giller ihre Besteigung des Ama-Dablam-Südwestgrats im Jahre 1982. Immerhin haben wir es mit einem echten Himalaya-Klassiker zu tun. Über den Südwestgrat führt auch die Route der Erstbesteiger, eine Expedition im Jahr 1961 unter der Leitung von Edmund Hillary, der den Berg zuvor als »unbesteigbar« bezeichnet hatte, später aber sein Urteil auf »ungeheuer schwierig« revidierte. Heute gilt diese Route auf den stattlichsten Berg Nepals als durchaus machbares und beliebtes Unternehmen.

Die Expedition von 1961 diente eigentlich mehr wissenschaftlichen Zwecken. Die Gruppe verbrachte zehn Monate in großer Höhe und befaßte sich mit physiologischen Untersuchungen zur Beeinflußbarkeit der Höhenkrankheit durch Akklimatisierung. Nachdem sie sich monatelang auf 5700 m Höhe in der Silver Hut am Nare-Gletscher aufgehalten hatte, unternahm Hillarys Mannschaft einen ernsthaften Versuch ohne künstlichen Sauerstoff am Makalu, dem fünfthöchsten Berg der Welt. Der Amerikaner Tom Nevison, Sherpa Annullu und der Neuseeländer Peter Mulgrew kamen auf der Route der französischen Erstbesteiger aus dem Jahr 1955 bis auf 120 m an den Gipfel heran, doch dann brach Mulgrew zusammen und wurde unter dramatischen Umständen ins Tal gebracht. Auch Nevison war durch einen Blutstau in der Lunge geschwächt. Mulgrew erlitt schreckliche Erfrierungen und verlor später einige Finger und beide Unterschenkel. Auf dem schlimmen Rückzug erlitt Hillary selbst auf 5800 m einen leichten Schlag-

anfall, und der britische Arzt Michael Ward wurde wegen eines Ödems bewußtlos. Niemand kam letztlich zu Tode, aber es fehlte nicht viel. Das Ganze machte die Gefahren deutlich, die längere Aufenthalte über 5500 m mit sich bringen.

Der Makalu wurde für sie zur Katastrophe, aber zwei Monate vorher, als alle noch fit waren, hatte die Expedition eine sichere, wohlgeordnete Besteigung des Ama Dablam unternommen. Michael Ward (GB), Wally Romanes und Michael Gill (NZ) und Barry Bishop (USA) wagten den Versuch. Drei Wochen lang versicherten sie etwa 500 m auf dem Grat, was wegen der sehr steilen Fels- und Eiskletterei und der extremen Kälte nur langsam voranging. Am 13. März erreichten sie den Gipfel – eine der wenigen Erstbesteigungen im Himalaya, die im Winter erfolgte. Dies war zur damaligen Zeit eine der schwierigsten Kletterei im Himalaya, vergleichbar mit der Besteigung des allerdings noch höheren Gasherbrum IV 1957 durch Bonatti und Mauri.

Der Name Ama Dablam bedeutet »Talisman der Mutter«. »Ama« bezieht sich auf die langen Grate des Bergs, zwischen denen das Mingbo-Tal wie in den Armen einer Mutter eingebettet liegt. »Dablam« ist ein von den Frauen der Sherpas getragener Doppelanhänger, der Götterbilder enthält. Die beiden Ausläufer eines Hängegletschers im oberen Teil der Südwestwand haben damit eine gewisse Ähnlichkeit. Besonders markant zeigt sich der obere Hängegletscher, dem der Berg zum großen Teil seine Beliebtheit bei den Fotografen verdankt. Er stellt jedoch eine Bedrohung für die ganze Westwand dar. Die Gruppe

von 1961 errichtete ihr letztes Hochlager auf einer Terrasse im unteren Teil des Dablam; so hielten es auch die meisten anderen Teams, die seit der Zweitbesteigung im Jahr 1979 in ständig wachsender Zahl diese Route begingen. Eine der Folgen dieser vielen, oft kommerziell organisierten Besteigungen sind die Fixseile an dem langen horizontalen Abschnitt des Grats, die den Abstieg erleichtern sollen, der andernfalls ganz schön schwierig sein kann. Das bedeutet, daß jenes hohe Ideal des Alpinstils auf dieser Route nicht im strengen Sinne durchgeführt werden kann, auch wenn die Kletterei viel Freude bereitet. Zum Glück steigen im Herbst gewöhnlich die Sherpas aus Pangboche hoch, um die jährliche Seil-Ernte einzuholen und sie für gutes Geld im Bazar zu verkaufen, so daß die erste Mannschaft im nächsten Jahr den Grat unverkabelt vorfindet.

Wer andere, weniger bevölkerte Routen sucht, findet am Ama Dablam eine große Zahl weiterer, schon erprobter oder ganz neuer Möglichkeiten. Im Mai 1979 unternahm Jeff Lowe einen bemerkenswerten Alleingang durch die stark zerfurchte Südwand, bei dem er direkt unter der senkrechten Gipfelwand auf

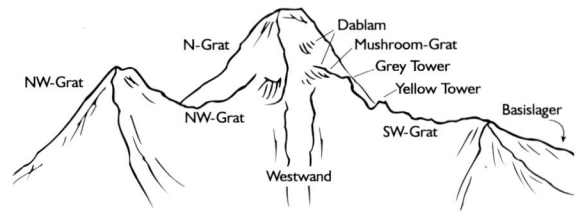

Rechte Seite: Der wundervoll symmetrische Ama Dablam aus der Nähe von Pangboche. *(Brian Hall)*

die Route der Erstbesteiger stieß. Im Herbst jenes Jahres beging eine französische Expedition unter Louis Adoubert den Nordgrat, der inzwischen mindestens dreimal wiederholt wurde – eine lohnende Route, schwieriger als der Südwestgrat, am Anfang im Fels und in Gipfelnähe über einen eigenwillig geschwungenen, wächtenbestandenen Schneegrat. Als die Franzosen am Nordgrat unterwegs waren, wurde

ein gleichzeitig in der Westwand kletterndes neuseeländisches Team von einer Katastrophe heimgesucht: Ein riesiges Stück des oberen Hängegletschers donnerte herunter, tötete Ken Hyslop und verletzte Peter Hillary und seine beiden anderen Kameraden schwer. Obwohl die Wand den Ruf hat, sehr gefährlich zu sein, wurde sie 1987 im Alleingang von dem bekannten Tschechen Miri Smid durchstiegen.

Unten: Die Südwand mit ihren unwirklich anmutenden Riffelungen, 1979 im Alleingang von Jeff Lowe bezwungen. Schräg von rechts ansteigend der Lagunak-Grat, erstmals bestiegen 1985 von einem britisch-spanischen Team. Links zeichnet sich der Südwestgrat mit der Route der Erstbesteiger ab. *(Bill O'Connor)*

Links: Zwergenhaft klein im Vergleich zur riesigen Eiswand des Dablam: Ein einsamer Kletterer seilt sich vom Gipfeleisfeld zum obersten Hochlager ab. Am Tag, als dieses Foto aufgenommen wurde, brach ein riesiges Teilstück des Dablam ab und donnerte die gesamte Westwand hinunter. *(Alex McNab)*

Unten: Eine typisches Bild am Südwestgrat, nicht weit vom Fuß des Yellow Tower. Im Hintergrund sind die berühmten Umrisse des Kantega (links) und des Tramserku zu erkennen. *(Bill O'Connor)*

1985 kamen zwei weitere Routen hinzu. Im November bestiegen Hooman Aprin und Randy Harrington (USA) mit dem Spanier Martin Zabaleta den Südostgrat, auch Lagunak-Grat genannt. Auch dieser Grat ist etwas schwieriger als die Erstbesteiger-Route, wobei Schneepilze und Rinnen das Hauptproblem darstellen. Wo der Grat zum oberen Teil der Südwand hin ausläuft, querte das Team nach links hinüber zum oberen Abschnitt des Südwestgrats. Einen Monat später folgte eine weitere Besteigung im Alpinstil, diesmal über die Nordostwand. Sie liegt versteckt auf der Rückseite des Berges und ist normalerweise nur für Bergsteiger auf dem Island Peak oder dem Lhotse zu sehen oder von hoch oben auf dem Everest. Sie stellt eine gefährliche Herausforderung dar.

▲

Da Carlos Buhler und Michael Kennedy die Wand im Winter bei Tageshöchsttemperaturen von deutlich unter null Grad in Angriff nahmen, konnten sie die Gefahr weitgehend verringern. Dank ihrer sehr großen Erfahrung wußten sie auch mit den klettertechnischen Schwierigkeiten umzugehen. Sie folgten der markanten, geschwungenen Eisrippe in der Mitte der Wand. Die hauptsächlichen Schwierigkeiten lagen

Die Ostwand, aufgenommen vom Island Peak, kurz bevor Michael Kennedy und Carlos Buhler diese Wand im Dezember 1985 durchstiegen. Als sie die gefährliche Rinne von rechts überquert hatten, folgten sie der gebogenen Schnee- und Eisrippe in der Mitte. Bis heute, zehn Jahre später, wurde kein zweiter Versuch unternommen, während die Route über den Nordgrat auf der rechten Seite mehrfach begangen wurde. (*Michael Kennedy*)

im eisüberkrusteten Fels, in Wasserfalleis und lockerem Schnee. Zum Schnee bemerkte Kennedy im AAJ: »Obwohl ein Stoff, den die meisten Kletterer uninteressant finden, bietet Schnee doch eine ungeheure Vielfalt an Formen, Strukturen und Konsistenzen. Die dafür nötigen Techniken sind vielleicht nicht so elegant und kunstvoll wie auf Fels, aber doch komplex und auf ihre Weise anspruchsvoll. Gewöhnlich pappt der Schnee auf einem (hoffentlich niedrigen) steilen Felsriegel und hat eine Konsistenz wie nasser Zucker. Moderne Hilfsmittel haben auf steilem Eis viele Vorzüge, sind hier aber völlig nutzlos. Am besten ist es, seine Hände so tief wie möglich hineinzustoßen und mit den Füßen so etwas wie einen Absatz zu treten, auf dem man stehen kann.« Bei dieser Route trennte sich die wahrlich die Spreu vom Weizen, doch hatte der tiefe Schnee wenigstens den einen Vorteil, daß die beiden für jede der sieben langen, kalten Winternächte ein bequemes Biwakband ausschaufeln konnten. Bis jetzt, zehn Jahre später, ist die Route noch nicht wiederholt worden. Für schnelle, wirklich gute Eiskletterer mit der nötigen bergsteigerischen Erfahrung könnte sie die ideale Direktroute auf den Ama Dablam sein. Allerdings ist sie wohl nur für den Winter geeignet, und selbst dann wird das rechtsseitige Couloir, durch das man unbedingt hinauf muß, um zur Eisrippe zu gelangen, immer ein gewisses Restrisiko darstellen.

Im Sommer richten die meisten ihr Basislager auf dieser Bergseite in etwa 5000 m Höhe ein, nicht weit vom Fuß des Nordgrats. Buhler und Kennedy waren im Winter wegen des Schnees gezwungen, weiter unten auf der Weide von Shango ihr Lager aufzuschlagen. Nach ihrem Erfolg in der Nordostwand stiegen sie auf dem Normalweg ab, wobei ihnen im Herbst zurückgelassene Seile zustat-

ten kamen. Da diese Route als sicherer Abstieg zunehmend bekannt wird, dürfte sie immer häufiger auch für den Rückweg von anderen Routen benutzt werden.

Foto und Skizze auf S. 168/169 weisen auf die Hauptmerkmale des Südwestgrats hin. Im Gegensatz zu den meisten anderen Himalaya-Routen ist er ohne Gletscherbegehung erreichbar. Über Hänge mit zunehmender Neigung gelangt man in zügiger Kletterei an der Südseite auf den Hauptgrat bei 5800 m. Dann geht es 500 m den fast waagerechten Grat entlang: meist im Fels (II – V) entweder direkt auf der Gratkante oder knapp darunter, in der Regel auf der rechten Seite. Der feste Granit bietet durchwegs interessante Kletterstellen. Nach dem nahezu horizontalen Abschnitt folgt am Yellow Tower eine Seillänge im VI. Schwierigkeitsgrad. Hier richten die meisten Gruppen Hochlager 2 ein. Danach gewinnt man endlich an Höhe. Die erste Stufe des Grey Tower erfordert wieder schwieriges Felsklettern, besonders an einem überhängenden Riß (VI). Steile Eis- und Schneehänge leiten hinauf zur zweiten Stufe; darüber liegt der kritische Mushroom-Grat, der den unteren Grat mit der oberen Wand verbindet. Hochlager 3 wird gewöhnlich auf einer breiten Terrasse zum Dablam hin eingerichtet.

Der letzte Tag auf dem Weg zum Gipfel ist wirklich spannend: Kletterei über steile Schnee- und Eishänge rechts neben dem oberen Dablam, hinauf zu einem rinnendurchzogenen Schneefeld und über dieses auf einen der schönsten Gipfel der Welt. Jeder, der diesen ganz besonderen Gipfel über den Südwestgrat erreicht, darf mit sich sehr zufrieden sein, denn auch diese leichteste Route auf den Ama Dablam ist schwierig und anstrengend.

Auch die anderen Routen haben große Reize, und viele bedeutende Anstiegsmöglichkeiten sind noch zu erklettern, wie etwa die bedrohlich steile Nordwestwand, auf der schon zwei Versuche unternommen wurden, allerdings ohne Gipfelerfolg.

Welche Route man auch nimmt, eine Besteigung des Ama Dablam, im Herzen des Solo-Khumbu-Massivs, wird immer ein großes Erlebnis sein.

Name	Ama Dablam
Höhe	6856 m
Lage	Mahalangur Himal, Bezirk Khumbu, Ostnepal
Routen	Südwestgrat: 1500 Höhenmeter; zunächst auf Granit (bis VI), später in Schnee und Eis (50 – 60°). Nordostwand: 1500 Höhenmeter; anspruchsvolle, steile Eisroute; streckenweise gefährlich; außerhalb der Wintersaison sehr gefährlich
Erstbesteigung des Gipfels	Michael Ward (GB), Barry Bishop (USA), Wally Romanes und Michael Gill (NZ) erreichten am 13. März 1961 den Gipfel.
Erstbegehung der Routen	Südwestgrat: wie oben; Nordostwand: 1. – 7. Dezember 1985 durch Carlos Buhler und Michael Kennedy (USA)
Höhe des Basislagers	Südwestgrat: oberes Basislager auf 5200 m über dem Mingbo-Tal, falls Wasser vorhanden ist Nordostwand: auf 5000 m über Dingboche hinaus neben dem Ama-Dablam-Gletscher
Anfahrtsmöglichkeit bis	Jiri, 10 Tagesetappen südlich; fliegt man jedoch nach Lukla, spart man eine Woche Anreise.
Anmarsch	3 – 4 Tagesetappen von Lukla aus
Jahreszeit	Südwestgrat: Vor dem Monsun oder im Winter. Nordostwand: Winter
Genehmigung	Ministerium für Tourismus, Kathmandu
Erfolgsbilanz	Bis 1992 hat es etwa 60 erfolgreiche Besteigungen des Südwestgrats bei etwa ebenso vielen gescheiterten Versuchen gegeben. Die Route ist relativ sicher. Die Nordostwand wurde noch nicht wiederholt.
Literatur	In *AAJ* sind seit 1980 zahlreiche bebilderte Artikel erschienen. Die besten stammen von Tom Frost (1980) und Sue Giller (1983). Michael Kennedy veröffentlichte in *AAJ* 1987 einen Artikel über die Nordostwand. Von Zeitungsberichten abgesehen wurde die Expedition von 1961 geschildert von Michael Ward, *In This Short Span* (Penguin 1973) und Michael Gill, *Mountain Midsummer* (1969). Im *National Geographic Magazine* (Bd. 122, Oktober 1962) ist außerdem ein interessanter Bericht über die Expedition von Barry Bishop erschienen.

Mit viel Luft unter den Füßen klettert Carlos Buhler durch die komplizierte Séraczone direkt unterhalb der Spitze der Ostwand. Jenseits des Imja-Gletscherbeckens verdeckt die riesige Südwand des Lhotse einen Teil des Everest. Diese Wand gehört zu den größten der Welt und war in den achtziger Jahren Schauplatz vieler Besteigungsversuche. Höhepunkte waren der umstrittene Alleingang von Tomo Cesen und die russische Besteigung im Jahr 1990, die allgemeine Anerkennung fand. (*Michael Kennedy*)

▲
173

MAKALU 8463 m

Westpfeiler

Der Westpfeiler des Makalu, auch Walker-Pfeiler des Himalaya genannt, bietet eine großartige Route auf den fünfthöchsten Berg der Welt. Dessen kühne Konturen begeistern jeden Bergsteiger, der sich auf den Bergen des Khumbu-Massivs tummelt, und er wird öfter bestiegen als jeder andere in diesem Schwierigkeitsgrad vergleichbare Achttausender. Die bedauerliche Konsequenz ist allerdings, daß man dort sehr viele zurückgelassene Fixseile vorfindet, und nachfolgende Mannschaften sind unweigerlich versucht, sie zu verwenden oder wenigstens als Markierung zu nutzen.

Die Erstbesteigung gelang 1955 einer von Jean Franco geleiteten französischen Expedition. Sie folgte der Route, die Edmund Hillary zwei Jahre zuvor vom Everest her ausfindig gemacht hatte, nämlich der tibetischen Flanke des Nordwestgrats mit dem Anmarsch über den Makalu La. Sechzehn Jahre später, im Rahmen der nächsten Erschließungswelle neuer Achttausender-Routen, erkletterte eine weitere französische Expedition den Westpfeiler. Sie wurde mit ebenso großem Elan und ebenso großer Effizienz von Robert Paragot geleitet und bewältigte wohl die seinerzeit schwierigste Kletterei im Himalaya. Ein Jahr zuvor, 1970, hatte die japanische Gruppe von Makoto Hara den langen Südostgrat bezwungen. Die

Schlüsselstelle der Route bildete der respekteinflößende Black Gendarme auf fast 8000 m Höhe, den Doug Scott in den achtziger Jahren umging. Bei seinem Versuch im Jahre 1984 näherte er sich mit Jean Afanassieff und Stephen Sustad dem Gipfel bis auf 150 m, mußte dann jedoch einen zermürbenden Rückzug antreten, als Afanassieff Symptome von Höhenkrankheit zeigte.

Dem langen Weg über den Südostgrat stehen zwei direkte Routen auf den Makalu gegenüber. Die Südwand durchstieg 1975 erstmals eine große jugoslawische Expedition unter Leitung von Ales Kunaver. Pierre Béghin wiederholte sie 1989 mit einem

Oben: Kinder sehen zu, wie eine weitere Expeditionskarawane vorüberzieht. *(Andy Fanshawe)*
Links: Chulilla, eines der Dörfer im Arun-Tal auf dem langen und schönen Anmarschweg zum Makalu. *(Ulric Jessop)*

Direkteinstieg. Ab 7000 m kletterte er ohne seine Kameraden den Rest der Wand in einem dreitägigen Alleingang. Doch die eigentliche Direttissima – und Thema dieses Kapitels – ist der Westpfeiler. Seine Schlüsselstelle bildet die große Felsstufe zwischen 7350 und 7750 m, wo Paragots aus elf Bergsteigern bestehende Gruppe nach zwei Monaten ihr oberstes Höhenlager aufschlug. Von hier aus trat am 23. Mai das Gipfelteam Yannick Seigneur und Bernard Mellet mit Sauerstoff zum letzten Teil des Aufstiegs an, von

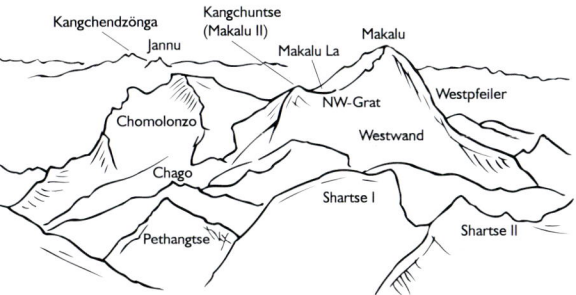

Unten: Der Makalu, architektonisch der eindruckvollste Achttausender, fotografiert vom Everest aus, und zwar etwas unterhalb des Gipfels. Hier kam Edmund Hillary 1953 zu der Überzeugung, daß die leichteste Route auf den Makalu über die linke Flanke des Nordwestgrats vom Makalu La aus führt. Auf dieser Route gelang Jean Francos französischer Expedition 1955 die Erstbesteigung. Sechzehn Jahre später erschloß eine weitere französische Expedition mit der Besteigung des gewaltigen Westpfeilers (rechts am Horizont) neue Dimensionen des Kletterns im Himalaya. *(Kurt Diemberger)*

Drei Kletterer bei der Überschreitung des Twins Arête im ersten Abschnitt des Makalu-Westpfeilers. Rechts liegt die Südwand. Die glatte Westwand links ist bis heute eine der noch nicht bewältigten letzten Herausforderungen. Einige der weltweit besten Kletterer kamen bis zum oberen Eisfeld, aber noch niemand konnte die endlosen, auch kältebedingten Schwierigkeiten der Gipfelwand meistern. (*John Roskelley*)

dem sie erfolgreich um halb neun Uhr abends in ihr Hochlager zurückkehrten.

Man muß betonen, daß diese Route im reinen Alpinstil extrem schwer zu klettern ist, weshalb es hier auch herzlich wenige Besteigungen dieser Art gegeben hat. 1988 bezwang der Franzose Marc Batard den Pfeiler im Alleingang in vierzehn Stunden, eine ganz erstaunliche Leistung, aber er stieg im wesentlichen mit Steigklemmen an Seilen auf, die er und seine Kameraden vor seinem Alleingang fixiert hatten. Bemerkenswerter ist deshalb vielleicht, daß 1991 Erhard Loretan und Jean Troillet (CH) die Route ohne vorherige Erkundung in nur zwei Tagen durchstiegen haben, aber auch sie konnten auf Hilfsmittel zurückgreifen, nämlich auf die Seile, eines spanisches Teams.

Der Makalu beherrscht das Ende des schönen Barun-Tals, das sich nach Südosten zum Arun wendet, einem der großen Wasserläufe des Himalaya. Vom Ende der Straße in Hille wandert man zwölf Tage durch eine grandiose Gegend. Zunächst gar nicht hoch, doch allmählich steigt der Weg an, bis man schließlich an der dem Makalu abgewandten Seite des Shipton La (4200 m) auf Hochgebirgswiesen anlangt, die zwischen Dutzenden von eisbedeckten Gipfeln eingebettet liegen. Nach einer weiteren Tagesetappe über den Oberen Barun-Gletscher erreicht man das beste Basislager für den Westpfeiler, das auf der Moräne des Chago-Gletschers liegt. Von hier aus verläuft die Original-Route über den Gletscher hinauf, vorbei an der Westwand, bis zum Makalu La mit dem Westpfeiler direkt gegenüber. Schutthalden am Fuße des Grates führen zum französischen Hochlager 1 (5800 m), wo heute zahlreiche ausgediente Zeltstellplätze und andere Überbleibsel auf frühere Expeditionen hinweisen.

Viele Mannschaften bringen neuerdings Fixseile auf dem komplizierten Schneegrat (Twins Arête) an, der über P 6420 zu einem exponierten Sattel auf etwa 6400 m führt, Standort von Hochlager 3 der Franzosen. Auf den nächsten 900 m verläuft die Route in der südlichen (rechten) Flanke des Grates. Nach etwa zwölf Seillängen trifft man auf die Traverse terrible, eine absolut ausgesetzte Rampe an der steilsten Stelle der Südwand. Danach setzt sich die Route über kombiniertes Gelände fort bis zum Fuß der Felsstufe auf 7350 m Höhe.

Jetzt beginnt das eigentliche Vergnügen – etwa achtzehn Seillängen schwierigster Kletterei bis VI/A2. Der Weg durch zahlreiche Granitrinnen, Kamine, Verschneidungen und Schulterrisse ist stellenweise markiert von zerschlissenen Drahtseilleitern der französischen Erstbesteiger, und nahe des Pfeilerkopfes weist eine letzte, freihängende Leiter auf den Schulterriß hin, der sich durch die senkrechte Wand zieht. Nach weiteren vier Seillängen hat man die letzten größeren Schwierigkeiten überwunden.

Ein deutlich ausgeprägter Schneegrat leitet nun zum Zusammentreffen mit dem Südostgrat. Weiter oben weist der Grat eventuell zahlreiche Schneewächten auf, und bei 8500 m liegt noch eine 25 m hohe Felsbarriere. Über weitere Gratwellen und Scheingipfel erreicht man den spitzen Hauptgipfel, der von allen Achttausendern nach dem K2 wohl am schwersten zu besteigen sein dürfte.

Links: Jim States im unteren Teil des Westpfeilers. Es handelte sich um die erste Begehung durch ein kleines Vier-Mann-Team ohne Sauerstoff, aber wie die meisten Gruppen nach ihnen entschlossen sich die vier zur Belagerungstaktik mit Fixseilen. Im Hintergrund, jenseits des Barun-Gletschers, liegt der Baruntse mit dem Südostgrat auf der linken Seite. Der elegante Nordostgrat fällt rechts vom Gipfel entlang der Grenzlinie zwischen Fels und Schnee zum Betrachter hin ab. *(John Roskelley)*

Links: Carles Valles geht den mit dickem Eis verkrusteten Granit auf 7650 m Höhe an, kurz vor dem Ende der großen Felsstufe am Westpfeiler. *(Manu Badiola)*

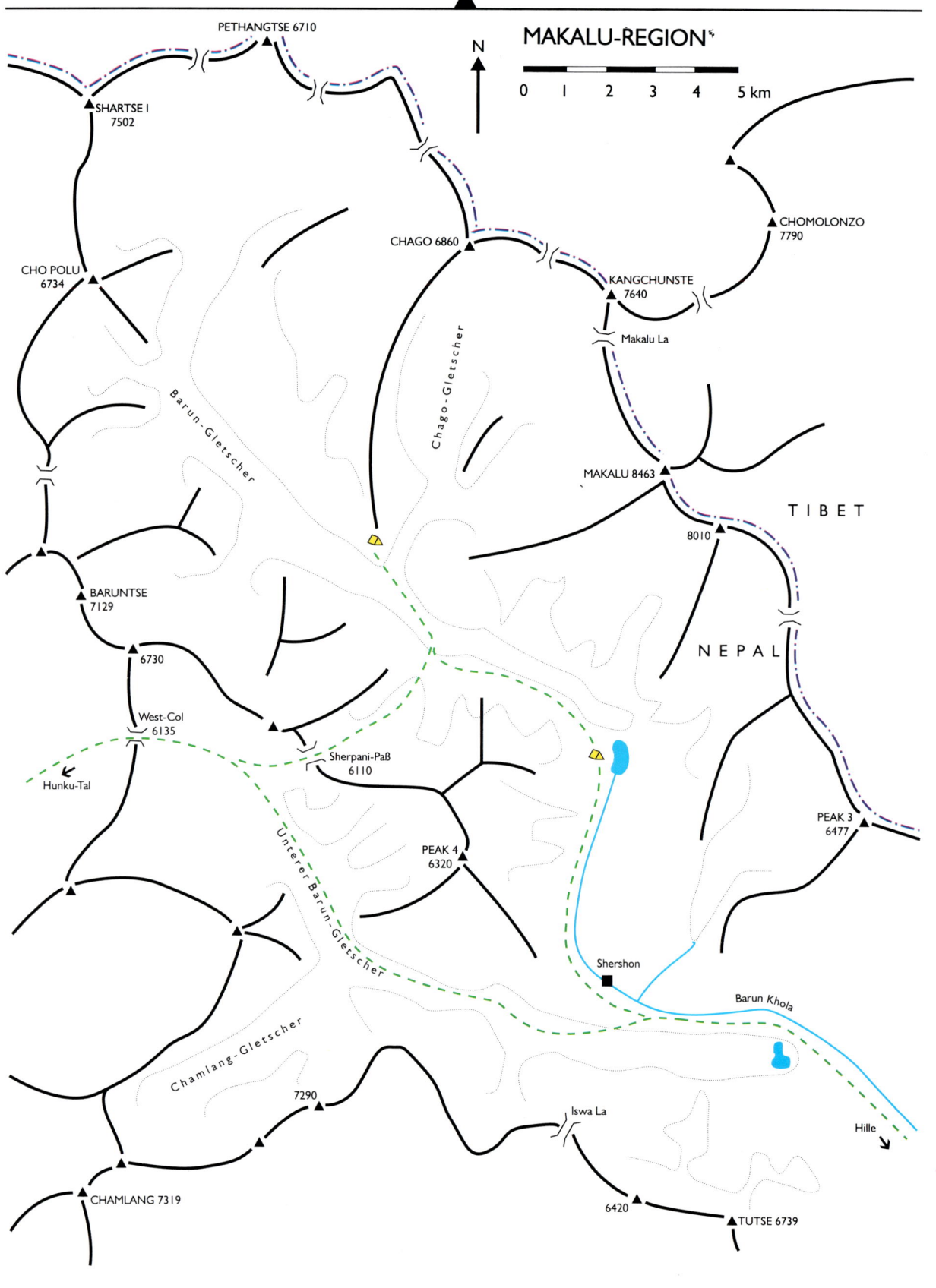

MAKALU-REGION

N

0 1 2 3 4 5 km

PETHANGTSE 6710

SHARTSE I
7502

CHAGO 6860

CHOMOLONZO
7790

CHO POLU
6734

KANGCHUNSTE
7640

Makalu La

Barun-Gletscher

Chago-Gletscher

MAKALU 8463

TIBET

8010

BARUNTSE
7129

6730

West-Col
6135

NEPAL

Sherpani-Paß
6110

Hunku-Tal

Unterer Barun-Gletscher

PEAK 4
6320

PEAK 3
6477

Shershon

Barun Khola

Chamlang-Gletscher

7290

Iswa La

Hille

CHAMLANG 7319

6420

TUTSE 6739

KURZINFORMATIONEN

Name	Makalu
Höhe	8463 m
Lage	Mahalangur Himal, Bezirk Makalu, Ostnepal
Route	Westpfeiler: 2800 Höhenmeter auf dem hervorragend gegliederten Pfeiler mit Felskletterstellen bis VI/A2 oberhalb 7500 m
Erstbesteigung des Gipfels	Jean Couzy und Lionel Terray (F) erreichten am 15. Mai 1955 über den Nordwestgrat den Gipfel.
Erstbegehung der Route	Yannick Seigneur und Bernard Mellet (F) erreichten am 23. Mai 1971 den Gipfel.
Erstbegehung der Route im Alpinstil	Durch Erhard Loretan und Jean Troillet (CH) im Oktober 1991 mit Unterstützung durch die von einem spanischen Team auf der Route angebrachten Fixseile
Höhe des Basislagers	5400 m, am Rand des Chago-Gletschers
Anfahrtsmöglichkeit bis	Hille. In Tumlingtar befindet sich eine Landepiste.
Anmarsch	Ca. 120 km in 12 Tagesetappen von Hille oder 70 km in 9 Etappen von Tumlingtar aus
Jahreszeit	Mai oder Oktober
Genehmigung	Ministerium für Tourismus, Kathmandu
Erfolgsrate	Recht hoch. Mehreren kleinen Teams gelang die Begehung des Westpfeilers, aber immer mit mehr oder weniger Versicherung an Fixseilen.
Literatur	Ausgezeichnete Zusammenfassung der frühen Besteigungen von Günther und Norman Dyhrenfurth in Mountain 64. Jean Franco berichtet in seinem Buch Makalu (Paris 1955) über die Erstbesteigung. Die Erstbegehung des Westpfeilers behandeln Paragot und Seigneur in Makalu. Pilier Ouest in AJ 78. Dort auch von J. Russell eine englische Zusammenfassung des in La Montagne erschienenen Originalberichts. Über andere interessante Besteigungen berichten John Roskelley in AAJ 1981, Doug Scott zum Südostgrat in Himalayan Climber (Rosenheimer Verlagshaus, 1992) sowie Kitty Calhoun Grissons Beitrag in Great Climbs (Mitchell Beazley 1994).

BARUNTSE 7129 m

Südostgrat

Oben: Mike Scott hoch oben am Südostgrat des Baruntse bei einer der Akklimatisierungstouren, die Doug Scott und seine Kameraden 1984 unternahmen, bevor sie den gigantischen Südostgrat des Makalu angingen, der auf der rechten Bildseite in die Wolken ragt. *(Doug Scott)*

1951 unternahm Eric Shiptons Forschungsexpedition eine wunderschöne Erkundungstour in das Gebiet östlich des Everest. Drei Jahre später kehrte einer der Mitglieder, Edmund Hillary, mit seinem Everest-Kameraden George Lowe und anderen Neuseeländern in diese wilde, entlegene Gegend zurück, um den Makalu zu erforschen und im Bereich des Barun-Gletschers

eine wahre Orgie im Sammeln von Gipfeln zu feiern. Diese Expedition unternahm nicht weniger als zwanzig Erstbesteigungen, von denen die des Baruntse die bedeutendste war.

Der schöne Schneegipfel des Baruntse erhebt sich im Mittelpunkt von drei Gletschertälern, nämlich des Imja-, des Hunku- und des Barun-Gletschers. Der

Nordgrat des niedrigeren Nordgipfels wurde durch ein holländisches Team 1983 vom leichter zugänglichen Imja-Tal her begangen, während die Erstbesteigung des Hauptgipfels über den Südostgrat vom weiter abgelegenen Barun-Tal aus erfolgte. Das angenehmste Basislager für diese immer beliebter werdende Route liegt in 4900 m Höhe auf einer kleinen, grasbewachsenen Terrasse direkt unter der Gletscherzunge des Oberen Barun-Gletschers und genau unter der 3500 m hohen Südwand des Makalu. Dieser Platz liegt vom Fuß des Baruntse zwar ziemlich weit entfernt, aber auf recht geringer Höhe, was vorteilhaft ist, um sich von Touren auf die umliegenden Gipfel zu erholen. Hillarys Mannschaft entschied sich 1954 für einen Platz etwa 2 km weiter oben am rechten Gletscherrand, aber dort hat man keinen Grasboden, und die Wasserversorgung ist umständlicher.

Colin Todd und Geoff Harrow nahmen den Südostgrat von einer Stelle am Oberen Barun-Gletscher aus in Angriff, die dem Westpfeiler des Makalu genau gegenüberliegt. Von dort überquerten sie den Sherpani-Paß, um südlich des Gipfels auf etwa 6100 m zu dem breiten, verschneiten Plateau des Unteren Barun-Gletschers zu gelangen. Vom Ende des Unteren Barun-Gletschers kommt man auch direkt hier herauf, aber es kann sich als außerordentlich schwierig erweisen, durch den Eisbruch unterhalb von Peak 4 einen Weg zu finden – zumindest einem Team ist dies nicht gelungen.

Auf dem Südostgrat selbst sind nur noch 1000 Höhenmeter zu überwinden. Die Route verläuft ausschließlich über Schnee und Eis und ist technisch nicht weiter schwierig, von einem markanten Eisabbruch auf etwa 7000 m abgesehen, der Doug Scotts Gruppe bei der Zweitbegehung 1984 eine spektakulär steile Seillänge bescherte. Auch Wächten können zum Problem werden; die Erstbesteiger erlebten, wie ein 60 m langer Abschnitt des Grats bei der Berührung mit dem Eisbeil abbrach! Die Route darf also nicht unterschätzt werden, vor allem wegen des langen und anstrengenden Anmarschweges über die Gletscher.

Eine andere tolle, aber schwierigere Route vom Barun-Tal aus stellt der Ostgrat dar, den eine amerikanisch-spanische Gruppe 1980 kletterte. Sie liegt dem Westpfeiler des Makalu genau gegenüber

Abstieg gute Verhältnisse aufweist. Die anspruchsvollste Route für eine Überschreitung des Berges würde vermutlich vom Imja-Gletscher über den Nordgrat zum Nord- und Hauptgipfel führen und über den Südostgrat hinab. Vom Sattel am unteren Ende des Grates müßte man auf der Westseite steil zum Hunku-Gletscher abklettern, dann den Amphu-Labtsa-Paß überwinden, um wieder zum Imja-Gletscher zu gelangen: ein ehrgeiziges Unternehmen!

Die Besteigung des Baruntse vom Barun-Tal her ist ein Abenteuer im Verborgenen, mit einer relativ kurzen Kletterei auf den Gipfel eines schönen 7000ers als Höhepunkt. Obwohl viele Gruppen den

und gleicht fast einer leichteren Miniaturausgabe der dortigen Route. Der Grat ist sehr markant, und ein kurzer Abschnitt mit Fels und kombiniertem Gelände macht ihn besonders interessant. Zwischen dem Nord- und dem Hauptgipfel mündet er auf den Nordgrat. Das Team von 1980 brachte Fixseile an, aber eine Besteigung im Alpinstil wäre ebenfalls gut möglich, vor allem, wenn der Südostgrat für den

Berg innerhalb von zwei Wochen nach Erreichen des Basislagers bestiegen haben – so auch eine japanische Gruppe, die den Gipfel 1980 erstmals im Winter erreichte –, rechnen die meisten Bergsteiger wegen des langen Anmarschs vom Endpunkt der Straße in Hille und den Verlockungen anderer Gipfel in der Umgebung damit, daß sie frühestens in zwei Monaten wieder nach Kathmandu zurückkehren werden.

KURZINFORMATIONEN

Name	Baruntse
Höhe	7129 m; Nordgipfel 7057 m
Lage	Mahalangur Himal, Distrikt Makalu, Ostnepal
Route	Südostgrat (von Osten): 1000 Höhenmeter, zumeist über Schnee, teilweise Eis; einige Abschnitte mit Schneewächten
Erstbesteigung des Gipfels	Colin Todd und Geoff Harrow (NZ) erreichten am 30. Mai 1954 den Gipfel. Nordgipfel: 1980 durch Ubbink und Edwin van Nieuwkerk (NL).
Erstbegehung der Route	Wie oben
Höhe des Basislagers	4900 m, unterhalb der Gletscherzunge des Oberen Barun-Gletschers
Anfahrtsmöglichkeit bis	Hille. In Tumlingtar befindet sich eine Landepiste.
Anmarsch	Ca. 120 km in 12 Tagesetappen von Hille oder 70 km in 9 Etappen von Tumlingtar aus
Jahreszeit	Mai oder Oktober
Genehmigung	Ministerium für Tourismus, Kathmandu
Erfolgsrate	Hoch. Mehrere Gruppen haben die Route begangen, ohne daß gravierende Unfälle bekannt geworden wären.
Literatur	Edmund Hillary beschreibt in seinem Buch *East of Everest* (Hodder & Stoughton 1956) begeistert das Wandern von Berg zu Berg in der Barun-Gegend. Vgl. weiterhin *Himalayan Climber* von Doug Scott (Rosenheimer Verlagshaus 1992).

Links: Der Baruntse am frühen Morgen vom Unteren Barun-Gletscher aus betrachtet; der Südostgrat fällt links zum Betrachter hin ab. Die große Eisbarriere befindet sich etwa nach dem ersten Drittel des Grates. In einer Entfernung von 15 km, rechts von P 6730 im Vordergrund, ballen sich über dem rinnendurchzogenen Lhotse, dem noch nie bestiegenen Lhotse-Mittelgipfel und der weißen Pyramide des Lhotse Shar die ersten Wolken zusammen.

JANNU 7710 m

Südostgrat

Man kann ihn auf den berühmten, von Darjeeling aus aufgenommenen Bildern erkennen – ein schlanker, eleganter Gipfel, der westlich des gewaltigen Kangchendzönga-Massivs in den Himmel ragt. 1955 kam in Darjeeling die kühne Idee zur Besteigung des Jannu auf. Britische Kletterer feierten dort ihren Erfolg am Kangchendzönga. Mit ihnen feierte eine Gruppe Franzosen, die gerade von der erfolgreichen Erstbesteigung des Makalu zurückgekehrt waren. In jener Nacht beschlossen die Franzosen, der Himalaya-Kletterei eine neue Dimension zu erschließen und es mit dem niedrigeren, aber ungleich schwierigeren Gipfel des Jannu zu versuchen.

Guido Magnones Erkundungen im Jahre 1957 bestätigten die Vermutung, daß der Jannu eine kaum zu bewältigende Herausforderung darstellte. Die steil abfallende Nord- und Ostwand wurde als unbezwingbar betrachtet, und als Jean Franco 1959 den ersten ernsthaften Versuch leitete, wählte er die Südseite. Vom Yamatari-Gletscher aus mußte die Expedition einen Weg zum »Thron« finden – einem hochgelegenen Gletscherbecken unterhalb der aus Granit bestehenden Gipfelwand des Jannu, das zwischen den riesenhaften Armen des Südwest- und des Südostgrats eingeschlossen ist. Ein direkter Anstieg zu diesem Gletscher wurde wegen Lawinengefahr ausgeschlossen, und das Team entschied sich statt dessen für eine gewundene Route über einen parallelen Gletscher hinauf zum zerklüfteten Kamm des Südgrats, der schließlich zum ersehnten Ziel führen sollte. Vom »Thron« aus erreichte man nach schwieriger Wandkletterei wieder den Kamm des Südostgrats, wo auf

Brian Hall auf der »Tête du Butoir«, dem ersten großen Felsturm am Südostgrat, bei der ersten Besteigung des Jannu im Alpinstil im Oktober 1978. (*Roger Baxter-Jones*)

7350 m Höhe eine sechstes Lager aufgeschlagen wurde. Nach Wochen schwierigster und anstrengendster Eiskletterei, wie sie für den Himalaya einmalig war, mußte sich das Team auf dem schwierigen Grat

oberhalb von Lager 6 geschlagen geben. Drei Jahre später kam Lionel Terray mit einer noch stärkeren Mannschaft zurück, die schließlich den Gipfel des Jannu erreichte: Am 28. April 1962 erkletterten René Desmaison, Paul Kellar und Robert Paragot den letzten Eisgrat und galangten so auf den höchsten Punkt. Am nächsten Tag folgte ihnen Lionel Terray mit Jean Ravier und Sherpa Wangdi. Für Terray war der heftig umworbene Jannu wohl der Höhepunkt seiner herausragenden Bergsteigerkarriere.

Die französische Route wurde 1974 von einer japanischen Gruppe wiederholt. Auch sie fuhr schweres logistisches Geschütz auf, mit Sherpa-Trägern, Fixseilen und Lagern sowie Sauerstoffgeräten auf dem Gipfelgrat, obwohl dieser unter 8000 m liegt. 1978 dagegen schafften einige junge britische Bergsteiger, die zum ersten Mal im Himalaya waren, die Route im Alpinstil mit minimaler Kletter- und Biwakausrüstung. Noch bemerkenswerter war, daß Brian Hall, Alan Rouse, Rab Carrington und Roger Baxter-Jones ihr Unternehmen von einem Basislager unter der Ostwand (ihrem ursprünglichen Ziel) starteten, was bis zum Ausgangspunkt der französischen Route zusätzliche drei Tage Anmarsch über den Lapsang La bedeutete. Nach Biwaks auf 4800, 5800, 6400, 6600 und 7000 m – beim Abstieg kamen noch zwei hinzu – erreichten sie am 21. Oktober den Gipfel. Ihre Besteigung, bei der sie der Eiseskälte des Spätherbstes trotzen mußten, setzte in der Geschichte der Kletterei im Alpinstil neue Maßstäbe und ist mit Messners und Habelers Besteigung des Gasherbrum I (Hidden Peak) drei Jahre zuvor vergleichbar.

In den achtziger Jahren wurde die französische Route auf den Jannu, der nun offiziell Kumhakarna hieß, zu einem beliebten Ziel. Einige Teams trafen umfangreiche Vorbereitungen für den Aufstieg, andere machten keine großen Umstände, so vor allem eine Schweizer Mannschaft: Daniel Anker, Bruno Rankwiler und Georg Rubin sahen sich zunächst den Berg genau an und bewältigten dann in drei Tagen die ganze Route bis zum Gipfel.

linkenWandteil und bietet dem Kletterer das reinste Vergnügen, zuerst im Fels (V) bis zu einem Schneeplateau, dann in einer kombinierten Wand, über die man auf 7250 m den Ostgrat erreicht. So umgeht man allerdings die direkt vom Gipfel abfallende Granitwand, die wahrlich eine Herausforderung darstellt. 1989 versuchte der Slowene Tomo Cesen einen direkteren Weg im Alleingang, und zwar häufig bei Dunkelheit. Da es keine Aufnahmen davon gibt und

schen Kletterer Vanja Furlan und Bojan Pockar. 1992 kehrten sie zurück, um die sehr steile, kombinierte Wand weiter oben zu erkunden. Vier Tage lang kletterten sie 26 Seillängen über teilweise senkrechte Eis- und Felsstellen bis VII. Die furchterregende Gipfelwand ließen sie jedoch unberührt und stiegen auf 7100 m nach links hinüber zum Südostgrat. Von dort seilten sie sich über die Wand ab. 1993 scheiterte ein weiterer Slowenischer Versuch.

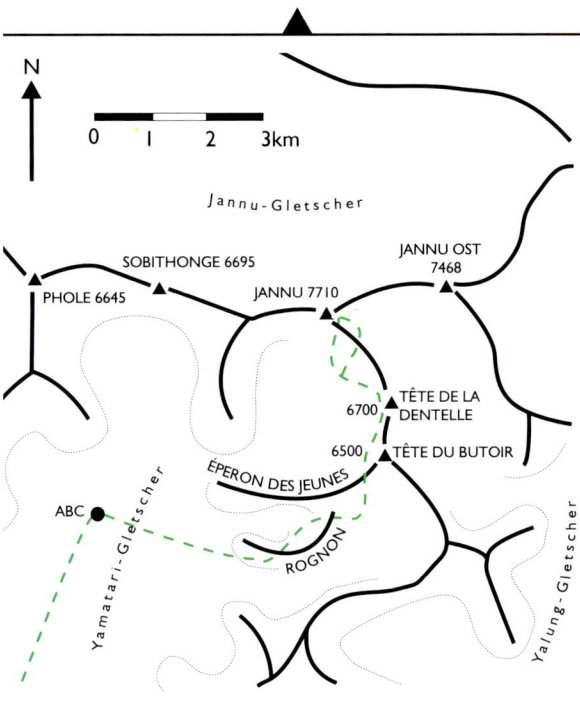

Links: Der Kanadier Bill Durtler auf dem Südgrat des Jannu im Frühjahr 1992. Hinter ihm ist das blaue Eis der »Tête de la Dentelle« zu sehen, weiter hinten im Schatten das obere Becken des »Throns«. Die Gipfelwand ist noch mehr als 1 km entfernt. *(Rob Driscoll)*

Inzwischen waren in den siebziger Jahren mehrere Teams von der Respekt einflößenden Nordwand angezogen worden. 1975 versuchten sich Neuseeländer an der »Wall of Shadows«, 1976 war eine japanische Gruppe unter Leitung von Masatsugu Konishi erfolgreich. 1987 wurde die Route zweimal wiederholt, von einer sechsköpfigen dänischen Gruppe und von den französischen Spitzenbergsteigern Pierre Béghin und Erik Decamp. Beide Gruppen arbeiteten am unteren Pfeiler mit Fixseilen, danach aber im Alpinstil. Die Route benutzt den Sporn im

Cesens Bergsteigerlaufbahn auch sonst umstritten ist, zögern manche, seine Leistung anzuerkennen. Hält man seine Besteigung für gelungen, ist sie eine der großartigsten Klettereien aller Zeiten, wenngleich auch sie die gigantischen Überhänge der Gipfelwand umgehen mußte.

Die dritte Wand des Jannu, die Ostwand, sollte sich als ebenso schwierig erweisen. 1978 erreichte das britische Team den Sattel zwischen dem Jannu und dem noch unbestiegenen Jannu Ost, doch den ersten Vorstoß zur Wand selbst machten 1991 die sloweni-

Von jeder Seite stellt der Jannu eine verlockende Versuchung dar. Manche werden von der düsteren Flucht der Nordwand angezogen, andere von den schmalen Eisrinnen der Ostwand. Wir wollen uns jedoch mit der klassischen Route der Erstbesteiger, also dem Südostgrat beschäftigen.

Nach seinem kühnen Streich im Jahr 1978 beschrieb das im Alpinstil kletternde britische Team diese Route als »technisch nicht schwierig«. Doch wir sollten nicht vergessen, daß diese Mannschaft außerordentlich erfahren und ehrgeizig war und sich in

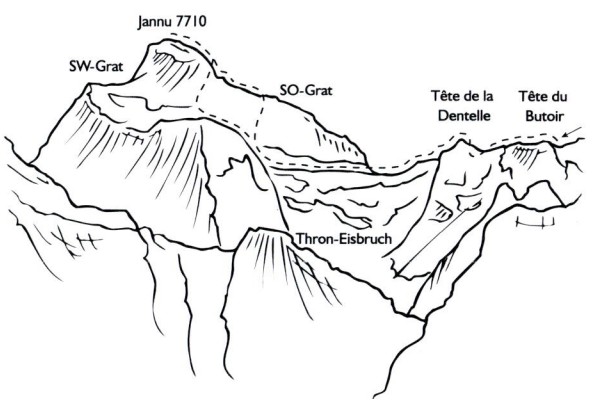

Unten: Der Jannu von Südwesten, vom Basislager am Yamatari-Gletscher aus. Die Barriere in der Bildmitte markiert den Eisabbruch des Throne-Gletschers, der den direkten Zugang von dieser Seite behindert. Rechts gegen den Himmel der lange Südgrat. Bei der »Tête du Butoir« erreicht die von der Rückseite kommende Route von 1962 den Kamm. Am »Thron« angekommen, hat man die Wahl zwischen der französischen Route, die unterhalb eines der komlizier-ten Türme zum Kamm zurückführt, oder der Alternative von 1978, die direkter und wohl auch leichter über die Gipfelwand zum letzten Schneegrat führt. (*Bill Durtler*)

Oben: Alan Rouse und Rab Carrington in der steilen Rinne hinauf zur »Tête de la Dentelle«. Hier liegt viel mehr Schnee als auf dem im Frühjahr aufgenommenen Bild von Seite 182. (*Brian Hall*)

typischem, aber mißverständlichem britischem Un-derstatement übte. Selbst sie gaben zu, daß sich die Route großteils im Schwierigkeitsgrad V bewege, daß sie sehr lang und anstrengend sei (mindestens 5 km Luftlinie vom Yamatari-Gletscher) und daß der Gipfelgrat, den sie Ende Oktober erstiegen, sehr kalt und exponiert sei. Kein Wunder, daß sie 1962 Frankreichs beste Bergsteiger bis zum äußersten beanspruchte. Die leichteste Route auf den Jannu ist alles andere als ein Kinderspiel.

Die eigentliche Kletterei beginnt auf 4800 m beim oberen Yamatari-Gletscher und führt östlich über einen gekrümmten Grat einen Nebengletscher hinauf zu einem Gletscherplateau auf 6000 m. Dieser Ab-schnitt kann zahlreiche Spalten aufweisen; 1962 benutzten die Franzosen eine Leiter, um das Plateau zu erreichen.

Eine steile, kombinierte und geriffelte Wand leitet dann zum Eperon des Jeunes, dem Kamm des Südgrats. Spektakuläre Schneewächten und Séracs säumen den Grat, an dem man nun auf das erste große Hindernis trifft, von den Franzosen 1959 »Tête du Butoir« getauft. Von hier konnten sie endlich den so schwer erreichbaren »Thron« erkennen, doch mußten sie zunächst durch das Gewirr der »Tête de la Dentelle« hindurchfinden. Ihre Route beginnt links an einem Sims und benutzt eine 65 ° steile Rinne, teilweise mit Eis oder bodenlos tiefem Schnee, und endet nahe der Spitze der »Tête de la Dentelle«.

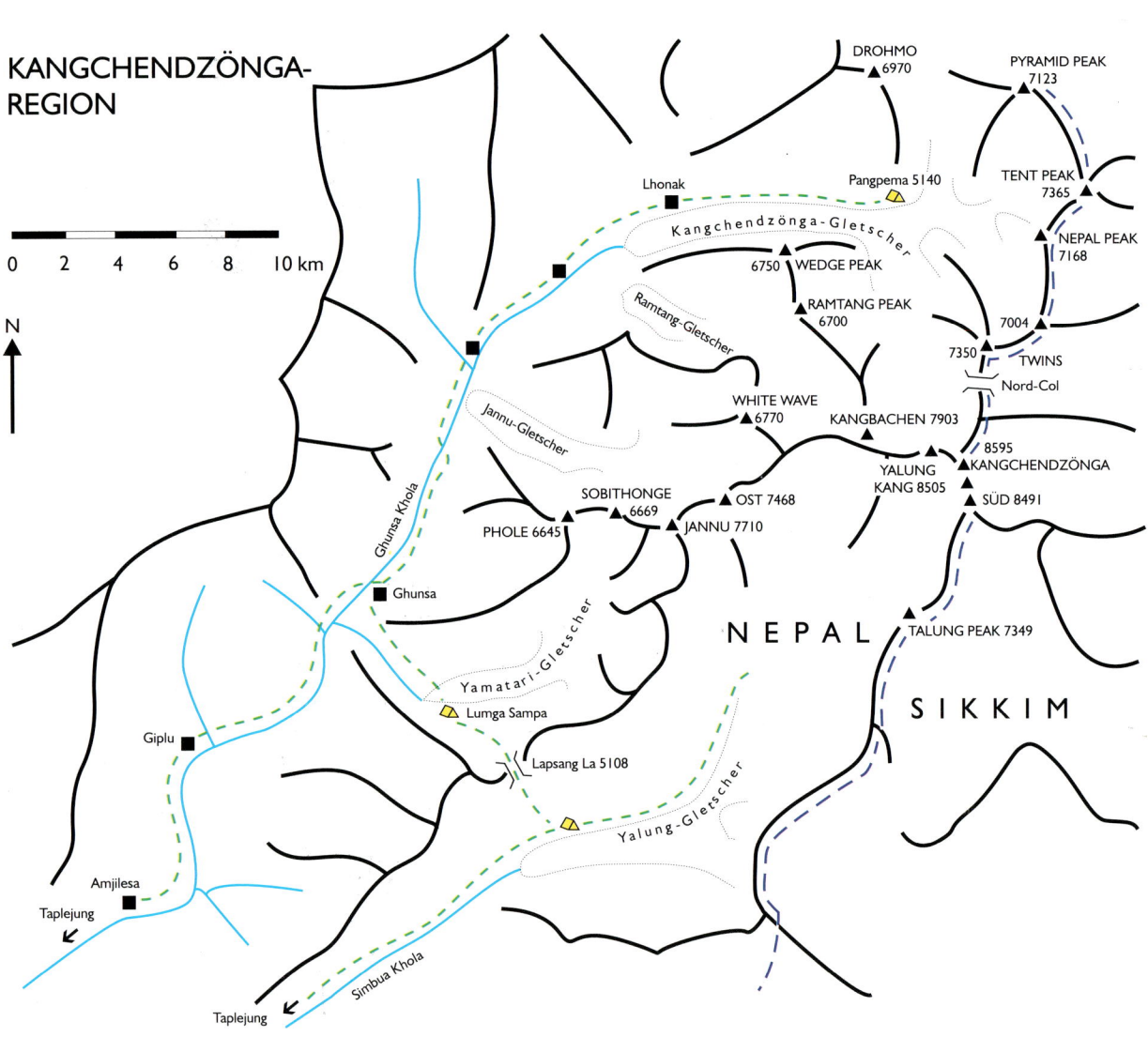

KANGCHENDZÖNGA-REGION

DROHMO 6970

PYRAMID PEAK 7123

Lhonak

Pangpema 5140

TENT PEAK 7365

Kangchendzönga-Gletscher

NEPAL PEAK 7168

6750 WEDGE PEAK

RAMTANG PEAK 6700

7004

Ramtang-Gletscher

7350

TWINS

Nord-Col

WHITE WAVE 6770

KANGBACHEN 7903

Jannu-Gletscher

8595

KANGCHENDZÖNGA

YALUNG KANG 8505

SOBITHONGE 6669

OST 7468

SÜD 8491

PHOLE 6645

JANNU 7710

Ghunsa Khola

Ghunsa

N E P A L

TALUNG PEAK 7349

Yamatari-Gletscher

S I K K I M

Lumga Sampa

Giplu

Lapsang La 5108

Amjilesa

Yalung-Gletscher

Taplejung

Simbua Khola

Taplejung

0 2 4 6 8 10 km

N

Danach verläuft sie nach unten zum »Thron« hin. Für dessen Überquerung brauchte die britische Gruppe 1978 einen vollen Tag, wobei sie sich durch Tiefschnee kämpfen mußte. Das Gelände ist technisch ganz einfach, wie Brian Hall später sagte – »man muß nur gehen, aber an einer höchst gefährlichen Stelle«. Vom »Thron« stieg das französische Erstbesteigerteam wieder nach rechts zum Südostgrat hinauf, wo sie auf 7350 m Lager 6 aufschlugen. Die Felstürme oberhalb hatten der Expedition von 1959 enorme Probleme bereitet. Das britische Team biwakierte 1978 ein letztes Mal am rechten oberen Rand des »Thron« am oberen Bergschrund. Von dort aus

kletterten sie in einem einzigen langen Tag zum Gipfel und wieder zurück.

Ihre Route führt an der bequemsten Stelle über den Bergschrund und dann nach links, um das untere Ende eines exponierten Granitsporns herum und an dessen linker Seite über Schnee bis zu einer flachen, versteckten Rinne, die sich durch die Gipfelwand zieht. In kombinierter Kletterei gelangt man durch

Rechts: Die eindrucksvolle Nordwand des Jannu (links), mit dem Sobithonge und dem Phole vom Jannu-Gletscher aus gesehen. Die Japaner-Route auf den Jannu führt über den von der Sonne beschienenen Sporn auf der linken Seite der Nordwand. *(Steve Razzetti)*

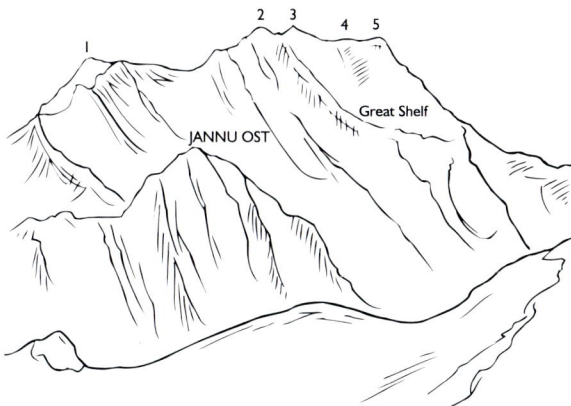

JANNU OST

Great Shelf

Name	Jannu (jetzt offiziell: Kumbhakarna)
Höhe	7710 m
Lage	Kangchendzönga Himal, Ostnepal
Route	Südostgrat: 2900 Höhenmeter vom Yamatari-Gletscher, größtenteils auf Schnee unterschiedlichster Beschaffenheit, stellenweise auf Eis. Zwischen 6000 und 6600 m ist die Route schwierig zu finden. Oberhalb 7000 m bestehen die Schwierigkeiten vor allem in steilem Schnee und Eis, teilweise kombiniertem Gelände.
Erstbesteigung des Gipfels	Am 28. April 1962 durch Robert Paragot, Paul Kellar, René Desmaison (F) und Sherpa Gyalzen Mitchu (NEP), denen einen Tag später Jean Ravier, Lionel Terry und Sherpa Wangdi (NEP) folgten.
Erstbegehung der Route	Wie oben
Erstbegehung der Route im Alpinstil	17. – 22. Oktober 1978 durch Roger Baxter-Jones, Rab Carrington, Brian Hall und Alan Rouse (GB)
Höhe des Basislagers	4000 m, bei Lumga Sampa am Tor des Yamatari-Gletschers
Anfahrtsmöglichkeit bis	Basanthapur. In Suketar, 2500 m oberhalb von Taplejung, gibt es eine Landepiste.
Anmarsch	Etwa 80 km in 7 Tagen von Taplejung; von Basanthapur 3 Tage mehr
Jahreszeit	Der Südostgrat wurde sowohl vor als auch nach dem Monsun bestiegen. Die Schneeverhältnisse sind wahrscheinlich im Frühjahr besser, wenn darüber hinaus die Temperaturen am Gipfelgrat höher liegen.
Genehmigung	Ministerium für Tourismus, Kathmandu, über eine Trekkingagentur
Erfolgsrate	Hoch; mindestens zehn Besteigungen seit 1992, keine Meldung von schweren Unfällen
Literatur	*At Grips with Jannu* von Jean Franco und Lionel Terray (Gollancz, 1967, Originaltitel: *Bataille pour Le Jannz* Librairie Gallimard, 1965) schlägt alle Berichte über die Erstbesteigung. Gute Berichterstattung über spätere Besteigungen des Südostgrats im *AAJ*. Siehe auch die Artikel in *Mountain 65* und dem *Canadian Alpine Journal 1993*.

Links: Erik Decamp 1987 auf seinem Weg zum Gipfel des Jannu, nachdem er die Nordwand durchstiegen hatte. Dahinter der Jannu Ost und das Kangchendzönga-Massif: Kangbachen (1), Yalung Kang (2), Kangchendzönga-Haupt- (3), -Mittel- (4) und -Südgipfel (5). Das »Great Shelf« war die Schlüsselstelle bei der Erstbesteigung des Kangchendzönga 1955. Den großartigen Südgrat des Kangchendzönga-Südgipfels, der sich rechts abzeichnet, kletterten 1991 Andrej Stremfelj und Marko Prezelj im Alpinstil. *(Pierre Béghin/Foc Photo)*

diese Rinne in 7550 m Höhe, oberhalb der verzwickten Felszacken, auf den Gipfelgrat. Von hier schwingt sich ein letzter, teilweise allerdings messerscharfer Firngrat direkt zu dem märchenhaften Schneegipfel empor.

Die Route von 1962 ist, mit kleinen Varianten, heute noch beliebt, denn ihren gewundenen Verlauf durch eine phantastische Eislandschaft zum Gipfel hinauf zu finden bleibt eine Meisterleistung. Trotz ihrer Länge und vielfältigen Schwierigkeiten ist sie schon mehrmals im Alpinstil geklettert worden; ein Rückzug kann sich hier sehr problematisch gestalten, wie sich 1992 zeigte, als ein Kanadischer Bergsteiger auf dem »Thron« plötzlich krank wurde. Sein Partner, der ihn nach unten bringen mußte, war über die Fixseile an den kritischen Abschnitten der Route sehr froh. Trotzdem sollte man unbedingt danach streben, Fixseile an diesem herrlichen Berg auf ein absolutes Minimum zu begrenzen und sie anschließend wieder zu entfernen.

KANGCHENDZÖNGA 8595 m

Nordwestwand / Nordgrat

Der Kangchendzönga ist, vielleicht mit Ausnahme des Nanga Parbat, der massigste und komplexeste unter den höchsten Gipfeln der Welt, und wie der Nanga Parbat hat er seit Beginn dieses Jahrhunderts in der Geschichte des Bergsteigens eine herausragende Rolle gespielt. Während sonst in Nepal drastische Beschränkungen galten, wurden am Kangchendzönga, der auf der östlichen Grenze zu Sikkim liegt, von allen Seiten Versuche unternommen, bevor andere Gipfel 1949 für Ausländer freigegeben wurden. Die Höhepunkte aus der Zeit vor dem Zweiten Weltkrieg können wir nur kurz aufzählen: 1902 die legendäre Umrundung des Berges von Douglas Freshfield; 1905 Aleister Crowleys Versuch an der Südwand (Yalung), der mit einer Katastrophe endete; 1929 und 1931 Paul Bauers mutiger Versuch, sich an den bizarren Eistürmen des Nordostsporns hinaufzuwühlen; 1930 Dyrenfurths Expedition zur Nordwestwand.

Die Durchsteigung dieser Wand gelang schließlich 1955, und zwar von Nepal aus über die Yalung-Wand. Nachdem sich die britische Mannschaft von Charles Evans durch komplizierte Eisbrüche einen Weg gebahnt hatte, erreichte sie den großen Absatz, den man von Darjeeling, 100 km weiter südlich, so gut erkennen kann. Von dort führte die Route eine steile, eis- und schneebedeckte Rampe hinauf und dann direkt durch ein Rinnensystem zu den hohen roten Türmen nicht weit vom oberen Ende des Westgrats. Hier stieg Joe Brown, einer der damals besten Felskletterer der Welt, in seinem berühmten Riß vor, wobei er seine Sauerstoffzufuhr auf 6 l pro Minute erhöhte. Mit ihm stand George Band auf dem Gipfel.

Einen Tag später folgten Tony Strecher und Norman Hardie, die den Riß auf einem »Spaziergang über die Rückseite« umgingen, wie Streather hänselte.

Danach näherte sich zweiundzwanzig Jahre lang niemand mehr der höchsten Erhebung dieses Berges, dessen tibetischer Name soviel bedeutet wie »die fünf Schatzkammern des großen Schnees«, bis Narinder Kumars indische Expedition auf den Spuren der Deutschen 1977 den wilden Nordostsporn von Sikkim aus erstieg. 1931 hatte ein Abhang mit lebensgefährlichem Treibschnee die Deutschen daran gehindert, vom Ende des Sporns zum oberen Nordgrat hinüberzuwechseln. 1977 herrschten bessere

Verhältnisse, so daß Prem Chand und Naik Nima Dorje Sherpa den Weg zum Gipfel über den Nordgrat fortsetzen konnten. Wie die Briten zweiundzwanzig Jahre zuvor machten sie zwei Meter vor dem Gipfel Halt, aus Achtung vor den religiösen Überzeugungen der Bevölkerung von Sikkim.

Oberst Kumar hatte den Nordostsporn im Stil einer groß angelegten Belagerung bezwungen. Für die dritte Besteigung des Kangchendzönga wurde nach einer ganz anderen Taktik vorgegangen. Doug Scott und Peter Boardman hatten mit ihren Erfolgen bei der Südwestgrat-Expedition auf den Everest 1975 internationalen Ruhm erlangt, doch nun wollten sie einen der höchsten Gipfel der Welt ohne das ganze Drum und Dran einer großen Belagerung angehen. Auch Joe Tasker, am Changabang und Dunagiri erprobt, und der Vierte im Team, der Franzose Georges Bettembourg, engagierten sich für einen Versuch ohne großen Aufwand. Daß Scott 1975 am Everest ein

das Bild dieser gigantischen Wand prägen. Die Teilnehmer der Gruppe von 1979 beschlossen, der Hauptwand auszuweichen und weiter links zu klettern, die Westwand des Nordsattels hinauf – 900 m kombinierte Kletterei, die sie mit dem Nordostpfeiler der Droites verglichen. Über dieses Pendant einer

Selbstvertrauen, nach einigen Tagen der Erholung in dem idyllisch gelegenen Basislager in Pangpema den Gipfel vollends zu besteigen. Bettembourg verzichtete diesmal, und Tasker stieg mit Boardman und Scott auf. Sie umgingen den Grat über eine riesige, terrassenförmige Geröllhalde oben in der Nordwest-

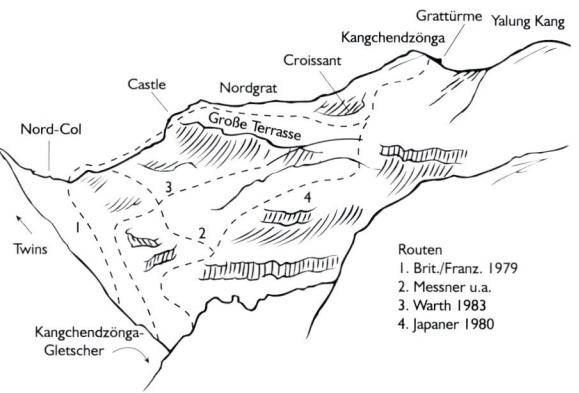

Links: Blick auf den eingekesselten Kangchendzönga-Gletscher und die mannigfaltigen Hindernisse der Nordwand. *(Doug Scott)*

Linke Seite: Die berüchtigten Winde auf dem Kangchendzönga fegen Schneefahnen vom Nordgrat; links die Twins. Die Aufnahme entstand im idyllischen Basislager in Pangpema, wo sich Douglas Freshfield 1902 aufhielt und als erster eine Route von hier auf den Kangchendzönga für möglich hielt. Dieses Foto wurde siebenundsiebzig Jahre später gemacht, anläßlich der Erstbegehung der Nordseite durch Georges Bettembourg, Peter Boardman, Doug Scott und Joe Tasker, fürsorglich bekocht von Nima Tamang, der hier gerade »bed chai« serviert. Nima wurde fünf Jahre später leider Opfer einer furchtbaren Lawine, die während der großen Stürme im Oktober 1987 überraschend niederging. *(Doug Scott)*

Biwak ohne künstlichen Sauerstoff auf 8700 m überstanden hatte, war ebenso wie Habelers und Messners Besteigung von 1975 ein Hinweis darauf, was in extremer Höhe möglich ist. Nun wurde 1979 die neue Kunst des Möglichen an der Nordwestwand des Kangchendzönga ausprobiert.

Dies war 1930 auch die Route von Dyrenfurths internationaler Mannschaft gewesen, zu der solche Größen wie Erwin Schneider und Frank Smythe gehörten, doch dieser Versuch endete mit einer Katastrophe, als ein riesiger Teil einer Eisstufe losbrach, die Sherpa Chettan unter sich begrub. Dieser großen Eisstufe folgen noch zwei weitere, die

großen Route in den Alpen erreichten sie den Einstieg zum Nordgrat. Wegen der Länge und Schwierigkeit des Unternehmens brachten sie verständlicherweise in der unteren Wand Fixseile an. Oberhalb des Nordsattels arbeiteten sie damit nur gelegentlich auf kurzen Abschnitten, etwa im steilen Fels des »Castle«. Der erste Aufstieg zum Gipfel endete fast mit einer Katastrophe, als einer der berüchtigten Stürme des Kangchendzönga mitten in der Nacht auf 8000 m das Zelt von Bettembourg, Boardman und Scott zerfetzte. Ihr erfolgreicher Abstieg über 3000 m in einem Tag bewies ihre Fähigkeiten in großer Höhe und bestärkte sie vielleicht in ihrer Entschlossenheit und ihrem

wand und stießen bei den Türmen am Westgrat auf die ursprüngliche Route von 1955. Erst am späten Nachmittag standen sie auf dem Gipfel, konnten aber um neun Uhr wieder ihre Schneehöhle erreichen und zwei Tage später wohlbehalten ins Basislager zurückkehren.

Später beschrieb Peter Boardman diese Besteigung des Kangchendzönga in einem Artikel mit dem provozierenden Titel »No More Himalayan Heroes«. Damit anzudeuten, vier Unbedarfte seien so nebenbei auf den mächtigen Kantsch hinaufgekraxelt, ist natürlich irreführend. Sie waren ein ungewöhnlich starkes, hochmotiviertes Team. Trotz guter Vorbereitung und

▲

wohlüberlegter Verwendung von Fixseilen entgingen sie dennoch mehrfach nur knapp einer Katastrophe. Im folgenden Jahr führte Masatsugu Konishi eine sehr große japanische Expedition auf einer direkten Route über die drei riesigen Stufen der Nordwestwand ohne einen ernsten Zwischenfall zum Erfolg. 1982 kletterten Ang Dorje, Reinhold Messner und Friedl Mutschlechner eine Kombination der beiden Route. Nach ihrem Abstieg durch heftigen Sturm kamen sie total erschöpft im Basislager an. Als Carlos Buhler, Peter

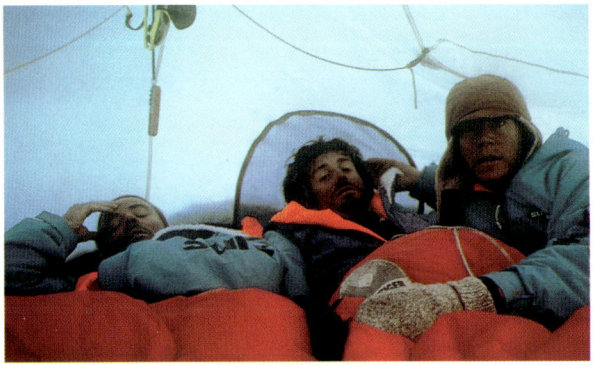

Oben: Die kalte Realität oberhalb von 8000 m. Peter Habeler (links), Martin Zabaleta und Carlos Buhler in Lager 4 auf der großen Terrasse, nach ihrer erfolgreichen Besteigung des Kangchendzönga am 3. Mai 1988 trotz schlechten Wetters. Inzwischen, am 4. Mai, war ein Meter Schnee gefallen. Während ihres dramatischen Abstiegs bemerkten sie, daß Lager 3 und 2 von Lawinen zerstört wurden. *(Sammlung Carlos Buhler)*

Rechts: 16. Mai 1979: Peter Boardman und Joe Tasker an einem idealen Gipfeltag. Am Fuß des »Croissant« entlang nähern sie sich dem Couloir, das auf die oberen Hänge führt. Unter ihnen sieht man die Große Terrasse, die zum verdeckten Nordsattel mit den dahinter aufragenden Twins herumführt. Weiter hinten heben sich die über 7000 m hohen Grenzberge hell gegen die weit entfernten, braunen Hügel Tibets ab. *(Doug Scott)*

Habeler und Martin Zabaleta 1988 eine ähnliche Route begingen, hatten sie im Abstieg ebenfalls schwer zu kämpfen, da zwei ihrer Lager von Lawinen zerstört wurden.

Es gab bisher zahlreiche Versuche und nicht sehr viele Erfolge auf dieser Seite des Berges. Die Direktroute der Japaner ist die schwierigste und möglicherweise gefährlichste. Die Messner-Route verläuft zunächst über dieselbe riesige Eisstufe, die 1930 den Unfall auslöste, führt dann nach links hinüber und erreicht den Nordgrat beim »Castle«. Mehrere Gruppen haben berichtet, daß die Route von 1979 zum Nordsattel ziemlich stark von Steinschlag bedroht sei. Zwei amerikanische Expeditionen folgten einer Linie weiter

künstlichen Sauerstoff auf fast 8500 m, nur mit größter Vorsicht bewältigt werden kann.

Von der Nordseite wurde der Kangchendzönga nie im reinen Alpinstil bestiegen. Die Route der Erstbestei-

Unten: Nach dem Abschnitt unter den Grattürmen entlang zur Yalung-Seite des Berges steigt Joe Tasker hier die letzten Meter zum höchsten Gipfel des Kangchendzönga. Links hinter ihm liegt der Verbindungsgrat zu Kangchendzönga Süd und Mitte, den 1989 eine sehr erfolgreiche, von Eduard Myslowsky geleitete russische Expedition erstmals überschritt. Zwei Teams mit je fünf Kletterern stiegen im Abstand von einem Tag von zwei Seiten her über die vier 8000 m hohen Kangchendzönga-Gipfel, nachdem sie zuvor auf der Großen Terrasse eine durchgehende Sprechfunkverbindung aufgebaut hatten. Eine Überschreitung im Alpinstil ohne künstlichen Sauerstoff steht noch aus. (Doug Scott)

KURZINFORMATIONEN

Name	Kangchendzönga
Höhe	8595 m
Lage	Kangchendzönga Himal, Ostnepal
Routen	Nordwestwand und Nordgrat: 2600 Höhenmeter vom oberen Pangpema-Gletscher. Verschiedene Routen, mehr oder weniger direkt. Die Hauptwand kann schwierige Eiskletterei durch Sérac-zonen beinhalten. Die britisch-französische und die Warth-Route verlaufen mehr in kombiniertem Gelände.
Erstbesteigung des Gipfels	George Band und Joe Brown (GB) erreichten am 25. Mai 1955 den Gipfel.
Erstbegehung der Routen	Nordgrat über die Westwand des Nordsattels: Peter Boardman, Doug Scott und Joe Tasker (GB), Mai 1979; Nordwestwand, linke Route: deutsche Expedition unter Leitung von Hermann Warth, Mai 1983 (nicht bis zum Gipfel); direkte Nordwand: japanische Expedition unter Leitung von Tasatsugu Konishi, Mai 1980
Höhe des Basislagers	5140 m, auf den Wiesen von Pangpema
Anfahrts-möglichkeit bis	Basanthapur. In Suketar, 2500 m oberhalb von Taplejung, gibt es eine Landepiste.
Anmarsch	Ca. 100 km in 10 Tagesetappen von Taplejung aus. 3 zusätzliche Etappen von Basanthapur.
Jahreszeit	April – Mai bieten wohl bessere Erfolgschancen als der Herbst.
Genehmigung	Ministerium für Tourismus, Kathmandu, über eine Trekkingagentur
Erfolgsbilanz	Ca. 30 % der Expeditionen waren auf dieser Seite des Berges erfolgreich.
Literatur	Über den Kangchendzönga ist seit Douglas Freshfields Klassiker *Round Kangchenjunga* (Arnold 1903) sehr viel geschrieben worden. Die beste geschichtliche Zusammenfassung bietet der Artikel von Gunther und Norman Dyrenfurth in *Mountain 68*. Die Besteigung von 1979 ist ausführlich dokumentiert in den Büchern *Sacred Summits* von Peter Boardman (Hodder & Stoughton, 1982), *Savage Arena* von Joe Tasker (Methuen 1982) und *Himalayan Climber* von Doug Scott (Rosenheimer Verlagshaus, 1992). Die Messner-Variante ist beschrieben in *Überlebt / Alle 14 Achttausender* (BLV München/Wien/Zürich 1987). Andere Routen über die Nordwestwand sind im *AAJ* und *HJ* gut geschildert.

rechts, und Hermann Warths deutsche Expedition von 1983 erschloß eine weitere durch die Verschneidung zwischen West- und Nordwestwand. Alle diese Routen treffen letztlich auf der Großen Terrasse zusammen. Die meisten Gruppen folgen der britisch-französischen Variante und gehen am »Croissant« hinauf zu den Grattürmen. Im letzten Abschnitt drüben in der Südwestwand ist streckenweise schwierige kombinierte Kletterei erforderlich, die, ohne

ger über die Südwestwand beging Pierre Béghin 1983 allein, und 1991 erkletterten Andrej Stremfelj und Marko Prezelj ohne vorherige Detailkenntnisse den eindrucksvollen Südgrat. Ihre Besteigung ist eine der kühnsten bergsteigerischen Leistungen aller Zeiten, und ihre Route ist wohl die schönste am Kangchendzönga. Sie führt allerdings nicht auf den Haupt-, sondern auf den Südgipfel. Wer eine interessante und abwechslungsreiche Route voller Abenteuer auf die

höchste der »fünf Schatzkammern des großen Schnees« sucht, für den bieten die verschiedenen Wege durch die Nordwestwand und über den Nordgrat großartige Herausforderungen.

▲

STAATLICHE BESTIMMUNGEN
UND GIPFELGEBÜHREN

PAKISTAN

Der Zugang zu allen Gipfeln unter 6000 m ist gebührenfrei, außer sie liegen in Gebieten, für die eine Trekking-Erlaubnis und ein Verbindungsoffizier vorgeschrieben sind. Für alle Gipfel über 6000 m ist eine Erlaubnis notwendig, die bis zum 31. Dezember des vorangehenden Jahre (für den K2 zwei Jahre im voraus) beantragt werden muß. Anträge sind zu richten an:

The Government of Pakistan, D.O. No. 1 (21)/79-ME (Pt II)
Tourism Division, Islamabad (Fax 51 817 323)

Gebührenliste (Preise von 1994)		ab 5 Pers. je weitere Pers.
K2	$ 9000	$ 1000
8001 – 8500 m	$ 7500	$ 700
7501 – 8000 m	$ 3000	$ 300
7001 – 7500 m	$ 2000	$ 200
6000 – 7000 m	$ 1200	$ 150

Dem Verbindungsoffizier muß die gleiche Ausrüstung zur Verfügung gestellt werden wie den anderen Mitgliedern der Expedition. Außer den Gebühren ist eine Umweltabgabe von $ 200 zu entrichten. Für eventuelle Rettungsmaßnahmen muß auf einer Bank in Islamabad ein Betrag von $ 4000 als Sicherheit deponiert werden. Träger und Verbindungsoffizier sollten bei einem staatlich anerkannten Versicherungsunternehmen in Pakistan versichert werden.

INDIEN

Für die Erhebung von Gipfelgebühren gibt es keine untere Höhengrenze der Berge, aber für einige wenige »Trekking-Gipfel« gelten nur minimale Auflagen. Im östlichen Karakorum und in einigen anderen sensiblen Gebieten sind nur Expeditionen mit indischer Beteiligung zugelassen. Für alle Gipfel sollte die Erlaubnis mindestens ein halbes Jahr im voraus beantragt werden. Anträge sind zu richten an:

Indian Mountaineering Foundation, Benito Juarez Road, Anand Niketan, New Delhi 110 021 (Fax 91 11 688 3412)

Gebührenliste (Preise von 1994)	
Östl. Karakorum und andere beschränkt zugängliche Gebiete	$ 3000
Nun und Kun	$ 2250
andere Gipfel über 7000 m	$ 1800
6501 – 7000 m	$ 1350
6001 – 6500 m	$ 900
unter 6000 m	$ 500

Wird mehr als ein Gipfel bestiegen, ermäßigt sich die Gebühr für den zweiten um 50%. Dem Verbindungsoffizier muß die gleiche Ausrüstung zur Verfügung stehen wie den anderen Expeditionsmitgliedern.

NEPAL

Nur eigens dafür ausgewiesene Gipfel sind zum Klettern freigegeben, aber die Liste der gegenwärtig etwa einhundert zugänglichen Gipfel wird ständig erweitert. Für die Besteigung sogenannter Trekking-Gipfel gelten jedoch nur minimale Auflagen; die Genehmigungsgebühr beträgt $ 300. Anträge sind zu richten an:

Nepal Mountaineering Association, PO Box 1435, Kathmandu

Anträge für andere Gipfel sind zu richten an:

HMG Ministry of Tourism & Civil Aviation, Mountaineering Division, Kathmandu.

Gebührenliste	
Everest	$ 50 000
(ab 5 bis max. 7 Pers. zusätzlich pro Pers.: $ 10 000)	
andere Gipfel über 8000 m	$ 8000 (max. 9 Pers.)
7501 – 8000 m	$ 3000 (max. 9 Pers.)
7001 – 7500 m	$ 2000 (max. 9 Pers.)
6501 – 7000 m	$ 1500 (max. 9 Pers.)
unter 6500 m	$ 1000 (max. 9 Pers.)

Dem Verbindungsoffizier muß die gleiche Standardausrüstung zur Verfügung gestellt werden wie den anderen Expeditionsmitgliedern. Außerdem besteht die Verpflichtung, einen Sirdar und Küchenpersonal zu beschäftigen, zu bezahlen und zu versichern. Personalfragen und Antragstellung regelt man am besten über eine lokale Trekkingagentur.

CHINA

Alle Dienstleistungen, d.h. Gebühren, Hotelunterkunft, Transport, Trägerkosten usw., unterliegen den Bestimmungen der Chinese Mountaineering Association. Ihr unterstehen alle Expeditionen vom Betreten des Landes bis zur Ausreise aus China. Die Preise müssen vor der Unterzeichnung des »Protokolls« vereinbart werden. Für jede darüber hinausgehende Dienstleistung muß zuerst mit dem Verbindungsoffizier der Preis ausgehandelt werden. Außer diesem wird jeder Expedition auch ein Dolmetscher beigeordnet.

Anträge sind zu richten an:

Chinese Mountaineering Association, 9 Tiyuguan Road, Peking oder direkt an die Sinkiang Mountaineering Association Urumchi oder an die Tibet Mountaineering Association
No. 8 East Linkhor Road, Lhasa, Tibet (Fax 86 891 36366)

Gebührenliste	
Everest	$ 5500
andere Achttausender	$ 3000
7000 – 7999 m	$ 2160
6000 – 6999 m	$ 1350
unter 6000 m	$ 30 pro Bergsteiger

Diese Gebühren gelten für max. 20 Personen. Für unbestiegene Gipfel und neue Routen werden teilweise extrem hohe Gebühren verlangt.

▲

VERHALTENSREGELN FÜR DEN HIMALAYA

Lagerplatz: Denken Sie daran, daß nach Ihnen andere den gleichen Lagerplatz benutzen werden. Hinterlassen Sie diesen deshalb sauberer, als Sie ihn angetroffen haben.

Beugen Sie der Waldzerstörung vor: Machen Sie kein offenes Feuer und halten Sie andere Personen in ihrem Einflußbereich davon ab. Verwenden Sie möglichst wenig von dem knappen Brennholz zur Heißwasserbereitung. Benutzen Sie vorrangig Unterkünfte, in denen Petroleum oder Holzöfen mit hohem Nutzungsgrad verwendet werden. Verwenden Sie oberhalb der Baumgrenze und in dünnbewaldeten Gebieten nur mitgebrachtes Brennmaterial.

Abfall: Verbrennen Sie trockenes Papier und Karton an einer sicheren Stelle. Anderes Papier und biologisch abbaubares Material, z.B. Essensreste, sollten Sie vergraben. Nehmen Sie allen nicht verrottbaren Abfall mit. Beseitigen Sie auch allen Müll, den andere hinterlassen haben. Was noch brauchbar ist und sicher verwertet werden kann, geben Sie den Einheimischen.

Wasser: Halten Sie die örtlichen Wasservorkommen sauber, und benutzen Sie an Flüssen oder Quellen keine umweltschädlichen Stoffe, z.B. Reinigungsmittel. Latrinengruben müssen mindestens 30 m von Wasserquellen entfernt angelegt und abschließend mit Erde abgedeckt werden.

Pflanzen: In vielen Himalaya-Gegenden ist es verboten, Stecklinge, Samen oder Wurzeln mitzunehmen. Schützen Sie die Vegetation. Vermeiden Sie jede unnötige Störung von Vögeln und anderen Tieren.

Landschaftsschutz: Beugen Sie der Erosion vor und bleiben Sie auf den Wegen, soweit vorhanden. Achten Sie darauf, daß ·Küchenpersonal und Träger keine Abfälle in Flüsse oder Bäche werfen.

Sitten und Gebräuche: Als Gast sollten Sie die Traditionen des Landes achten. Respektieren Sie beim Fotografieren die Privatsphäre; bitten Sie um Erlaubnis, und seien Sie zurückhaltend. Achten Sie heilige Orte und tragen Sie zur Erhaltung dessen bei, was Sie in dieses Land geführt hat. Berühren oder entfernen Sie keine heiligen Gegenstände. Ziehen

Sie beim Besuch von Tempeln die Schuhe aus. Schenken Sie Kindern kein Geld, Sie halten sie damit zum Betteln an. Ein Beitrag zu einem Projekt, einem Gesundheitszentrum oder einer Schule ist eine wirkungsvollere Hilfe. Wenn Sie die Verhaltensnormen des Landes beachten, wird man auch Ihnen Respekt entgegenbringen. Weitgeschnittene, leichte Kleidung ist freizügigen Shorts und Tops und eng anliegender Sportkleidung vorzuziehen. Händchenhalten und Küssen in der Öffentlichkeit wird von den Einheimischen mißbilligt.

▲

AUSWAHLBIBLIOGRAPHIE

Es gibt eine so umfangreiche Literatur über Alpinismus und Forschungsreisen im Himalaya, daß wir hier nur einige Tips für die weitere Suche geben können. Relevante Bücher und Zeitschriftenartikel sind in den einzelnen Kapiteln aufgeführt; die dabei angegebenen Abkürzungen erklären sich wie folgt: AAJ: American Alpine Journal; AJ: Alpine Journal. Zur allgemeinen Information sind folgende Titel besonders nützlich:

Baume, Louis: Sivalaya. Gaston-West Col. 1978. – Eine Chronik aller Besteigungen und Besteigungsversuche der Achttausender bis 1977 mit ausführlicher Bibliographie.

Mason, Kenneth: Abode of Snow. Diadem 1987. – Der maßgebliche historische Überblick über Kletterei und Forschungsreisen bis 1954.

Mehta, Soli; Kapadia, Harish: Hidden Himalaya. Hodder & Stoughton 1990. – Ein Handbuch zur Geschichte des indischen Himalaya und des Karakorum von zwei anerkannten Fachleuten.

Neate, Jill: High Asia. Unwin Hyman 1989. – Unschätzbares, wissenschaftliches Handbuch über alle Siebentausender.

O'Connor, Bill: The Trekking Peaks of Nepal. Crowood 1989. – Ausgezeichneter Führer für alle sogenannten Trekking-Gipfel.

O'Connor, Bill: Adventure Treks Nepal. Crowood 1990. – Viele praktische Tips und Kartenskizzen zum Bergsteigen im Himalaya.

Shaw, Isabel und Ben: Pakistan Trekking Guide. Odyssey 1993. – Ein mit viel Liebe geschriebenes, präzises und gut lesbares Buch über alle bekannten Trekking-Routen im nördlichen Pakistan.

Die weltweit ausführlichste Informationsquelle über die Himalaya-Gipfel bietet wohl der Alpine Club Himalayan Index, eine elektronische Datenbank, die jährlich auf den neuesten Stand gebracht wird. Anfragen sind zu richten an:

The Alpine Club, 55 Charlotte Road, London EC2a 3QT
(Tel. 44 171 613 0755)

Karten

Viele der besten Himalaya-Karten wurden von den Militärbehörden der jeweiligen Länder herausgegeben und sind Zivilpersonen nicht zugänglich. Die Zahl der speziell für Kletterer und Trekker gedachten Karten nimmt aber ständig zu. Besonders empfehlenswert sind:

Pakistan

Karakorum Orographical Sketch Map, 1: 250 000, 2 Blätter. Hrsg. von der Swiss Foundation for Alpine Research.

The Baltoro Glacier, 1: 100 000. Erschienen bei Yama-Kei Publishers Co. Ltd., Japan.

Nanga Parbat, 1: 50 000. Alpenvereinskarte. Hrsg. vom Österreichischen und Deutschen Alpenverein.

Indien

Ladakh-Zanskar, 1: 50 000. Erschienen bei Pegasus, Zürich.

Garhwal Himalaya, Übersichtskarten und Graphiken. Hrsg. von Jan Babicz, Klub Wysokogorski, Gdansk, Polen.

Nepal

Ost-Nepal, 1: 50 000. Erschienen im Nelles-Verlag, München.

Everest, 1: 50 000, Hrsg. von National Geographic. Die maßgebliche Karte, in den achtziger Jahren erarbeitet unter Leitung von Bradford Washburn.